ANDREAS BERG, PROF. DR. ALOYS BERG,
DR. WIEBKE GÖHNER, PROF. DR. MICHAEL HAMM,
DR. DIETER LAGERSTRØM

Punkten Sie sich schlank!

M.O.B.I.L.I.S. LIGHT

Mehr bewegen. Gesünder essen.

Inhalt

Zum Nachschlagen

» Langsam anfangen, lässig steigern und langfristig dabeibleiben!

Ein Wort zuvor

Herzlichen Glückwunsch! Sie haben dieses Buch gekauft, weil Sie endlich abnehmen möchten. Das ist gut, denn mit M.O.B.I.L.I.S. light können Sie es schaffen!
Doch mal ehrlich: Wie oft hat man Ihnen dieses Versprechen schon gemacht? Oder Ihnen erzählt, dass es mit der ultimativen XY-Methode ganz einfach ist? Welche Diäten haben Sie schon ausprobiert? Kohlsuppendiät? Hollywood-Star-Diät? Kartoffeldiät? Trennkost-Diät? Oder einfach nur »FdH«? Und welche Summen haben Sie in das »Projekt Traumfigur« investiert?
Sicher fragen Sie sich jetzt: »Warum soll es ausgerechnet mit diesem Buch klappen?«
Und Sie haben Recht, skeptisch zu sein: Auch M.O.B.I.L.I.S. light bietet keine Garantie zum Abnehmen. Das Buch wird Ihnen aber einen Weg aufzeigen, mit dem es diesmal wirklich klappen kann.
Ein erfolgreiches Gewichts-Management erfordert in erster Linie Eigeninitiative. Allein Sie haben es in der Hand: weder Buch, Produkt, Programm noch Arzt oder Ernährungsberater werden Ihnen jemals die Arbeit abnehmen können.
Auch auf die Gefahr hin, dass Sie M.O.B.I.L.I.S. light gleich beiseite legen: Schlankwerden und Schlankbleiben funktioniert nicht von alleine! Es gibt keinen leichten und keinen kurzen Weg. Dennoch ist das Ziel für Sie erreichbar: Sie bestimmen selbst, wie viel beziehungsweise was Sie essen und trinken. Und Sie bestimmen auch, wie häufig und wie lange Sie sich bewegen ...
Aufbauend auf diesen beiden Grundlagen – ausreichend Bewegung und richtige Ernährung – liefert Ihnen M.O.B.I.L.I.S. light alles, was Sie zum Schlankwerden und Schlankbleiben brauchen. Unsere Experten geben Ihnen die genauen Anweisungen und motivieren Sie, wenn Sie einmal nicht so recht vorwärtskommen sollten. Denn Stolpersteine und kleine Rückschläge sind leider nicht ausgeschlossen.
Wenn Sie also bereit sind, einen aktiven Einsatz zu geben, können Sie es mit M.O.B.I.L.I.S. light weit bringen.

Die praktische Anwendung

Mit M.O.B.I.L.I.S. light erwartet Sie keine neue Diät. Sondern individuelles Schlankheits-Training und Schlankheits-Management! Ein umfangreicher »Fernkurs« mit zahlreichen Einheiten und einem konkreten Anwenderteil. Ihr persönliches Werkzeug für einen neuen Lebensstil. Doch wie soll das Ganze nun genau vonstatten gehen? Wie können Sie mit M.O.B.I.L.I.S. light schlank werden und schlank bleiben?

Ihr Schlankheits-Training: in 14 Steps zum »Diplom«

In 14 Steps (Einheiten) lernen Sie alle wesentlichen Regelmechanismen Ihres Körpers kennen. Beispielsweise Hunger und Sättigung. Über einen Zeitraum von zwei Wochen hinweg sollten Sie täglich einen Step absolvieren. Wenn Sie viel Zeit haben, können Sie die Anzahl der Steps auch auf maximal zwei pro Tag erhöhen.

Zu den Bereichen Bewegung und Ernährung finden Sie jeweils 5 Steps. Psychologische Grundlagen werden Ihnen in 2 Steps vermitteln. Verbleiben: »Warm up« (Step 1) und »Abschluss« (Step 14). Zum Expertenwissen erhalten Sie zusätzlich medizinische Hintergrundinformationen – verpackt als »Gesundheitsbonus«.

Jeder Step – mit Ausnahme des ersten und des letzten – ist nach folgendem Schema aufgebaut: Sie erhalten zunächst eine kurze Einführung zum aktuellen Thema, wobei hin und wieder auch ein zentraler Aspekt aus einem der vorangegangenen Steps aufgegriffen beziehungsweise wiederholt wird. Im Hauptteil kommt der zuständige Experte zu Wort und bringt Ihnen sein Wissen näher. Ein kleiner Test – Ihre Erfolgskontrolle – rundet schließlich den inhaltlichen Part jedes Steps ab. Mit Hilfe einer praktischen Aufgabe können Sie das erlernte Expertenwissen anschließend im Alltag ausprobieren. Und werden dabei vielleicht schon ein bisschen schlanker.

Haben Sie alle Steps sorgfältig durchgeführt, sind Sie selbst ein Schlankheitsexperte. Und Sie erhalten am Ende der 14. Einheit Ihr M.O.B.I.L.I.S.-Schlankheitsdiplom.

Ihr Schlankheits-Management: Mit dem 50+50-Punkteprogramm zum Langzeiterfolg

Ihr M.O.B.I.L.I.S.-Schlankheitsdiplom befähigt Sie zur Anwendung des 50+50-Punkteprogramms. Das Kernstück von M.O.B.I.L.I.S. light! Die 14 Steps bereiten Sie systematisch auf den richtigen Gebrauch vor. Mit dem 50+50-Punkteprogramm werden Sie – im Anschluss an Ihr Schlankheits-Training – Ihr persönlicher Schlankheitsmanager und bestimmen Ihr Gewicht.

Das 50+50-Punkteprogramm geht von einer simplen Annahme aus: Alles, was wir essen, müssen wir auch wieder verbrauchen. Das ist das Balance-Modell von Energiezufuhr und Energieverbrauch. Um abzunehmen, müssen Sie entweder Ihre Energiezufuhr drosseln oder Ihren Energieverbrauch erhöhen. Kurz: weniger essen oder sich mehr bewegen. Am effektivsten aber ist die Kombination beider Maßnahmen, wie wir Ihnen noch ausführlich erläutern werden. Mit dem 50+50-Punkteprogramm bringen Sie Ihren Körper somit auf gesunde Weise ins Gleichgewicht.

Pro Woche sollten Sie – über kurz oder lang – 50 Bewegungspunkte und 50 Ernährungspunkte sammeln. Dann nehmen Sie ab! Gelingt es Ihnen nicht, auf der Ernährungsseite 50 Punkte voll zu bekommen, können Sie das Defizit über zusätzliche Bewegungspunkte ausgleichen. Umgekehrt ist das nicht möglich. Ein Überschreiten der 100-Punkte-Marke und damit verbundenes schnelleres Abnehmen erreichen Sie ausschließlich durch mehr Bewegung. Das ungesunde Abhungern von Kalorien ist also von vornherein ausgeschlossen.

Sie sind der Chef!

Als Schlankheitsmanager sind Sie Ihr eigener Chef. Sie allein entscheiden, wie Sie schlank werden und schlank bleiben. Das 50+50-Punkteprogramm bietet Ihnen individuelle Freiräume. Das trifft sowohl auf die Bewegung als auch auf die Ernährung zu. Ihr 100-Punkte-Wochenziel können Sie auf unterschiedlichen Wegen erreichen.

Selbst kleine positive Veränderungen im Alltag machen sich auf Ihrem M.O.B.I.L.I.S.-Punktekonto bemerkbar. Beispielsweise die tägliche Fahrt mit dem Rad zur Arbeit oder zum Einkaufen. Und als Chef haben Sie sogar an zwei Tagen pro Wochen »frei«: Sie brauchen keine Ernährungspunkte sammeln!

Der M.O.B.I.L.I.S.-Organizer

Damit Sie als Schlankheitsmanager auch immer alles fest im Griff haben, bekommen Sie zu Ihrem Buch ein Begleitheft, den M.O.B.I.L.I.S.-Organizer, dazu.

Im M.O.B.I.L.I.S.-Organizer finden Sie alles, was Sie zur Durchführung des 50+50-Punkteprogramms benötigen: ausführliche Listen mit den gängigsten Bewegungsformen sowie den häufigsten Lebensmitteln und natürlich zahlreiche Protokollmöglichkeiten. Mit dem M.O.B.I.L.I.S.-Organizer sind Sie für den Alltag bestens gewappnet. Tragen Sie ihn in den kommenden Wochen und Monaten am besten immer bei sich.

INFO

Bitte benutzen!

M.O.B.I.L.I.S. light ist Ihr Arbeitsbuch. Sie dürfen, ja sollten sogar hineinschreiben. Mit Ihren persönlichen Angaben und Notizen gewinnt das Buch für Sie an Wert. Machen Sie bitte von dieser Möglichkeit regen Gebrauch!

Ihre Experten

In Ihrem Vorhaben, schlank zu werden und schlank zu bleiben, wird Sie das M.O.B.I.L.I.S.-Expertenteam unterstützen. Versprochen! M.O.B.I.L.I.S. arbeitet fachübergreifend mit den vier Disziplinen Bewegung, Ernährung, Psychologie und Medizin. Für jeden dieser Bereiche steht Ihnen exklusiv ein Experte zur Verfügung.

Ihr Moderator:
Andreas Berg M. A.

Ich freue mich, Sie als Autor beziehungsweise Moderator durch M.O.B.I.L.I.S. light begleiten und führen zu dürfen. Im weiteren Verlauf

werde ich die Verbindung zwischen den Experten und den einzelnen Bereichen herstellen.
Im Gegensatz zu den Experten, die als Hochschuldozenten in erster Linie ihrem Universitätsalltag (Forschung und Lehre) nachgehen, konnte ich mich in den vergangenen Jahren fast ausschließlich um M.O.B.I.L.I.S. und seine Entwicklung kümmern. Als Geschäftsführer und Koordinator bin ich für die praktische Umsetzung – kurz: das Funktionieren des Programms – verantwortlich.
Ich gehöre von Haus aus übrigens keiner der vier M.O.B.I.L.I.S.-Disziplinen an, sondern vertrete die Geisteswissenschaften, da ich Neuere deutsche Literaturgeschichte, Wissenschaftliche Politik sowie Neuere und neueste Geschichte studiert habe – tatsächlich die ideale Basis für meine heutige Tätigkeit.

Ihr Bewegungsexperte:

Dr. Dieter Lagerstrøm

Dr. Dieter Lagerstrøm, Jahrgang 1944. Seit Anfang der 70er Jahre arbeitet der Sportwissenschaftler als Dozent an der Deutschen Sporthochschule Köln. Doktor Lagerstrøm hat den Gesundheitssport in Deutschland entscheidend geprägt, beispielsweise durch seine Pionierarbeit im Rahmen der ersten Herzsportgruppen. Mehr als 300 Artikel- und Buchveröffentlichungen zu wissenschaftlichen und populärwissenschaftlichen Themen stammen aus seiner Feder.
In Norwegen, dem Heimatland seiner Mutter, lehrt er am »Institut für Idrett« an der »Høgskolen i Agder« als Professor. Und in den Bergen von Åseral – knapp 100 Kilometer von Kristiansand entfernt – betreibt er gemeinsam mit seinen Kindern das idyllisch gelegene Naturhotel Bortelidseter. Selbstverständlich dreht sich auch dort alles um sein Lieblingsthema: die Bewegung.
Doktor Lagerstrøm ist der Älteste im M.O.B.I.L.I.S.-Team. Trotzdem macht er uns allen in Sachen Fitness und Ausdauer noch immer etwas vor. Denn er lebt, was er lehrt!

Ihr Ernährungsexperte:

Prof. Dr. troph. Michael Hamm

Prof. Dr. troph. Michael Hamm, Jahrgang 1951. Das »troph.« in seinem Titel steht für Ernährungswissenschaft. Professor Hamm lehrt als Dozent am Studiendepartment Ökotrophologie der Hochschule für Angewandte Wissenschaften Hamburg. Im Laufe seiner wissenschaftlichen Karriere war er übrigens auch ein paar Jahre an der Deutschen Sporthochschule Köln tätig. Dort unterrichtete er – wie könnte es anders sein – zum Thema Sportlerernährung. Professor Hamm hat als Referent und Buchautor einen Namen. Unter anderem berät er die Zeitschrift »Fit For Fun« bei Ernährungsthemen und ist bekannt für die Entwicklung effektiver Diätprogramme. Sein Motto lautet dabei stets: »Essen und trimmen – beides muss stimmen!«
Möchten Sie wissen, warum Professor Hamm Ernährungswissenschaftler wurde? Weil er schon immer eine große Vorliebe fürs Kochen und Essen hatte! Doch keine Angst, die Bewegung kommt in seinem Leben nicht zu kurz: Jeden Abend schwimmt er fleißig seine Bahnen. Zum Bad geht er natürlich zu Fuß.

Ihre Psychologie-expertin:

Dr. rer. soc. Wiebke Göhner

Dr. rer. soc. Wiebke Göhner, Jahrgang 1970, ist examinierte Physiotherapeutin und Diplom-Psychologin. Sie arbeitet heute als Gesundheitspsychologin am Institut für Sport und Sportwissenschaft Freiburg bei Prof. Dr. Reinhard Fuchs. Professor Fuchs, Erfinder des Motivations-Volitions-Konzepts (MoVo-Konzept, siehe Seite 71), hat Doktor Göhner 2002 in die Abteilung Sportpsychologie nach Freiburg geholt. Aufbauend auf langjährigen Forschungen haben die beiden Wissenschaftler den psychologischen Part für das M.O.B.I.L.I.S.-Programm entwickelt.
Vor und während ihres Psychologiestudiums arbeitete Doktor Göhner als Physiotherapeutin, was ihr wertvolle Erfahrungen im Bereich Bewegungstherapie brachte.
Doktor Göhner ist übrigens ganz nah dran am M.O.B.I.L.I.S.-Geschehen: Sie betreut mit großem Erfolg unsere Freiburger Teilnehmer seit der allerersten M.O.B.I.L.I.S.-Gruppe.

Ihr Medizin-experte:

Prof. Dr. med. Aloys Berg

Prof. Dr. med. Aloys Berg, Jahrgang 1946. Seit 1974 ist der Sportmediziner – ohne Unterbrechung! – für die Abteilung Sportmedizin am Universitätsklinikum Freiburg tätig: in Klinik, Forschung und Lehre. Unter seiner Leitung wurde der Schwerpunkt Prävention und Rehabilitation zu einem Kernelement der Freiburger Sportmedizin.
Lange Jahre war Sportmedizin mit »Leistungsmedizin« gleichzusetzen. Ihr primäres Ziel: Ausnahmeathleten für Wettkämpfe fit zu machen und zu immer neuen Höchstleistungen zu verhelfen. Mit stetigem Wachstum der so genannten Zivilisationserkrankungen – nicht zuletzt ausgelöst durch zu wenig Bewegung – sah sich die Sportmedizin in der Pflicht: Ihre Kompetenz in Sachen Fitness und Sport konnte im Sinne der »Prävention« (Vorbeugung) schließlich auch dem Wohl der breiten Bevölkerung dienen. Eine neue sportmedizinische Ära begann! Ihr Mitbegründer und wichtigster deutscher Vertreter: Professor Berg.
Ich möchte Ihnen an dieser Stelle noch verraten, dass Professor Berg mein Vater ist. Die Idee M.O.B.I.L.I.S. hat uns vom ersten Augenblick an begeistert, und so arbeiten wir gemeinsam an ihrer Umsetzung.

Kein herkömmlicher Diätratgeber!

Herkömmliche Diätratgeber werden im besten Fall von einem Ernährungswissenschaftler entwickelt. Sie beinhalten raffinierte Rezepte, die Ihnen aber im Alltag allein langfristig nicht weiterhelfen werden. Gute Diätratgeber verweisen darauf, dass Sie sich ausreichend bewegen sollten. Vielleicht enthalten sie sogar ein paar sinnvolle Übungen. Die Bewegung als gleichwertigen Partner neben der Ernährung werden Sie aber vergeblich suchen. Psychologie und Medizin bleiben meist außen vor. Mit M.O.B.I.L.I.S. light profitieren Sie dagegen vierfach vom Wissen Ihrer Experten. Bewegung, Ernährung, Psychologie und Medizin: Jeder Fachbereich ist prominent vertreten. Und im Quartett sind Ihre Experten unschlagbar!

Die M.O.B.I.L.I.S.-Story

M.O.B.I.L.I.S. light unterscheidet sich – wie schon erwähnt – in vieler Hinsicht von herkömmlichen Diätratgebern. Ein weiterer wichtiger Punkt: Ihr Buch hat eine Geschichte. Die M.O.B.I.L.I.S.-Story.

Im September des Jahres 2001 wurde Rotenburg an der Fulda zum Treffpunkt namhafter Sportmediziner. Natürlich waren auch Vertreter aus Freiburg und Köln zugegen …

Nun müssen Sie wissen: Zwischen den renommierten Einrichtungen Freiburg und Köln gab es seit den 70er Jahren einen erbitterten wissenschaftlichen Wettstreit. Beide erhoben den Anspruch, die beste sportmedizinische Einrichtung in Deutschland zu sein. Ausgetragen wurde der Streit von den prominentesten deutschen Sportmedizinern des 20. Jahrhunderts: Professor Josef Keul auf der Freiburger und Professor Wildor Hollmann auf der Kölner Seite. Erst als Professor Aloys Berg für Freiburg und Professor Hans-Georg Predel für Köln die beiden »Großen« beerbten, war ein Neuanfang möglich.

Am Rande des Sportärztekongresses in Rotenburg – bei einem guten Glas Rotwein, versteht sich – beschlossen die beiden, zukünftig gemeinsame Sache zu machen. Denn warum sollte man nicht das vorhandene Potenzial beider Spitzeneinrichtungen bündeln und ein noch nie da gewesenes nationales Gesundheitsprojekt auf den Weg bringen? Gemeinsam hatte man schließlich ganz andere Möglichkeiten. Und so war man sich auch schnell einig: Ein völlig neues Programm für stark übergewichtige Erwachsene sollte unter gemeinsamer Flagge entwickelt und anschließend deutschlandweit umgesetzt werden. Selbstverständlich unter Einbezug der besten Wissenschaftler des Landes. Schließlich wollte man alle Aspekte zum Thema Abnehmen berücksichtigen – die überflüssigen und gefährlichen Pfunde der Deutschen also gleich von mehreren Seiten angehen. Die Vision der beiden Professoren in Rotenburg war die Geburtsstunde von M.O.B.I.L.I.S.

Team und Name

Die Initiatoren, Professor Berg und Professor Predel, übernahmen die Verantwortung für den medizinischen Part, dann folgten rasch die übrigen Experten, die ich Ihnen ja schon vorgestellt habe. Sogar ein Pate aus der Politik fand sich: Detlef Parr, Bundestagsabgeordneter und Absolvent der Deutschen Sporthochschule. In dem sportbegeisterten Politiker sollten Freiburger und Kölner fortan einen treuen Verbündeten haben.

Nun fehlte nur noch der geeignete Name! Schließlich hatte Doktor Lagerstrøm die zündende Idee: »Wir machen doch eine ›multizentrisch organisierte bewegungsorientierte Initiative zur Lebensstiländerung‹.« Bitte was? »Lasst uns davon einfach die Abkürzung nehmen: mobil.« Klang schon besser, aber irgendwie nicht originell genug.

»Dann hängt noch ›in Selbstverantwortung‹ dran. Ist ohnehin das Wichtigste.« Da hatte Doktor Lagerstrøm Recht. Mobilis, lateinisch ›beweglich‹, war ein treffender Name. So wurde er auch einstimmig angenommen. Und in Erinnerung an das Lagerstrøm'sche Wortspiel wählten die Experten für ihr Programm die Schreibweise M.O.B.I.L.I.S.

In den kommenden Wochen und Monaten wurde hart gearbeitet. Die einzelnen Zutaten Bewegung, Ernährung, Psychologie und Me-

dizin sollten schließlich in ein einheitliches Programm gegossen werden.
Bald bekundete Deutschlands größte Krankenkasse, die BARMER, ernsthaftes Interesse an einer Partnerschaft. Sie entschloss sich, als erste Kasse die Teilnahme an M.O.B.I.L.I.S. zu bezuschussen.

Der Start

In Freiburg und Ratingen starteten zum Jahresbeginn 2004 die ersten drei M.O.B.I.L.I.S.-Gruppen. Alle waren gleichermaßen nervös. Wie würde das Programm angenommen? Würden die Teilnehmer abnehmen? Konnte M.O.B.I.L.I.S. die hohen Erwartungen erfüllen? Auf die brennenden Fragen gab es vorerst keine Antworten. Ein ganzes Jahr Warten war angesagt. Schließlich dauerte das Programm so lange …
Nach Beendigung der drei M.O.B.I.L.I.S.-Gruppen gab es dann Gewissheit: Von den ursprünglich 52 Teilnehmern blieben 41 bis zum Schluss dabei. Die 41 Finalisten wurden mit einem Gewichtsverlust von durchschnittlich 11 Kilogramm belohnt!
Und was mindestens ebenso wichtig war: Mit M.O.B.I.L.I.S. hatten sich Gesundheitszustand und Fitness der Programmteilnehmer deutlich verbessert. Eine besonders erfolgreiche Ratingerin bilanzierte auf der einberaumten Pressekonferenz: »M.O.B.I.L.I.S. hat mir den Weg zu einem gesunden Leben eröffnet. Ich fühle mich wie neu geboren!«

M.O.B.I.L.I.S. an neuen Standorten

M.O.B.I.L.I.S. hatte den Praxistest bestanden. Nun sollte das Programm deutschlandweit umgesetzt werden. Also gaben die M.O.B.I.L.I.S.-Experten ihr Know-how an Sportwissenschaftler, Ernährungsfachkräfte, Psychologen und Ärzte weiter. Mit dem M.O.B.I.L.I.S.-Konzept konnten die neuen Trainer im Vierer-Team stark Übergewichtige fortan beim Abnehmen unterstützen. Und so liefen 2005 – ein Jahr nach dem Start der drei Pilotgruppen – an rund 30 Standorten M.O.B.I.L.I.S.-Gruppen mit gutem Erfolg.

M.O.B.I.L.I.S. für alle!

Der Erfolg von M.O.B.I.L.I.S. sprach sich herum. Doch den abnehmwilligen leicht Übergewichtigen (BMI 25–29.9 kg/m², siehe Seite 16) blieb eine Teilnahme verwehrt. So gingen in der Freiburger Zentrale immer häufiger Anfragen enttäuschter Interessenten ein. Die Lösung für das Problem entwickelten Freiburger und Kölner gemeinsam: eine M.O.B.I.L.I.S.-Programmvariante für leicht Übergewichtige (deshalb auch der Zusatz »light«) und einen »Fernkurs« für alle.

Starke Partner

Die flächendeckende Umsetzung dieser M.O.B.I.L.I.S.-Programmvariante war jedoch nur mit einem starken Partner möglich. Wunschkandidat: der Deutsche Turner-Bund (DTB). Seine Mitgliedsvereine waren fortan für den Bewegungspart des neuen Light-Programms verantwortlich. Natürlich saß auch die BARMER bei M.O.B.I.L.I.S. light mit im Boot. Die Ergebnisse aus den M.O.B.I.L.I.S.-Gruppen hatten sie zur Ausweitung der Partnerschaft bewogen.

M.O.B.I.L.I.S. als »Fernkurs«

Und wie war das noch gleich mit dem »Fernkurs«? Den halten Sie in den Händen. Das gebündelte Wissen Ihrer M.O.B.I.L.I.S.-Experten.

Ihr Schlankheits-Training

Zum »Diplom« in **14 Steps**

1 »Warm up«: im Gleichgewicht – das **Balance-Modell**

Die Waage zwischen Energiezufuhr und -verbrauch muss im Gleichgewicht bleiben, damit wir unser Gewicht halten können. Dieses Prinzip des Balance-Modells klingt einfach. Es fällt den meisten jedoch schwer, es im Alltag umzusetzen. Denn unser Nahrungsangebot ist üppiger als jemals zuvor, und wir müssen uns immer weniger bewegen. Die Folge: Übergewicht! Um auf gesunde Weise abzunehmen, sollten Sie also Ihre Energiezufuhr drosseln und Ihren Energieverbrauch erhöhen.

DER RICHTIGE EINSTIEG ist entscheidend für Ihren Erfolg. Und natürlich Ihre Einstellung! Überstürzen Sie nichts: Gehen Sie Step für Step vor. Nehmen Sie sich Zeit für das Schlankwerden und das Schlankbleiben. Denn Ihr Körper und Ihre Seele müssen sich langsam an die Veränderungen gewöhnen.

Das ist ganz ähnlich wie bei Langstreckenflügen: Mit dem Flugzeug können Sie innerhalb kürzester Zeit die weitesten Strecken zurücklegen. Frankfurt–Tokio in 11 Stunden: kein Problem! Mit dem Erreichen Ihres Flugziels erwarten Sie allerdings auch eine neue Umgebung, ein fremdes Klima und eine andere Zeitzone. Die Folge: Sie haben einen Jetlag. Ihr Körper und Ihre Seele brauchen Tage, bis Sie sich auf die neue Situation eingestellt haben und ebenfalls am Zielort »angekommen« sind. Erst danach sind Sie wieder in Ihrem Rhythmus und können Ihren Aufenthalt genießen. Eine Änderung des Lebensstils kann – im übertragenen Sinne – ebenfalls zu einem Jetlag führen. Das betrifft sowohl Veränderungen im Bereich Bewegung als auch im Bereich Ernährung. Doch anders als bei Flugreisen können Sie diesen Jetlag vermeiden. Ja, Sie sollten ihn sogar vermeiden, um wirklich dauerhaft schlank zu bleiben – sonst werfen Sie vorzeitig das Handtuch und halten nicht durch. Deshalb nochmals mein Rat: Nehmen Sie sich Zeit!

Jetzt sind Sie aber sicher erst einmal gespannt, was Sie in Step 1 erwartet. Diese erste Einheit unterscheidet sich ein wenig vom klassischen Aufbau der nachfolgenden Steps. Zur Vorbereitung Ihres Schlankheits-Trainings erhalten Sie nämlich zunächst noch einige nützliche Hintergrundinformationen. Anschließend gibt es – als Besonderheit zum heutigen Start – eine fachübergreifende Expertenrunde. Thema: das Balance-Modell. Ihre erste praktische Aufgabe und Ihr erster kleiner Wissenstest warten schließlich am Ende des Steps auf Sie. Ich wünsche Ihnen einen guten Einstieg!

Die Vorbereitung

Das Schlankheits-Training wird in den kommenden Tagen und Wochen zumindest teilweise Ihren Alltag bestimmen. Daher ist es wichtig, dass Sie im Vorfeld ausreichend Zeit einplanen. Stellen Sie sich einfach vor, dass Sie einen Intensivkurs mit täglichen Einheiten besuchen.

Mindestens 30 Minuten pro Step

Die einzelnen Steps sind überschaubar gestaltet. Der Umfang ist in etwa gleich. Für jeden Step sollten Sie sich mindestens 30 Minuten Zeit nehmen. Die praktische Aufgabe nicht eingerechnet. Je nach Aufgabenstellung sind Sie unterschiedlich lange zusätzlich beschäftigt. In der Regel begleitet Sie die praktische Aufgabe über einen ganzen Tag hinweg. Doch keine Angst: Sie lässt sich immer gut in Ihren Alltag integrieren. Dabei spielt es keine Rolle, ob Sie berufstätig sind oder einen Familienhaushalt zu versorgen haben oder beides kombinieren müssen.

Von Vorteil: feste Zeiten

Ein fester Rhythmus erleichtert jedes Training. Versuchen Sie den Steps einen festen Platz in Ihrem Tagesablauf zu geben. Beispielsweise morgens vor dem Frühstück oder abends nach der Arbeit.

Wenn Sie Ihren Step morgens absolvieren, können Sie die praktische Aufgabe immer am

selben Tag umsetzen. Denn die Ernährungsprotokolle müssen Sie grundsätzlich über einen vollständigen Tag hinweg – morgens bis abends – führen. Nehmen Sie sich Ihren Step dagegen mittags oder abends vor, gilt die praktische Aufgabe in der Regel für den Folgetag.
Für welche Tageszeit Sie sich letztlich entscheiden, bleibt selbstverständlich ganz allein Ihnen überlassen. Der Erfolg Ihres Schlankheits-Trainings hängt nicht vom Faktor Tageszeit ab. Entscheidend ist die Regelmäßigkeit.

Die Reihenfolge der Steps

Die Steps bauen inhaltlich aufeinander auf. Ernährungsstep 5 können Sie beispielsweise nur vollständig absolvieren, wenn Sie zuvor Ernährungsstep 3 erfolgreich durchgeführt haben. Halten Sie deshalb bitte unbedingt die vorgegebene Reihenfolge ein!
Wichtig ist auch, dass Sie erst mit dem 50+50-Punkteprogramm beginnen, wenn Sie alle Steps hinter sich gebracht haben. Erst mit dem erworbenen Expertenwissen sind Sie in der Lage, das Programm richtig anzuwenden.

14 Steps für 14 Tage

Insgesamt gibt es 14 Steps. Über einen Zeitraum von 14 Tagen sollten Sie sich täglich jeweils einen Step vornehmen. Wenn Sie mit Step 14 fertig sind, ist das Schlankheits-Training beendet: Sie erhalten Ihr Schlankheitsdiplom. Fortan sind Sie – mit dem 50+50-Punkteprogramm – Ihr eigener Schlankheitsmanager. Die eigentliche Arbeit beziehungsweise das Abnehmen fängt erst jetzt richtig an. Das 50+50-Punkteprogramm, auf das Sie Ihre M.O.B.I.L.I.S.-Experten in den einzelnen Steps systematisch vorbereiten, ist der Garant für Ihren Langzeiterfolg.

Falls Sie an einem oder auch an zwei Tagen keine Zeit für Ihr Schlankheits-Training finden sollten, kein Problem. Steigen Sie einfach einen Tag später wieder ein. Von einer größeren oder längeren Unterbrechung raten Ihre M.O.B.I.L.I.S.-Experten jedoch dringend ab. Damit würden Sie Ihr Vorhaben ernsthaft gefährden. Starten Sie mit Ihrem Schlankheits-Training deshalb nur, wenn Sie wirklich zwei bis zweieinhalb Wochen am Stück fest einplanen können.
Im Ausnahmefall können Sie Ihre 14 Steps auch in sieben Tagen absolvieren. Sozusagen als Crashkurs. Die Voraussetzung: Sie verfügen über sehr viel freie Zeit. Mehr als zwei Steps pro Tag sollten Sie allerdings unter keinen Umständen einplanen.

Die gängige Einteilung nach Gewichtsklassen

Kennen Sie Ihre »offizielle« Gewichtsklasse? Zur Beurteilung Ihres Körpergewichts gibt es nämlich einen objektiven Richtwert: den so genannten Body Mass Index (Gewicht-Längen-Index) oder abgekürzt BMI. Die Formel zur Berechnung lautet:

$$\text{BMI} = \frac{\text{Körpergewicht (kg)}}{\text{Körpergröße (m)}^2}$$

Sie benötigen also Ihr Gewicht und Ihre Größe. Ermitteln Sie Ihren aktuellen BMI! Wenn Sie nicht rechnen mögen, finden Sie auf unserer Homepage einen BMI-Rechner (siehe Adressen im Anhang, Seite 172).
Haben Sie Ihren BMI? Dann wissen Sie jetzt, in welcher Gewichtsklasse Sie spielen. Tragen Sie Ihren Wert mit dem heutigen Datum in das dazugehörige Kästchen ein:

Gewichtsklasse	BMI	Ihr BMI / Datum
Untergewicht	‹18,5	/
Normalgewicht	›18,5 ‹25	/
Übergewicht	›25 ‹30	/
Adipositas Grad I	›30 ‹35	/
Adipositas Grad II	›35 ‹40	/
Adipositas Grad III	›40	/

Gewichtsklassen nach BMI kg/m^2

Bewertung Ihrer Gewichtsklasse

Sind Sie normalgewichtig? Dann freuen Sie sich! Legen Sie das Buch beiseite oder geben Sie es weiter. Sie brauchen es nicht. Sie sind schlank!

Haben Sie dagegen Übergewicht, sind Sie mit M.O.B.I.L.I.S. light bestens beraten. Aus medizinischer Sicht sollten Sie Ihr Gewicht reduzieren und wenn möglich in den grünen BMI-Bereich kommen. M.O.B.I.L.I.S. light zeigt Ihnen, wie Sie es auf gesunde Weise schaffen können. Werden Sie schlank!

Liegt Ihr BMI über 30 kg/m^2 sind Sie stark übergewichtig beziehungsweise adipös. In diesem Fall raten wir Ihnen, die dringend notwendige Gewichtsabnahme unter ärztlicher Begleitung durchzuführen. Eine gute Möglichkeit bietet Ihnen beispielsweise unser M.O.B.I.L.I.S.-Programm (siehe Seite 172). Bei einem BMI über 40 kg/m^2 sollten Sie ein Adipositas-Zentrum aufsuchen (siehe Seite 172).

So geht es weiter

Überprüfen Sie Ihren BMI – genau wie Ihr Gewicht – in den kommenden Wochen und Monaten in regelmäßigen Abständen. Jeder BMI-Wert, der Sie dem Normalbereich näher bringt, ist ein wichtiger Schritt in Richtung Gesundheit. Führen Sie in jedem Fall das 50+50-Punkteprogramm so lange durch, bis Sie Ihr Wunschgewicht beziehungsweise einen normalen BMI-Wert erreicht haben. Machen Sie Ihr Schlankheits-Management nicht – im Vornhinein – von einer festen Zeitdauer abhängig.

Expertenrunde: das Balance-Modell

Wir kommen nun endlich zur Expertenrunde. In den nachfolgenden Steps wird Ihnen an dieser Stelle immer ein M.O.B.I.L.I.S.-Experte zur Verfügung stehen. Zum heutigen Start habe ich – wie versprochen – alle vier Experten für Sie an einen Tisch geholt, um Ihnen das Balance-Modell zu erläutern.

Ich möchte mit der Frage beginnen, warum das natürliche Gleichgewicht von Energiezufuhr und -verbrauch bei so vielen Menschen gestört ist. Warum fällt es so schwer die Balance wiederherzustellen?

Professor Berg: Ursprünglich bedeutete die Fähigkeit, Energie als Fett im Fettgewebe speichern zu können, eine wesentliche Voraussetzung für das Überleben unserer Vorfahren. Denn das Angebot an Nahrung war spärlich und die Beschaffung mit großer Mühe verbunden. Auf der ständigen Jagd nach Nahrung – im täglichen Kampf ums Überleben! – benötigten unsere Vorfahren die im Körper angelegten Reserven beziehungsweise verbrauchten sie wieder. In unserer modernen

Welt besteht dagegen ein unbegrenztes Nahrungsangebot beziehungsweise ein Nahrungsüberangebot: Wir essen und trinken, ohne dass wir uns hierzu körperlich aktiv betätigen müssten. Genetisch unterscheiden wir uns jedoch kaum von unseren Vorfahren: Unser Körper ist auf demselben Level eingestellt wie zu Urzeiten. Und die ursprünglich als Lebensretter bei Hungersnöten gedachten Gene werden uns damit zum Verhängnis. Die natürliche Waage zwischen Energiezufuhr und Energieverbrauch ist längst aus dem Gleichgewicht geraten: Wir verbrauchen deutlich weniger Kalorien als unsere Vorfahren, nehmen jedoch gleichzeitig nicht weniger, sondern eher mehr Kalorien auf als sie.

Professor Hamm: Und genau das macht uns dick. Denn wenn wir als körperliche Leichtarbeiter ständig kalorienkonzentrierte schwere Kost essen, nehmen wir unweigerlich an Gewicht zu. Doch einfach weniger zu essen, ist auch keine Lösung …

Doktor Lagerstrøm: Wir bewegen uns zu wenig. Das ist das eigentliche Problem. Dabei gehört Bewegung neben Essen und Trinken zu den natürlichen Prinzipien unseres Lebens.

Doktor Göhner: Allein das Wissen um diese Zusammenhänge reicht leider meist nicht aus: Alte Gewohnheiten bestimmen unser tägliches Verhalten. Diese gilt es gezielt aufzubrechen. Wir brauchen vernünftige Strategien, um unseren Lebensstil zu ändern.

Andreas Berg: Kommen wir noch einmal auf den Energieverbrauch zurück. Wie funktioniert unsere Energiebilanz?

Professor Berg: Unser täglicher Energieverbrauch setzt sich aus Grundumsatz, nahrungsbedingter Thermogenese (Wärmebildung) und Arbeitsumsatz zusammen. Der Grundumsatz bezeichnet die Energiemenge, die wir zur Aufrechterhaltung unserer lebenswichtigen Organfunktionen – Atmung, Herz- und Nierentätigkeit sowie Gehirnfunktion – benötigen. Beim Umbau (Verstoffwechselung) von Nährstoffen, die wir mit unserer täglichen Nahrung aufnehmen, setzt unser Körper Energie frei. Diesen Vorgang beschreibt die Thermogenese. Der Arbeitsumsatz wird schließlich durch körperliche Beanspruchungen in unserem täglichen Leben erreicht. Durch Bewegung – in erster Linie Ausdaueraktivitäten – können wir den Arbeitsumsatz gezielt und entscheidend erhöhen. Der Einfluss auf Grundumsatz und Thermogenese durch unseren Lebensstil ist dagegen weitaus geringer.

Andreas Berg: Der Grundumsatz macht ja den größten Teil unseres täglichen Energieverbrauchs aus. Haben wir denn keine Möglichkeit, diesen anzukurbeln?

Doktor Lagerstrøm: Doch! Der Grundumsatz ist nämlich flexibler, als es auf den ersten Blick scheint. Denn er wird vom Muskelanteil unserer Körpermasse stark beeinflusst. Damit haben wir eine einmalige Chance: Wir können den Grundumsatz während des Abnehmens durch eine günstige Körperzusammensetzung stabilisieren oder ihn mit einem gezielten Muskelaufbau durch Krafttraining sogar noch erhöhen.

Andreas Berg: Trifft das für Frauen und Männer gleichermaßen zu?

Doktor Lagerstrøm: Im Prinzip schon. Allerdings haben Frauen im Vergleich zu Männern einen geringeren Anteil an Muskelmasse. Deshalb ist ihr Grundumsatz auch im Durchschnitt um zirka 200 Kilokalorien am Tag geringer. Frauen verbrauchen also weniger Energie und nehmen bei gleichem Körpergewicht und gleicher Nahrungsaufnahme schneller an Gewicht zu als Männer.

Andreas Berg: Einseitige Diäten mit unzureichender Energiezufuhr sind äußerst problematisch: Sie führen zwar zu einer Gewichtsabnahme, können aber auch den Grundumsatz langfristig herabsetzen. Was passiert?

Professor Hamm: Wenn die Kalorienaufnahme drastisch gekürzt wird, meint der Körper, es sei eine Hungersnot ausgebrochen: Er haushaltet sparsamer und baut sogar körpereigene Eiweiße ab. In erster Linie Muskelmasse. Und genau diese ist – wie Doktor Lagerstrøm schon ausführte – mitverantwortlich für unsere Stoffwechselrate. Ist die Abmagerungskur beendet, bleiben verminderte Muskelmasse sowie niedriger Energiebedarf bestehen und man nimmt schon durch »normales« Essen schneller zu als vor der Diät. Hier macht sich dann der unerwünschte Jo-Jo-Effekt bemerkbar.

Doktor Lagerstrøm: Und um diesem vorzubeugen, ist ausreichend Bewegung beim Abnehmen so wichtig: Auf der einen Seite zusätzliche Ausdaueraktivitäten, über die Sie einen Mehrverbrauch an Energie – dauerhaft! – anstreben sollten. Und auf der anderen Seite gezielte Kräftigungsübungen, mit denen Sie einem Abbau Ihrer Muskelmasse entgegenwirken können. Denn Ihre Muskulatur ist hauptverantwortlich für Ihren Energie- beziehungsweise Kalorienverbrauch.

Experten und Moderator diskutieren das Konzept.

Andreas Berg: Das Balance-Modell und seine Bedeutung für das Schlankwerden beziehungsweise Schlankbleiben ist Ihnen durch die Ausführungen Ihrer M.O.B.I.L.I.S.-Experten sicherlich klar geworden. Entscheidend ist, dass Sie das Abnehmen als »duales Prinzip« begreifen. Also gleichermaßen an Ihrem Bewegungs- und Ernährungsverhalten arbeiten. Bliebe die Frage: Wie viele Kilos können Sie auf diese Weise schaffen?

Doktor Göhner: Ich halte es für äußerst problematisch, Prognosen zur Gewichtsreduktion abzugeben. In meinen M.O.B.I.L.I.S.-Gruppen habe ich sehr unterschiedliche Erfahrungen gemacht: Die Spanne ist extrem. Sie reicht von wenigen Pfunden bis zu 20 Kilos und mehr in einem Jahr! Letztlich kommt es allein auf den persönlichen Einsatz der Teilnehmer an. Die individuellen Lebensumstände spielen dabei natürlich eine wesentliche Rolle. Der Erfolg ist am Ende aber immer von zahlreichen Faktoren abhängig. Doch nur Mut: Sie haben das meiste wirklich selbst in der Hand. Denken

Sie daran: Sie sind verantwortlich für Ihren Lebensstil. Und damit auch für Ihr Gewicht.

Andreas Berg: Das ist ein schönes Schlusswort, vielen Dank. Lassen Sie mich zusammenfassen: Sie bestimmen, wie Sie das 50+50-Punkteprogramm in Ihrem Alltag umsetzen. Also auch wie viel Sie abnehmen. Schlank werden und bleiben, das muss vielleicht noch einmal deutlich gesagt werden, ist Schwerstarbeit! Doch wenn Sie sich Zeit lassen und Ihr Ziel konsequent verfolgen, ist (fast) alles möglich.

Wissenstest

Testen Sie abschließend Ihr Wissen anhand folgender Fragen:

(1) Wie heißt der Richtwert zur Beurteilung des Körpergewichts?
(2) Welche Gewichtsklassen gibt es und wie definiert man diese?
(3) Was bedeutet das Balance-Modell?
(4) Wie setzt sich unser Energieverbrauch zusammen?
(5) Womit können wir unseren Energieverbrauch beeinflussen?

Notieren Sie die Antworten stets stichwortartig auf einem Blatt Papier. Blättern Sie im Text ruhig zurück, wenn Sie eine Frage nicht beantworten können. Die Antworten finden Sie auch im Anhang (siehe ab Seite 167).

Praktische Aufgabe

An dieser Stelle erwartet Sie ab sofort immer eine praktische Aufgabe. Ihre erste Aufgabe lautet: Wiegen Sie sich und notieren Sie Ihr aktuelles Gewicht im M.O.B.I.L.I.S.-Gewichtsverlaufsprotokoll.

Protokollieren

- Tragen Sie Ihr aktuelles Gewicht in das Feld »Ausgangsgewicht« ein. Vergessen Sie das heutige Datum nicht. Halten Sie ferner den Wiegezeitpunkt – Wochentag und Uhrzeit – fest. Und markieren Sie den Nullpunkt.
- Bestimmen Sie Ihr Gewicht zukünftig einmal pro Woche immer zum selben Zeitpunkt.
- Vermerken Sie im Gewichtsverlaufsprotokoll – ausgehend vom heutigen Startgewicht –, wie viele Kilos Sie pro Woche abgenommen haben. Verbinden Sie die markierten Punkte zu einer Kurve.

Mit Hilfe des Gewichtsverlaufsprotokolls können Sie Ihre langfristigen Erfolge dokumentieren. Kurzfristigen Gewichtsschwankungen sollten Sie keine Bedeutung beimessen. Stellen Sie sich daher nur einmal wöchentlich auf die Waage. Halten Sie zum Schluss fest, dass Sie Step 1 erfolgreich durchgeführt haben.

M.O.B.I.L.I.S.-Gewichtsverlaufsprotokoll

Wiegezeitpunkt (Wochentag, Uhrzeit): ....

Ausgangsgewicht: .... kg/Datum

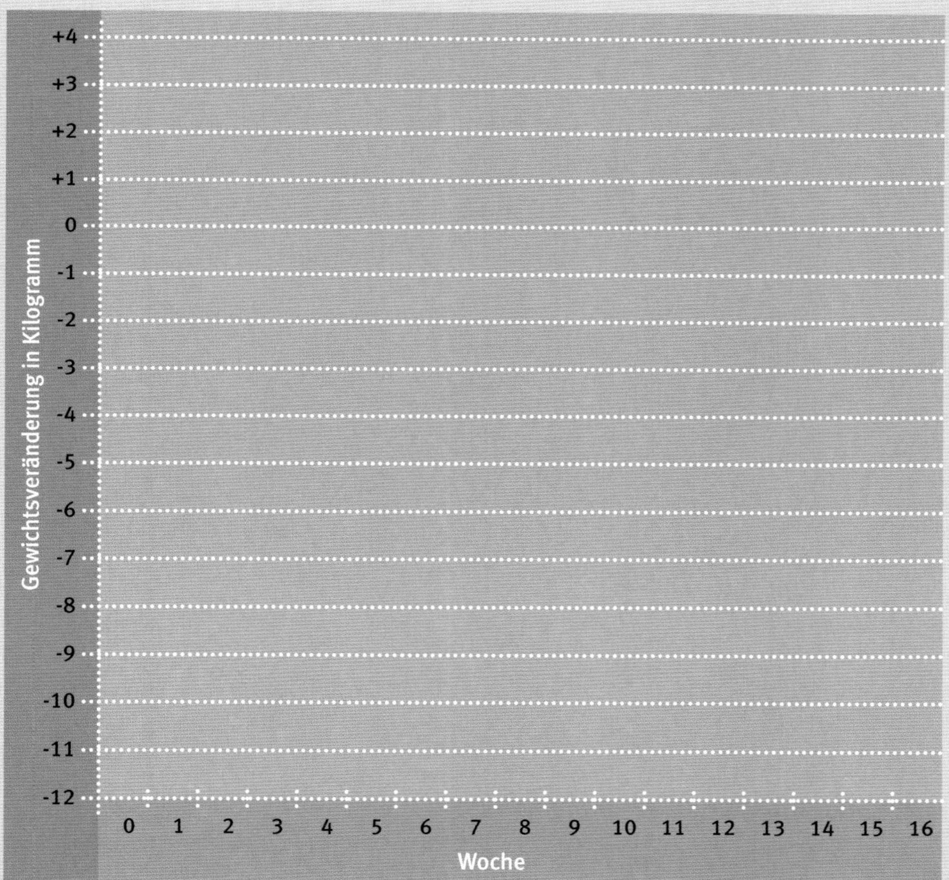

Ein weiteres Protokoll finden Sie in Ihrem M.O.B.I.L.I.S.-Organizer (siehe Seite 54)

Step 1 erfolgreich durchgeführt?

Wissenstest bestanden

am: ....

Praktische Aufgabe erfüllt

am: ....

2 Der **Einstieg** in ein »bewegtes« Leben

Um gesund zu bleiben und darüber hinaus fit und schlank zu werden, ist Bewegung im Alltag ein Muss. Weil wir uns aber schon so an die eigene Bequemlichkeit gewöhnt haben, brauchen wir Hilfsmittel, die uns daran erinnern, uns mehr zu bewegen. Einfache, alltagstaugliche wie einen Wecker. Für M.O.B.I.L.I.S. light wurde ein »Bewegungswecker« entwickelt: Das 50+50-Punkteprogramm. Wie Ihr Wecker Sie morgens zum Aufstehen aktiviert, wird Sie dieses Programm daran erinnern: »Ich soll mich bewegen!«

IHRE M.O.B.I.L.I.S.-EXPERTEN haben es in Step 1 schon dargelegt, und ich möchte es an dieser Stelle noch einmal wiederholen: Bei unseren Ahnen waren Nahrungsaufnahme und Energieverbrauch noch völlig ausgewogen. Was sie verzehrten, verbrauchten sie auch wieder. Können Sie sich unsere Vorfahren übergewichtig und unbeweglich vorstellen? Das wäre im täglichen Existenzkampf undenkbar gewesen!

Irgendwann ist jedoch diese vernünftige Regelung in der modernen Welt verloren gegangen. Stellen Sie sich in diesem Zusammenhang Ihr Auto vor: Es benötigt Benzin, damit es funktioniert. Sie tanken es voll und fahren so lange, bis der Tank wieder leer ist. Anschließend füllen Sie den Tank erneut auf und so weiter. Vielleicht haben Sie noch einen Reservekanister für den Notfall dabei. Sie kämen aber wohl kaum auf die Idee, Ihr Auto mit einem Anhänger in Form einer großen Tonne auszustatten. Und in diese Tonne bei jedem Tankstellenbesuch ein paar Liter Benzin abzuzweigen. Einfach nur so, weil der Treibstoff so leicht zu haben ist. Ja, und wenn die Tonne voll ist, noch eine weitere Tonne anzuhängen, um das Spiel bei nächster Gelegenheit fortsetzen zu können. »Das ergibt keinen Sinn«, werden Sie sich sagen. Unserem Körper gegenüber verhalten wir uns jedoch häufig nicht weniger sinnlos …

Mit dem Schlankheits-Training und anschließenden Schlankheits-Management lernen Sie, Ihren Körper in sein natürliches Gleichgewicht zurückzubringen. Sie wissen, dass die Bewegung dabei eine zentrale Rolle spielt. Doch worauf müssen Sie achten, wenn Sie in ein »bewegtes« Leben einsteigen wollen? Ihr Bewegungsexperte Doktor Lagerstrøm hat die Antworten für Sie parat.

Expertenwissen

von Doktor Dieter Lagerstrøm

»Ohne Bewegung bewegt sich nichts!« Dieser Grundsatz ist und bleibt der lebenslange Begleiter eines jeden Menschen.

Bewegung als Naturprinzip

Ob jung oder alt, groß oder klein, dick oder dünn: Ich habe in meiner langjährigen Praxis immer wieder dieselbe Erfahrung gemacht: Wer fit, gesund und schlank bleiben möchte, muss sich ein Leben lang ausreichend bewegen. Denn Bewegung ist für den menschlichen Körper genauso notwendig wie gesunde Ernährung oder dass er ausreichend Ruhe und Schlaf erhält.

Wer die Bewegung aus seinem Alltag – mehr oder weniger – verbannt, wird am Ende erfahren, dass Müßiggang unbequem wird und Probleme mit sich bringt. Denn ein Mangel an Bewegung ist für unseren Körper auf Dauer belastend, ja macht ihn sogar krank. Die häufigste Folge: Übergewicht!

Wussten Sie, dass rund die Hälfte der Bundesbürger unter Übergewicht leidet, ein Fünftel bereits adipös (BMI $> 30\,kg/m^2$) ist? Und das, obwohl uns das heutige Schönheitsideal – wie zu keiner anderen Zeit – schlanke und dabei sportliche Körper vorgibt.

Ohne Untertreibung kann man den Bewegungsmangel als eine der größten gesundheitlichen Bedrohungen aller Zeiten bezeichnen. Denn er führt in vielen Fällen vom Übergewicht direkt zu Begleiterkrankungen wie Fett- und Zuckerstoffwechselstörungen, Bluthochdruck sowie zu zahlreichen orthopädischen Beschwerden.

Verkehrte Welt: Überangebot Bewegung

Vor diesem Hintergrund könnte man meinen, es gäbe zu wenig Bewegungsangebote in Deutschland. Und vielleicht sogar zu wenig Aufklärung in diesem Bereich. Doch das ist nicht der Fall: Nie zuvor wurde mehr Sport angeboten. Und nie zuvor wussten wir besser über Wirkungsmechanismen und Zusammenhänge von Bewegung, Sport, Fitness, Gesundheit und Wohlbefinden Bescheid.

Der Deutsche Olympische Sportbund hat rund 25 Millionen Mitgliedschaften zu verzeichnen. Allerdings sind bei dieser Zahl Mehrfachmitgliedschaften berücksichtigt. Zirka 4 Millionen Bundesbürger treiben darüber hinaus regelmäßig Ausdauersport ohne feste Vereinszugehörigkeit, und zirka 4 bis 5 Millionen sind aktive Besucher von Fitness-Studios oder Gesundheitszentren. Und dennoch, um das Paradoxe auf den Punkt zu bringen: Zu keiner Zeit in der Menschheitsgeschichte waren wir weniger körperlich aktiv als heute. So erreichen leider nur zirka 20 Prozent der Bundesbürger den notwendigen Aktivitätsstatus, um dauerhaft fit und gesund zu bleiben.

Der Mensch bewegt sich nicht freiwillig

Wir bewegen uns nicht, weil uns heute ganz einfach die Notwendigkeit dafür fehlt. Wo aber ist unser natürliches Bedürfnis nach täglicher Bewegung geblieben?

Streng genommen hatten schon unsere Vorfahren kein Bedürfnis danach. Sie folgten vielmehr einem natürlichen Ruf: So lange sie genug zu essen hatten, blieben sie in ihren Höhlen. Denn draußen lauerten tausenderlei Gefahren. Ihr Leben war ständig bedroht. Die Nahrungsvorräte aber hielten immer nur für eine sehr begrenzte Zeit. Und wenn sie schließlich aufgebraucht waren, gingen unsere Vorfahren auf die Jagd beziehungsweise auf Nahrungssuche. Durchschnittlich waren sie auf diese Weise täglich 10 bis 12 Stunden auf den Beinen – in ihrem zirka 40 auf 40 Kilometer großen Urrevier. Und ihr Arbeitsumsatz (siehe Seite 18) durch Bewegung und körperliche Aktivität lag dabei zwischen 2.000 und 2.500 Kilokalorien am Tag. Sobald sie eine größere Beute erlegt hatten und satt waren, verkrochen sie sich wieder in ihre sicheren Höhlen. Fazit: Hätte man unseren Vorfahren die Nahrung bis zum Höhleneingang gebracht, wären sie vermutlich freiwillig keinen Schritt mehr gegangen …

Der Mensch sucht die Bequemlichkeit

Der Instinkt unserer Vorfahren – Bewegung als Mittel zur Nahrungsbeschaffung – steckt noch immer in uns. Im modernen Schlaraffenland wird er vielen von uns zum Verhängnis. Während unsere Großeltern häufig noch körperlich hart arbeiten mussten, um ihren Lebensunterhalt zu bestreiten, gehen wir heute überwiegend sitzenden Bürotätigkeiten nach. Weil es bequem ist, fahren wir mit dem Auto zur Arbeit oder zum Einkaufen. Unsere Großeltern waren noch zu Fuß unterwegs. Kurz: In unserem Alltag fehlt die Bewegung!

Der Mensch braucht einen Bewegungswecker

Und weil sich die meisten Menschen nicht freiwillig bewegen, benötigen sie Hilfsmittel. Keine komplizierten Geräte. Die Hilfsmittel müssen einfach und alltagstauglich sein. Wie ein simpler Wecker.

Bestimmt haben auch Sie einen gewöhnlichen Wecker auf Ihrem Nachttisch. Ihr Tagesrhythmus wird durch diesen Wecker vorgegeben: Sie stehen morgens auf, wenn Sie sein Klingeln hören. Natürlich wäre es viel bequemer für Sie, im Bett zu bleiben. Das werden Sie aber in der Regel nicht tun. Denn Sie wissen, dass Ihr Liegenbleiben mit großer Wahrscheinlichkeit negative Folgen hätte.
Für M.O.B.I.L.I.S. haben wir einen »Bewegungswecker« entwickelt: Das 50+50-Punkteprogramm. Wie Ihr Wecker auf dem Nachttisch wird auch dieses Programm zukünftig eine Erinnerungsfunktion für Sie haben: »Ich soll mich bewegen!«
Und was, wenn Sie heute bereits (sportlich) aktiv sind? Ich setze zunächst voraus, dass Ihr BMI (siehe Seite 16) nicht im Normalbereich liegt und Sie mehr oder weniger übergewichtig sind. Sollten Sie dabei tatsächlich schon regelmäßig Ausdaueraktivitäten durchführen, ist Ihre Energiebilanz vermutlich dennoch nicht im Gleichgewicht. Auch in diesem Fall wird das 50+50-Punkteprogramm – gerade in Verbindung mit der Ernährung – ein sinnvolles Kontrollinstrument für Sie sein. Und Ihnen selbstverständlich beim Schlankwerden helfen! Überprüfen Sie allerdings vor der Anwendung mit Hilfe der Bewegungssteps (Step 4, 6, 9 und 11), ob Sie in der Vergangenheit richtig trainiert haben.

Bewegung ist nicht gleich Sport!

Viele Menschen haben große Vorbehalte gegenüber Bewegung, weil sie Bewegung mit Sport gleichsetzen. Doch Bewegung und Sport sind keine Synonyme! Bewegung muss auch nicht viel Zeit in Anspruch nehmen oder anstrengend sein.

PROFESSOR BERGS GESUNDHEITSBONUS

Bewegung ist wichtig!

Wir brauchen regelmäßige Bewegung und körperliche Anstrengung, um gesund zu bleiben. Zum Glück können wir bis ins hohe Alter Kraft und Ausdauer trainieren und unsere Muskeln aufbauen. Beginnen Sie dennoch nicht zu spät damit, aktiv zu sein und Sport zu treiben. Denn mit zunehmendem Alter wächst die Gefahr, chronisch zu erkranken.

Mein Gesundheitstipp: Machen Sie ab Ihrem 36. Lebensjahr den regelmäßigen Gesundheitscheck im 2-Jahres-Abstand. Sie haben sogar ein Anrecht darauf! Holen Sie sich den »Gesundheits-TÜV« und Ihr »Sportgesund« bei Ihrem Hausarzt, bevor Sie mit dem körperlichen Training beginnen. Hören Sie auf Ihren Körper: Verwechseln Sie Schmerzsignale nicht mit Müdigkeit. Brechen Sie Übungen grundsätzlich ab, wenn Sie dabei Beschwerden verspüren. Scheuen Sie sich nicht, Ihren Hausarzt und auch Ihren Sporttherapeuten nach den Reaktionen Ihres Körpers auf Belastung zu fragen. Mit zunehmender Erfahrung werden Sie lernen, Ihre Körperreaktionen einzuschätzen und das für Sie richtige Maß für Ihr Training zu finden.

Bewegung fängt im ganz normalen Alltag an. Kommen wir noch einmal zurück zu unseren Großeltern: Gehen wir von der Annahme aus, sie seien täglich (nur) 2 Kilometer zur Arbeit beziehungsweise am Sonntag zur Kirche gegangen. Diese Gehstrecke entspricht einem Energiegehalt von zirka 140 Kilokalorien. Pro Jahr sind das 51.000 Kilokalorien. Und auf das Fettgewebe bezogen immerhin rund 8 Kilogramm! Diese einfache, aber regelmäßige Alltagsaktivität war also für die Fitness und schlanke Linie unserer Großeltern nicht unbedeutend.

Sie sehen an diesem Beispiel: Schon ein kleiner, wenig aufwändiger Bewegungseinsatz im Alltag, hat – auf einen längeren Zeitraum gesehen – eine enorme Wirkung. Natürlich immer vorausgesetzt, die jeweilige Aktivität wird regelmäßig durchgeführt.

Suchen Sie sich einfache Bewegungsmöglichkeiten in Ihrem Alltag. Stellen Sie sich vor, Sie lebten zur Zeit Ihrer Großeltern. Versuchen Sie, unsere modernen Fortbewegungsmittel, so oft es Ihnen möglich ist, zu meiden. Vielleicht fällt Ihnen ja spontan wenigstens eine Aktivität ein, die Sie in Zukunft regelmäßig zu Fuß oder mit dem Rad erledigen könnten. Und Sie werden dabei selbst erfahren: Es muss nicht unbedingt Sport sein.

Ein Erfolg versprechendes Bewegungsprogramm

Wie aber soll die Bewegung in der Praxis aussehen? Welche Bewegungsformen sind empfehlenswert? Worauf sollten Sie gerade beim Einstieg achten?

Ein gesundheitsorientiertes und figurbetontes Bewegungsprogramm ist langfristig erfolgreich, wenn es fünf Voraussetzungen erfüllt:

(1) »Jeder Jeck ist anders ...«

... sagen die Kölner zu Recht. Auf die Bewegung übertragen heißt das: Jeder Mensch braucht sein individuelles Bewegungsprogramm! Stimmen Sie Ihr Programm daher immer auf Ihre ganz persönlichen Möglichkeiten und Vorlieben ab. Denn nur wenn Sie etwas gerne machen beziehungsweise überhaupt machen können, werden Sie es dauerhaft durchführen und langfristig dabei bleiben.

(2) »Vogel fliegt, Fisch schwimmt und Mensch läuft.«

Die Feststellung des Weltklasseläufers Emil Zatopek – vor einem halben Jahrhundert – bringt es auf den Punkt: Gehen und Laufen ist die natürlichste (Fort-)Bewegungsform des Menschen. Nicht ohne Grund zählen sämtliche Varianten des Gehens und Laufens zu den mit Abstand populärsten Sportarten. Denn gehen und laufen kann (fast) jeder: in der Gruppe oder allein. Mit Stöcken oder ohne Stöcke. In Begleitung eines Hundes oder einsam auf weiter Flur. In der Stadt oder im Wald. Es gibt so viele Möglichkeiten – auch für Sie! Gehen und Laufen gehört, was die Gesundheit betrifft, zu den effektivsten Bewegungsformen. Denn es hält Ihr Herz beziehungsweise Ihren Kreislauf in Schwung und bringt Ihr Immunsystem auf Trab. Nicht zu vergessen: die für Ihre schlanke Linie zentrale Fettverbrennung. Mit keiner Bewegungsform erzielen Sie vergleichbare Resultate. Kurz: Gehen und Laufen ist die beste Ausdaueraktivität. Sie darf in Ihrem persönlichen Bewegungsprogramm auf keinen Fall fehlen!

Starten Sie mit sanftem Training, damit Sie Sehnen, Gelenke und Bänder nicht überstrapazieren.

(3) **»Eine Kette ist nur so stark wie ihr schwächstes Glied.«**
Beherzigen Sie diese altbewährte Volksweisheit beim Einstieg in Ihre Bewegungskarriere: Konzentrieren Sie sich auf Ihre persönlichen Stärken, aber auch auf Ihre Schwachstellen. Nur wenn Sie diese konsequent in den Griff bekommen, werden Sie mit Ihrem Bewegungsprogramm auf Dauer erfolgreich sein. Die häufigsten körperlichen Schwachstellen bilden Muskeln, Sehnen, Bänder und Gelenke. Diese müssen von Ihnen unter Umständen erst einmal wieder aufgebaut beziehungsweise an die neuen Aktivitäten gewöhnt werden. Überfordern Sie sie nicht! Denn wenn Sie sich beim Training beispielsweise eine entzündete Sehne oder einem Bänderriss zuziehen, ist Ihr schlank machendes Ausdauertraining fürs Erste beendet. Gehen Sie deshalb langsam und behutsam vor bei der Umstellung Ihrer Bewegungsgewohnheiten. Führen Sie zunächst gezielte Kräftigungsübungen durch. Beispielsweise mit dem Thera-Band®. Nichtsdestotrotz sollten Sie – gleich zu Beginn – regelmäßig trainieren und sich dabei zunehmend steigern. Vor allem was die Trainingsdauer betrifft.

(4) **»Wissen ist nicht gleich Können.«**
Es reicht nicht aus, dass Sie alle Bewegungssteps absolvieren und Ihr Schlankheitsdiplom erwerben. Gleichzeitig

müssen Sie Ihr erworbenes Wissen in der Praxis ausprobieren. Lernen Sie verschiedene Bewegungsformen zu fühlen! Jede Aktivität hat ihre eigenen Gesetzmäßigkeiten. Versuchen Sie ein Gefühl für die richtige Belastung und Intensität zu entwickeln. Ein gutes Körpergefühl ist eine Grundvoraussetzung für Ihr erfolgreiches Bewegungsprogramm. Nur auf diese Weise können Sie Überbelastungen, die zum vorzeitigen Abbruch Ihrer Bewegungskarriere führen würden, vermeiden.

(5) **»Man wird so, wie man sich verhält.«**
Diese biologische Grundregel ist so alt wie die Menschheit selbst. Sie besagt: Jede von uns gewählte Bewegungsform hat ihre spezifische Wirkung auf unseren Körper. Sie können sich in der Regel jeweils schwerpunktmäßig immer nur für eine der drei Grundaktivitäten und den dazugehörigen Gesundheitseffekt entscheiden: (a) Ausdauer, (b) Muskelkraft oder (c) Koordination.
Ihre körperliche Ausdauer- und Leistungsfähigkeit trainieren Sie ausschließlich über Ausdaueraktivitäten (Gehen und Laufen). Um Ihre Muskelkraft gezielt zu stärken, wählen Sie kräftigende Übungen. Und Ihre Koordination verbessern Sie natürlich mit jeder Aktivitätsform, insbesondere aber mit entsprechenden Geschicklichkeitsübungen. Im Rahmen Ihres Schlankheits-Managements müssen Ausdaueraktivitäten selbstverständlich den größten Part einnehmen. Gefolgt von Kräftigungsübungen. Die Koordination verbessert sich – meist schon ohne gezieltes Training – als Begleiteffekt einer vermehrten Grundaktivität. Doch vergessen Sie niemals: Körperliche Fitness lässt sich nicht konservieren. Auch ein gesunder und fitter Körper muss täglich von neuem gefordert werden! Das geschieht übrigens nicht allein über ein Training der genannten Grundaktivitäten. Bewusste Ruhe- und Entspannungsphasen vervollständigen das Körperpflegeprogramm.

Das war eine ganze Reihe an Informationen. Doch keine Angst: In den nachfolgenden Bewegungssteps werde ich auf die einzelnen Punkte ausführlich eingehen. Insbesondere auf die Grundaktivitäten Ausdauer und Muskelkraft. Zusätzlich erhalten Sie natürlich auch praktische Übungen. So können Sie Ihr persönliches Bewegungsprogramm finden beziehungsweise selbst zusammenstellen. Im Anschluss an das Schlankheits-Training wird Ihnen dann das 50+50-Punkteprogramm bei der Umsetzung im Alltag hilfreiche Dienste erweisen.

Das M.O.B.I.L.I.S.-Motto

Im Mittelpunkt der M.O.B.I.L.I.S.-Philosophie stehen nicht die raschen (Gewichts-)Erfolge – das ist zwischenzeitlich sicher klar geworden. Vielmehr geht es darum, Geduld und Gelassenheit zu entwickeln sowie den Willen, seinen Lebensstil zu ändern. Daraus lässt sich unser M.O.B.I.L.I.S.-Motto ableiten:

» Langsam anfangen,
lässig steigern und
langfristig dabei bleiben!

Denken Sie bitte daran, wenn Sie Ihr Bewegungstraining beginnen. Gehen Sie Ihre Bewegungskarriere systematisch an!

INFO

Bitte beachten!

Berücksichtigen Sie von Anfang an folgende Punkte:

(1) Planen Sie regelmäßige Bewegungszeiten in Ihren Tagesrhythmus beziehungsweise Ihren Wochenablauf ein.

(2) Probieren Sie verschiedene Bewegungsformen – besonders im Ausdauerbereich (z. B. Walken) – aus.

(3) Steigern Sie allmählich Intensität und Dauer Ihrer Ausdaueraktivitäten beziehungsweise Ihrer muskelkräftigenden Übungen.

Finden Sie heraus, welche körperlichen Aktivitäten Ihnen gut tun und zu Ihnen passen. Versuchen Sie auf jeden Fall als Erstes Ihr Bewegungsverhalten im Alltag zu verändern. Nehmen Sie beispielsweise die Treppen anstelle des Lifts. Das kostet fast keine Zeit und hat einen großen Effekt. Da die Veränderungen Ihres Bewegungsverhaltens im Alltag aber vermutlich nicht ausreichen werden, müssen Sie zusätzlich – in Ihrer Freizeit – aktiv werden. Wenn Sie nicht recht wissen, welche Bewegungsform Ihnen liegt, sollten Sie vielleicht Mitglied im Sportverein werden und sich erst mal durch dessen Angebote »schnuppern«. Oder Sie buchen einen Probemonat in einem Fitness-Studio und probieren das Gerätetraining aus. Gute Studios bieten meist noch eine Saunalandschaft, in der Sie hinterher entspannen können. Ideal ist auch eine regelmäßige Verabredung mit Ihrem Partner oder einer Freundin. Wie Sie letztendlich trainieren, bleibt ganz allein Ihnen überlassen. Nur bewegen müssen Sie sich!

Wissenstest

Doktor Lagerstrøm hat Ihnen im ersten Bewegungsstep erläutert, worauf es beim richtigen Einstieg in Ihre Bewegungskarriere ankommt. Haben Sie sich alle Voraussetzungen gemerkt?

(1) Warum ist Bewegung für das Schlankwerden und das Schlankbleiben so wichtig?

(2) Warum sollten Bewegungsprogramme individuell gestaltet werden?

(3) Welche Fortbewegungsform ist für den Menschen die natürlichste?

(4) Welches sind die häufigsten körperlichen Schwachstellen für den Trainingseinsteiger?

(5) Warum ist ein gutes Körpergefühl so entscheidend?

Praktische Aufgabe

Ihre erste praktische Bewegungsaufgabe ist ein kleiner einfacher Fitnesstest: Führen Sie die beiden nachfolgenden Übungen am heutigen oder morgigen Tag durch und halten Sie Ihre Ergebnisse fest.

1 KRAFT & KOORDINATION

- Stellen Sie sich zunächst auf Ihr rechtes Bein (Arme seitlich am Körper) und versuchen Sie – ohne sich festzuhalten! – so lange wie möglich ruhig stehen zu bleiben. 1
- Stoppen Sie die Zeit und tragen Sie diese in das Feld »rechtes Bein« ein. Das Datum nicht vergessen!
- Wiederholen Sie die Übung mit dem linken Bein.
  Sie sollten jeweils mindestens 10 Sekunden (18–49 Jahre) beziehungsweise 6 Sekunden (ab 50 Jahren) ganz ruhig stehen bleiben können.

2 AUSDAUER

- Machen Sie sich zunächst warm, indem Sie 10–15 Minuten gehen.
- Suchen Sie sich dann einen markanten Punkt – etwa Ihre Haustür.
- Starten Sie von dort aus in einem für Sie zügigen Tempo mit gleichmäßiger Gehgeschwindigkeit. 2 Ohne zu schnaufen!
- Stoppen Sie nach exakt 4 Minuten und prägen Sie sich Ihren Zielpunkt gut ein. Sie dürfen nicht außer Atem sein!
- Notieren Sie zu Hause Start- und Zielpunkt im Testprotokoll.

Übung 1: Kraft und Koordination						
Testwoche	0	4	8	12	26	52
Datum						
rechtes Bein/Sek.						
linkes Bein/Sek.						
Länger als beim letzten Mal?		□ ja □ genauso □ nein	□ ja □ genauso □ nein	□ ja □ genauso □ nein	□ ja □ genauso □ nein	□ ja □ genauso □ nein

Übung 2: Ausdauer						
Testwoche	0	4	8	12	26	52
Datum						
Startpunkt (immer gleich!)						
Zielpunkt						
Weiter als beim letzten Mal?		□ ja □ genauso □ nein	□ ja □ genauso □ nein	□ ja □ genauso □ nein	□ ja □ genauso □ nein	□ ja □ genauso □ nein

Wiederholen Sie beide Übungen des Fitnesstests mit demselben Anstrengungsgrad zunächst im Abstand von vier Wochen.

Kleiner Tipp: Tragen Sie schon heute entsprechende Termine in Ihrem Kalender ein. Starten Sie Übung 2 immer am selben Punkt und stoppen Sie stets nach genau 4 Minuten. Überschreiten Sie Ihren vorherigen Zielpunkt, ist Ihre Ausdauer objektiv besser geworden. Stehen Sie beim nächsten Mal zudem länger auf einem Bein, haben Sie auch im Bereich Muskelkraft und Koordination Punkte gut gemacht.

Step 2 erfolgreich durchgeführt?

Wissenstest bestanden

am: ....

Praktische Aufgabe erfüllt

am: ....

3 Klug gewählt: die M.O.B.I.L.I.S.-Ernährungspyramide

Mit der M.O.B.I.L.I.S.-Ernährungspyramide gelingt es Ihnen, auf gesunde Weise schlank zu werden und schlank zu bleiben. Warum? Erstens bezieht die Pyramide auch die Bewegung mit ein, ohne die ein gesundes Abnehmen nicht möglich ist. Zweitens zeigt Sie Ihnen auf einen Blick, welche Lebensmittel Sie häufig und welche Sie nur gelegentlich essen sollten. Dabei wird die Pyramide den zentralen Empfehlungen für Ihre Lebensmittelauswahl gerecht: fettgesund, kohlenhydratbewusst und eiweißbetont.

ERINNERN SIE SICH an unser M.O.B.I.L.I.S.-Motto aus Step 1 »Langsam anfangen, lässig steigern und langfristig dabei bleiben.« Haben Sie es verinnerlicht? Der sanfte Einstieg ist nicht nur für die Bewegung ein wichtiger Erfolgsgarant: Alte Ernährungsgewohnheiten werfen Sie genauso wenig von heute auf morgen über Bord. Einen kurzfristigen Gewichtsverlust können Sie mit so genannten Blitzdiäten ohne weiteres erreichen. Denn wenn Sie hungern oder fasten, zeigt das auf der Waage schnelle Wirkung. Doch dann folgt der Jo-Jo-Effekt! Wenn Sie Ihren Körper mit mehr Bewegung und gesunder Ernährung ins Gleichgewicht bringen, dauert es länger. Dafür können Sie Ihren Erfolg aber auch langfristig genießen. Lassen Sie sich also Zeit. Es lohnt sich!

Aus heutiger Sicht mag es Ihnen schwerer fallen, Ihr Aktivitätsverhalten umzustellen als Ihre Ernährungsgewohnheiten. Vorausgesetzt, Sie zählen zu den »Bewegungsmuffeln«. Unsere Erfahrungen auf diesem Gebiet sind jedoch gegenteilig: »Auf die Dauer fällt es mir schwer, meine Ernährungspläne umzusetzen. Mit der Bewegung klappt es dagegen schon gut!« Solche Rückmeldungen erhalten wir häufig von M.O.B.I.L.I.S.-Teilnehmern. Warum?

Sie essen – wie die meisten Menschen – vermutlich mehrmals am Tag. Die Nahrungsaufnahme ist wesentlicher Bestandteil Ihres Alltags. Und die Bewegung? Selbst wenn Sie von Natur aus sehr sportlich sind, wird es gelegentlich »bewegungsfreie« Tage für Sie geben. Fazit: Essen ist allgegenwärtig. Essen ist komplexer als Bewegung. Wollen Sie sich richtig ernähren, müssen Sie leider eine ganze Reihe von Veränderungen vornehmen. Doch keine Sorge, Sie werden es schaffen: Professor Hamm macht Sie fit auf diesem Gebiet.

Expertenwissen

von Professor Michael Hamm

»Alle theoretischen Ernährungsempfehlungen müssen praktische Lebensmittelempfehlungen sein.«

Je vielseitiger, desto besser!

Wir benötigen zirka 50 Nährstoffe zum Leben, Arbeiten und Gesundbleiben. Kein Lebensmittel allein – mit Ausnahme der Muttermilch in den ersten Lebensmonaten – kann uns alle benötigten Nährstoffe auf einmal liefern.

Ich empfehle Ihnen daher eine abwechslungsreiche Ernährung. Auch oder gerade während des Abnehmens! Je vielseitiger Ihre Lebensmittelauswahl ist, desto sicherer wird Ihr Körper mit allen notwendigen Vitaminen und Mineralstoffen versorgt. Und umso größer ist auch Ihr Genuss. Die so genannte Mischkost hat sich in diesem Zusammenhang besonders bewährt. Sie umfasst sowohl pflanzliche als auch tierische Lebensmittel in ausgewogener Menge. Und sie wird damit unseren Geschmacksgewohnheiten am besten gerecht.

Lebensmittelverbote gibt es bei M.O.B.I.L.I.S. übrigens nicht. Dennoch sollten bestimmte Lebensmittel häufig, andere wiederum nur gelegentlich auf Ihrem fitness- und figurbewussten Speiseplan stehen. Auf die Auswahl kommt es an!

Ernährungsmodelle

Modelle eignen sich hervorragend, um komplizierte Sachverhalte zu erklären. In der Ernährungspraxis haben sich der Lebensmittelkreis und die Lebensmittelpyramide bewährt. Beide Modelle stellen am besten dar, welche

Lebensmittelgruppen wie häufig oder in welchen Mengen auf Ihrem Speiseplan stehen sollten. Beide enthalten unterschiedlich große Segmente beziehungsweise Stockwerke. Sie stehen für die Verzehrshäufigkeit oder die Verzehrsmenge der jeweiligen Lebensmittelgruppen. Je nach Zielsetzung beziehungsweise Zielgruppe werden Segment- beziehungsweise Stockwerkgröße und deren Anordnung unterschiedlich gestaltet oder gewichtet.
Im M.O.B.I.L.I.S.-Programm haben wir uns für eine Pyramidendarstellung entschieden, die den zentralen Empfehlungen für Ihre Lebensmittelauswahl gerecht wird. Sie lauten:

- fettgesund,
- kohlenhydratbewusst und
- eiweißbetont.

Die M.O.B.I.L.I.S.-Ernährungspyramide

Die Schwerpunktsetzung der M.O.B.I.L.I.S.-Ernährungspyramide entspricht den Ernährungsbedürfnissen von Menschen, die auf gesunde Weise schlank werden und schlank bleiben wollen. Als Besonderheit bezieht die Pyramide auch die Bewegung mit ein.
Sollten Sie körperlich schwer arbeiten oder gar Leistungssport betreiben, empfehlen wir Ihnen eine andere Gewichtung: Sie können dann aus der Kohlenhydratgruppe – bei zunehmender körperlicher Anstrengung – entsprechend mehr Lebensmittel verzehren.
Schauen wir uns die Ernährungspyramide (siehe vordere Buchinnenklappe) einmal genauer an: Das Fundament bildet die Bewegung. So haben Sie diese immer im Blick! Was die Ernährung betrifft, ist unsere Pyramide auf Wasser beziehungsweise energiearme Getränke »gebaut«. Denn von der Menge her ist und bleibt Wasser der wichtigste Nährstoff.
Für die Lebensmittelstockwerke gilt: Je weiter Sie nach oben kommen, desto sparsamer sollten Sie mit den dortigen Lebensmittelgruppen umgehen. Treiben Sie es also besser nicht auf die Spitze! Behalten Sie bei der Auswahl Ihrer Lebensmittel die zentralen M.O.B.I.L.I.S.-Ernährungsempfehlungen im Auge: Achten Sie bei Kohlenhydraten auf deren GLYX-Faktor (siehe ab Seite 82) und bei Eiweiß sowie Fett auf die Qualität. Was dies im Einzelnen für Ihren Alltag bedeutet, werden wir gemeinsam in den nachfolgenden Steps zum Thema Ernährung erarbeiten.

So viel von jeder Lebensmittelgruppe

Für heute sollten Sie sich mit den Angaben vertraut machen, wie viel Sie täglich von den einzelnen Lebensmittelgruppen verzehren dürfen. Sie entsprechen der Lebensmittelplatzierung in den Stockwerken beziehungsweise Abteilungen der Pyramide. Stellen Sie Ihren zukünftigen Speiseplan möglichst nach diesem Vorbild zusammen.

Die M.O.B.I.L.I.S.-Gemüse-Obst-Empfehlung

Von Gemüse und Obst sollten Sie am meisten verzehren. Beides befindet sich folglich im Hauptgeschoss unserer Pyramide. Aus der populären Kampagne »5 am Tag« ergibt sich unsere erste Ernährungsempfehlung:

» Essen Sie mindestens 5 Portionen Gemüse und Obst am Tag.

Die Betonung liegt auf dem Gemüse. Es sollte im Verhältnis 3:2 auf Ihrem Speiseplan stehen. Während Sie von Gemüse (fast) nicht zu viel essen können, kommt bei bestimmten Obstsorten wie Ananas, Bananen und Trauben schnell ein nicht unerheblicher Energiebetrag zusammen. Orientieren Sie sich – sowohl für Gemüse als auch für Obst – an den Mengenangaben der Pyramide. Ein mittelgroßer Apfel hat beispielsweise etwa 150 Gramm und entspricht damit eineinhalb Portionen Obst. Eine kleine Paprika wiegt ebenfalls 150 Gramm und kann als eine Portion Gemüse angerechnet werden.
Wenn Sie die Gemüse-Obst-Empfehlung in Ihrem Alltag richtig umsetzen, erhalten Sie später 2 wertvolle Ernährungspunkte. Für 4 Portionen Gemüse/Obst am Tag bekommen Sie dagegen 1 Ernährungspunkt. Üben Sie am besten heute schon! Wahlweise dürfen Sie nur ein Glas Fruchtsaft als Obstportion anrechnen.

Die Pyramide steht Kopf!

Unsere alltäglichen Ernährungsgewohnheiten werden dem vorgestellten Ideal der M.O.B.I.L.I.S.-Ernährungspyramide leider immer seltener gerecht. Durch unser falsches Ernährungsverhalten haben wir die Pyramide längst auf den Kopf gestellt. Doch vergleichen und beurteilen Sie selbst.
Mit ein bisschen Übung und dem entsprechenden Durchhaltevermögen setzen Sie die Vorgaben aus der M.O.B.I.L.I.S.-Ernährungspyramide in Ihrem Alltag um. Am besten Sie trainieren bereits, während Sie Ihre Lebensmittel einkaufen. Denn im Supermarkt, im Fachgeschäft oder auf dem Wochenmarkt beginnt Ihr persönliches richtiges Ernährungsverhalten. Zusätzliche Weichen stellen Sie in der Küche bei der Zubereitung Ihrer Speisen.

PROFESSOR BERGS GESUNDHEITSBONUS

Der Einsatz von Diätprodukten beim Abnehmen

Für den einen oder anderen bedeuten Diätprodukte zum Abnehmen eine sinnvolle Hilfe beim Einstieg in die Gewichtsreduktion. So können sie etwa die Motivation stärken. Grundsätzlich sollten Sie diese Produkte nur als vorübergehende Unterstützung einsetzen. Denn sie bringen keinen Lerneffekt! Das heißt, Ihr Ernährungsverhalten wird sich durch den alleinigen Gebrauch von solchen Mitteln zum Abnehmen nicht verändern.

Mein Gesundheitstipp: Für den Fall, dass Sie als Einstiegshilfe auf ein Diätprodukt zurückgreifen möchten, sollten Sie eines wählen, das einer klinischen Prüfung unterzogen wurde. Es sollte eine nachweislich positive Wirkung auf den Stoffwechsel ausüben und einem Verlust der Muskelmasse entgegenwirken.
Lassen Sie sich von Ihrem Apotheker beraten. Integrieren Sie ein solches Produkt immer in ein ganzheitliches Programm zur Umstellung Ihrer Ernährungs- und Bewegungsgewohnheiten. Setzen Sie es niemals ausschließlich ein, sondern nur im Teilaustausch einzelner Mahlzeiten.

So gelingt der Einkauf

Wissen ist Macht! Das gilt auch für die Eigenschaften und die Zusammensetzung von Lebensmitteln. Je informierter Sie sind, desto besser kaufen Sie ein. Und desto gesünder essen Sie anschließend.
Insbesondere über folgende Lebensmittelgruppen sollten Sie – Ihrer schlanken Linie und Ihrer Gesundheit zuliebe – gut Bescheid wissen:

- Getreide und Brot,
- Käse, Fleisch und Wurstwaren,
- Getränke.

Getreide und Brot

Wählen Sie Getreide und Brot, das aus dem vollen Korn besteht und am besten grobkörnig ist. Beispielsweise Rheinisches Schwarzbrot, Pumpernickel oder kernige Haferflocken. Brote, in denen Leinsamen, Sonnenblumenkerne und Soja verarbeitet wurden, sind besonders empfehlenswert: Sie sorgen für einen günstigen GLYX-Faktor (siehe ab Seite 82) und haben eine ausgezeichnete Sättigungswirkung. Achten Sie auf spezielle Gesundheitsangebote: Ausgewählte Bäckereien haben beispielsweise »GLYX Ideal-Diät-Brot« in ihrem Sortiment. Es vereint in sich alle geforderten gesundheitsfördernden Eigenschaften. Und nebenbei schmeckt es auch noch gut. Mein Kollege Professor Berg hat die positive Wirkung übrigens in der Sportmedizin Freiburg wissenschaftlich getestet.

Käse, Fleisch und Wurst

Käse, Fleisch und Wurstwaren liefern unserem Körper hochwertiges Eiweiß und wichtige Mineralstoffe. Ihr Nachteil: Sie können ziemlich fettreich sein. Während Fleisch in den letzten Jahren deutlich abgespeckt hat, sollten Sie beim Kauf von Wurstwaren nach wie vor ganz genau hinschauen. Denn hier gibt es gewaltige Unterschiede:

Der Fettgehalt von Wurstwaren (pro 100 g)

Wurstwaren	
Sorte	**Fett in g**
Kochschinken	3,7
Schinkensülze	5,0
Bierschinken	11,4
Jagdwurst	16,2
Wiener	28,3
Fleischwurst	28,4
Leberwurst	29,2
Salami	33,0

Zum ebenfalls sehr unterschiedlichen Fettgehalt von Käse kommen wir später in Step 5.

Getränke

Das ausreichende und dabei richtige Trinken zählt zu den wichtigsten Ernährungsstrategien für Ihr Schlankheits-Management. Aufgrund der erforderlichen hohen Trinkmenge – mindestens 2 Liter am Tag – sollten Sie stets energiearme Getränke wählen.
Fruchtsäfte haben grundsätzlich einen hohen natürlichen Zuckergehalt. Trinken Sie daher Fruchtsäfte immer verdünnt mit reichlich (Mineral-)Wasser, am besten im Verhältnis 1:2. Also 1 Teil Saft und 2 Teile Wasser. Gemüsesäfte können Sie ohne Bedenken pur genießen.

Den Durstlöscher Nummer 1, Mineralwasser, variieren Sie geschmacklich durch die Zugabe einiger Spritzer Zitronensaft. Etwas gehaltvollere Getränke, wie zum Beispiel Buttermilch mit Früchten, Molke mit Fruchtsaft oder mit Mineralwasser verdünnter Trinkjoghurt (türkisch: »Ayran«), eignen sich hervorragend als Zwischenmahlzeit! Ebenfalls empfehlenswert: Teegetränke, leicht gesüßt mit Zucker, Honig oder Süßstoff.
Versuchen Sie beim nächsten Mal bewusster einzukaufen. Denken Sie daran: Ihre Wahl im Supermarkt entscheidet, was zu Hause auf den Tisch kommt! Ihr M.O.B.I.L.I.S.-Organizer wird Sie im Zweifelsfall unterstützen: Schlagen Sie nach, wenn Sie unsicher sind. Beispielsweise den Fettgehalt von Wurstwaren. Bei abgepackten Lebensmitteln finden Sie die Nährwertangaben fast immer auf der Verpackung. Beachten Sie diese bei Ihrer Auswahl.

Kalorienfalle: Restaurant und Kantine

Wenn Sie häufig außer Hause essen, haben Sie es unter Umständen schwerer. Die große Lebensmittelauswahl im Supermarkt, im Fachgeschäft oder auf dem Wochenmarkt fällt weg. Umso wichtiger ist es, dass Sie in der Kantine, am Arbeitsplatz oder im Restaurant um die Ecke richtig bestellen.
Mit einem Steak oder gegrilltem beziehungsweise gedünstetem Fisch und einer großen Portion Salat sind Sie fast immer auf der sicheren Seite. Greifen Sie auf keinen Fall zu Brot und Butter, die oft auf dem Tisch stehen. Warten Sie auf Ihre persönliche Bestellung. Und noch ein Tipp: Achten Sie auf die Beilagen. Fett und ungünstige Kohlenhydrate lassen sich manchmal nur durch Austausch oder Weglassen einsparen. Wenn Sie im Restaurant das eine oder andere Gericht unserer kleinen Auswahl auf der Speisekarte entdecken, greifen Sie zu!

Deutsche Küche

- Salate der Jahreszeit mit Putenbrust
- Kleines Filetsteak mit Gemüsebeilage
- Pochierter Lachs mit Spinat

Italienische Küche

- Gemüse-Antipasti und Meeresfrüchte
- Minestrone
- Gegrillter Fisch mit Gemüse oder Salat
- Saltimbocca mit Salbei oder Zitronensauce

Asiatische Küche

- Gerichte aus dem Wok mit wenig Reis
- Fondue in Brühe (Shabu Shabu)
- Gedünsteter Fisch mit Gemüse

Griechische Küche

- Griechischer Bauernsalat mit Oliven und Feta (Schafskäse)
- Fleisch-Gemüse-Spieße mit Joghurtsauce (kein Lamm!)

Gute Wahl: frischer Salat mit Pute.

- Tsatsiki-Dip mit Gemüsestiften (Paprika, Karotte, Zucchini …)
- Gebackene Auberginen mit Joghurtsauce

Französische Küche

- Ratatouille mit kurz angebratenem Schweinefilet
- Gegrillter Fisch und Salat
- Gemüsesuppe mit Basilikumsauce
- Rindfleisch auf Burgunder Art mit jungen Pellkartoffeln

Wissenstest

Wie sind Sie mit unserem ersten Ernährungsstep zurechtgekommen? Glauben Sie, dass Sie einige Tipps von Professor Hamm umsetzen können? Überprüfen Sie zunächst Ihr neues Wissen anhand unserer Testfragen:

(1) Welche zentralen Empfehlungen gelten für Ihre Lebensmittelauswahl?
(2) Welche Stockwerke umfasst die M.O.B.I.L.I.S.-Ernährungspyramide?
(3) Welche Lebensmittel sollten Sie aus der Gruppe Getreide und Brot bevorzugen?
(4) Welche Getränke können Sie bedenkenlos wählen?
(5) Was sollten Sie bei der Auswahl von Fleisch und Wurstwaren beachten?

Praktische Aufgabe

Ihre praktische Aufgabe lautet diesmal: Machen Sie für den heutigen oder den morgigen Tag unseren M.O.B.I.L.I.S.-Pyramidencheck.

M.O.B.I.L.I.S.-Pyramidencheck

- Haken Sie in den Kästchen ab, ob Sie die wünschenswerte Menge aller Lebensmittel erreicht haben.
- Essen Sie nicht darüber hinaus!
- Beachten Sie insbesondere die M.O.B.I.L.I.S.-Gemüse-Obst-Empfehlung!
- Sind Sie Vegetarier, ersetzen Sie eine Portion Fleisch oder Fisch durch Käse, Eier, Hülsenfrüchte oder Sojaprodukte und erhöhen damit gleichzeitig die empfohlenen Mengen entsprechend.

Die praktische Aufgabe gilt als erfüllt, wenn am Ende des Tages die meisten Kästchen Ihres Pyramidenchecks abgehakt sind und Sie keine zusätzlichen Lebensmittel verzehrt haben. Ist dies nicht der Fall, sollten Sie die Aufgabe noch einmal wiederholen.
Bitte beachten Sie: Indem Sie Ihr eigenes Essverhalten genau beobachten, können Sie sich Ihre Essgewohnheiten bewusst machen und somit beginnen, Ihr Verhalten zu ändern. Mit dem M.O.B.I.L.I.S.-Pyramidencheck bereiten Sie sich optimal auf das 50+50-Punkteprogramm vor. Viel Erfolg!

M.O.B.I.L.I.S.-Pyramidencheck

wöchentlich:

☐☐☐ je 1 Ei ☐☐ je 60 g Hülsenfrüchte

täglich:

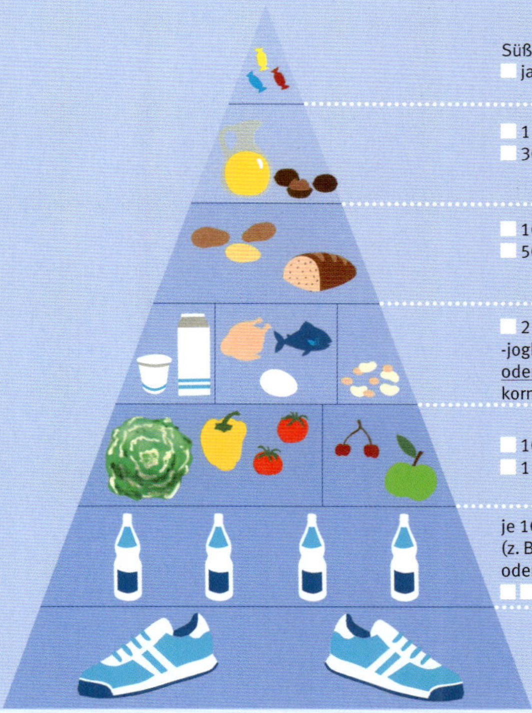

Süßigkeiten, Alkohol und Streichfett sparsam:
☐ ja ☐ nein

☐ 1 Esslöffel Pflanzenöl
☐ 30 g Nüsse oder 1 Esslöffel Pflanzenöl

☐ 100–150 g Kartoffeln oder 50 g Nudeln oder 50 g Reis
☐ 50 g Mischbrot

☐ 250 ml Milch ☐ 80 g Käse oder 150 g Magerquark/-joghurt ☐ 150 g Fisch oder Fleisch ☐ 50 g Aufschnitt oder vegetarische Austauschprodukte ☐☐ je 50 g Vollkornbrot ☐ 20–30 g Müsli

☐ 100 g Salat ☐ 150 g Gemüse roh
☐ 150 g Gemüse gegart ☐☐ je 100 g frisches Obst

je 100 ml energiearme Getränke
(z. B. Mineralwasser, gut verdünnte Fruchtsäfte, ungesüßte oder leicht gesüßte Kräuter- und Früchtetees)
☐☐☐☐☐☐☐☐☐☐☐☐☐☐☐☐☐☐☐☐

Step 3 erfolgreich durchgeführt?

Wissenstest bestanden
am: ....

Praktische Aufgabe erfüllt
am: ....

4 Laufen ohne zu schnaufen – die richtige **Trainingsintensität**

Ihr Körper muss sich an eine vermehrte Fettverbrennung anpassen: Das ist entscheidend für Ihr Schlankwerden und -bleiben. Am besten funktioniert das bei einer geringen bis mäßigen Trainingsintensität. Je langsamer Sie also am Anfang sind, umso besser. Außerdem überfordern Sie sich nicht und halten deshalb besser durch. Auf den nächsten Seiten erfahren Sie alles über die optimale Fettverbrennung und wie Sie selbst einschätzen können, ob Sie mit der für Sie richtigen Intensität trainieren.

SCHON LIEGEN DREI STEPS hinter Ihnen. Ausgezeichnet! Sie nehmen Ihr Schlankheits-Training wirklich ernst. Mit dieser Disziplin werden Sie es noch weit bringen.
Ihre erste praktische Bewegungsaufgabe war ein kleiner Fitnesstest. Sie hatten zwei verschiedene Übungen: eine zur Muskelkraft/Koordination und eine zur Ausdauer. Haben Sie beide Übungen durchgeführt und die Ergebnisse dokumentiert? Das ist wichtig! Denn Ihre heutigen Ergebnisse dienen als Ausgangswert zur Beurteilung Ihres Fitnesszustands von morgen. Wenn Sie den Test in ein paar Wochen wiederholen, wissen Sie, ob Sie fitter geworden sind. Oder nicht. Ihre heutigen Testergebnisse werden damit in ein paar Wochen richtig wertvoll für Sie sein.
Übrigens: Schlank ist nicht gleich fit. Sie sollten daher Ihren Fitnesszustand in regelmäßigen Abständen überprüfen. Falls Sie es ganz genau wissen möchten: Gehen Sie zum Arzt – am besten zu einem Sportmediziner – und lassen Sie einen Gesundheitscheck durchführen. Verlangen Sie ein Belastungs-EKG. Diese Untersuchung gibt sehr präzise Auskunft über Ihre Leistungsfähigkeit. Für Ihr Vorhaben reicht unser einfacher Fitnesstest aus Step 2 in der Regel aber aus. Kommen Sie bei unserer Ausdauerübung in vier Wochen ein gutes Stück weiter als heute und sind Sie außerdem schlanker geworden, haben Sie richtig trainiert. Erreichen Sie dagegen lediglich den Zielpunkt vom ersten Mal, war Ihr Training vermutlich nicht effektiv genug.
Damit Letzteres aber gar nicht erst passiert, haben Sie ja Ihren Bewegungsexperten Doktor Lagerstrøm. Er verrät Ihnen nun, warum die richtige Trainingsintensität für das Schlankwerden und Schlankbleiben so entscheidend ist.

Expertenwissen

von Doktor Dieter Lagerstrøm

»Laufen ohne zu schnaufen!« So lautet nach wie vor die Devise für alle gesundheitsorientierten Ausdaueraktivitäten.

Nicht zu anstrengend: Die optimale Trainingsintensität

Nur wenn Sie nicht zu schnell beziehungsweise zu intensiv trainieren, können Sie Ihre Ausdauerleistungsfähigkeit verbessern. Und mit Ausdaueraktivitäten abnehmen.
Das mag Ihnen auf den ersten Blick vielleicht unlogisch erscheinen: Denn warum sollten Sie mit weniger Anstrengung mehr erreichen als wenn Sie sich ganz viel anstrengen? Schließlich kommen Sie mit Ihrem Wagen doch auch schneller ans Ziel, wenn Sie ordentlich Gas geben. Außerdem verbrauchen Sie bei hoher Geschwindigkeit mehr Energie. Und genau das wollen Sie ja eigentlich durch Ihr Training erreichen …
Um es kurz zu machen: Der Vergleich ist falsch. Denn anders als Ihr Wagen läuft Ihr Körper mit verschiedenen Brennstoffen. Genau genommen: mit Fett, mit Kohlenhydraten und Eiweiß. Je nach Anstrengungsgrad beziehungsweise Trainingsintensität verbraucht beziehungsweise verbrennt Ihr Körper – vereinfacht – entweder Fett oder Kohlenhydrate. Das Eiweiß dient ihm in diesem Zusammenhang als Notreserve.
Unter Ausdauerbelastung kennt unser Körper schließlich zwei verschiedene Formen der Energiegewinnung: die anaerobe und die aerobe Energiegewinnung. Ich werde sie Ihnen gerne erklären.

Ideal: Laufen ohne zu schnaufen.

Die anaerobe Energiegewinnung

Unser Körper spaltet die mit der Nahrung aufgenommenen Kohlenhydrate in Einfachzucker. Diese werden als Glukose ins Blut aufgenommen. Ein großer Teil wird anschließend als Glykogen in den Muskeln und der Leber gespeichert. Bei intensiver bis sehr intensiver – meist aber nur kurz dauernder – (Ausdauer-) Belastung greift unser Körper bevorzugt auf diese leicht verfügbaren Zuckerreserven zurück. Man spricht hierbei von anaerober Energiegewinnung. Denn der Körper verbraucht für diese Form des Stoffwechsels keinen Sauerstoff (anaerob = griechisch »ohne Sauerstoff«).

Baut unser Körper – im anaeroben Bereich – Glukose ab, bildet er gleichzeitig Milchsäure (Laktat). Wenn wir uns überanstrengen, steigt der Milchsäurespiegel im Blut. Ab einem bestimmten Laktatwert ist unsere Muskulatur schließlich übersäuert: Wir sind völlig »ausgepowert« und dies bedeutet meist das vorläufige Aus für unsere Ausdaueraktivität und den geplanten anhaltenden Arbeitsumsatz (siehe Seite 18).

Seien Sie also nicht zu schnell, und strengen Sie sich nicht zu sehr an. Sonst laufen Sie nicht nur Ihrer Gesundheit, sondern auch Ihren persönlichen Trainingszielen davon.

Die aerobe Energiegewinnung

Nahrungsfett speichert unser Körper bekanntlich in seinen diversen Fettdepots. Bei geringen bis mäßigen Dauerbelastungen verwertet er in erster Linie Reserven aus diesen Fettdepots in Form von Fettsäuren. Ideal für das Schlankwerden und Schlankbleiben! Da unser Körper bei der Verstoffwechselung von Fett Sauerstoff benötigt, bezeichnet man diesen Vorgang als aerobe Energiegewinnung (aerob = griechisch »Sauerstoff«).

Eine Energiegewinnung ausschließlich über die Fettsäuren aus unseren Fettdepots ist allerdings nicht möglich. Selbst wenn wir mit einer geringen bis mäßigen Intensität (Ausdauer) trainieren. Unser Körper bezieht einen Teil seiner Energie immer auch über seine Kohlenhydrat- beziehungsweise Zuckerreserven. Denn diese können, ebenso wie die Fette, mit Hilfe von Sauerstoff in allen Zellen unseres Körpers verbrannt, also aerob genutzt werden. Je nach Belastung ist dieser Teil der Energiegewinnung aus Glukose und Kohlenhydratreserven aber unterschiedlich hoch.

Verbrennen Sie das Fett!

Unser Körper ist stets bestrebt, seine Nahrungsreserven effektiv zu nutzen, aber auch zu schonen. Und was liegt da näher, als bei länger andauernden Belastungen mit einer mäßigen Intensität auf die Fettverbrennung zurückzugreifen? Machen Sie sich diesen Umstand zu Nutze: Laufen Sie, ohne zu schnaufen und verbrennen Sie dabei Fett!

Es wird immer wieder behauptet: Die Fettverbrennung setze erst nach 20 Minuten Training ein. Das ist falsch. Tatsächlich läuft die Fettverbrennung schon zu Beginn Ihres Ausdauertrainings. Genau genommen sogar bei all Ihren körperlichen Aktivitäten im Alltag. Nach zirka 20 Minuten ist der Anteil der aeroben Energiegewinnung allerdings höher. Vor allem werden jetzt vermehrt Fettsäuren aus dem Fettgewebe freigesetzt und für die Energiegewinnung angeboten. Und je trainierter Sie sein werden, umso besser wird die Fettverbrennung funktionieren. Vorausgesetzt die Belastung stimmt.

Ob Sie schlank werden, entscheidet letztlich aber Ihre Energiebilanz. Nicht Ihre noch so gute Fettverbrennung. Denken Sie immer an das Balance-Modell: Um abzunehmen müssen Sie mehr verbrauchen, als Sie zu sich nehmen.

Weniger ist am Anfang mehr

Sie haben die wichtigsten theoretischen Grundlagen für ein Erfolg versprechendes Ausdauertraining kennen gelernt. Sie wissen jetzt, warum Sie mit einer geringen bis mäßigen Intensität trainieren sollten. Setzen Sie Ihr Wissen in die Praxis um! Machen Sie sich bewusst, dass Sie – gerade am Anfang – mit weniger mehr erreichen werden. Denn um Ihre Fettverbrennung anzukurbeln, können Sie gar nicht zu langsam (wenig intensiv!) sein. Außerdem halten Sie eine moderate Dauerbelastung viel länger durch als ein anstrengendes Training mit einer hohen Intensität. Damit würden Sie Ihren Körper nur überfordern und vermutlich schnell die Lust an der Bewegung verlieren.

Hilfsmittel zur Trainingssteuerung

Um ihre Belastungsintensität bei Ausdaueraktivitäten überprüfen und steuern zu können, sollten Sie sowohl subjektive als auch objektive Hilfsmittel einsetzen. Subjektive Hilfsmittel sind: Gefühl, Schweiß, Gesichtsfarbe und so weiter. Zu den objektiven Hilfsmitteln zählen: Atmung, Herzfrequenz und Laktatwerte. Wir wollen uns auf drei zentrale Hilfsmittel beschränken:

- das Gefühl beziehungsweise das persönliche Belastungsempfinden,
- die Atmung und
- die Herzfrequenz (den Puls).

Berücksichtigen Sie diese drei Hilfsmittel bei Ihrem Training. Und Sie können (fast) nichts mehr falsch machen.

Das persönliche Belastungsempfinden

Es ist entscheidend, wie Sie sich unter einer aktuellen körperlichen (Dauer-)Belastung fühlen. Wie nehmen Sie die Aktivität wahr? Ist sie leicht? Anstrengend? Oder schwer?

Diese Fragen interessieren auch Ihren Arzt, wenn er ein Belastungs-EKG durchführt. Um Ihr persönliches Belastungsempfinden mit den objektiven Messwerten der Untersuchung (Herzfrequenz, Sauerstoffaufnahme ...) vergleichen zu können, setzt Ihr Arzt die so genannte Borg-Skala ein. Wir haben die Borg-Skala vereinfacht und daraus die M.O.B.I.L.I.S.-Skala abgeleitet. Mit deren Hilfe können Sie nun ganz leicht den subjektiven Belastungsgrad Ihrer aktuellen Aktivität feststellen.

M.O.B.I.L.I.S.-Skala (nach Borg)	
6	sehr anstrengend
5	anstrengend
4	etwas anstrengend
3	**wenig anstrengend**
2	leicht
1	sehr leicht

Die M.O.B.I.L.I.S.-Skala beginnt mit der »1« (= sehr leicht) und endet mit der »6« (= sehr anstrengend). Die »3« markiert einen mittleren Belastungsgrad (= wenig anstrengend). Was bedeutet das?

Beschreiben Sie Ihr Belastungsempfinden während des Trainings mit einer Zahl über »3«, ist die ausgeübte Tätigkeit zu anstrengend für Sie. Geben Sie Ihr Belastungsempfinden dagegen in etwa mit »3« an, liegen Sie richtig. Dabei sollten Sie unbedingt das Gefühl haben, über einen längeren Zeitraum (mindestens 30 Minuten) – ohne größere Ermüdungserscheinungen – genauso weitermachen zu können.

Dasselbe gilt übrigens auch für Ihr Kräftigungstraining: Führen Sie Ihre Übungen grundsätzlich so aus, dass Sie nicht zu anstrengend sind. Auf der M.O.B.I.L.I.S.-Skala sollten Sie Ihr persönliches Belastungsempfinden am Ende einer Übung mit »3« oder maximal »4« angeben können.

Erinnern Sie sich an die Voraussetzung aus Step 2: »Wissen ist nicht gleich Können« (siehe Seite 27/28). Auch Ihr Belastungsempfinden müssen Sie trainieren! Je mehr Bewegungserfahrungen Sie sammeln, desto besser wird Ihr Gefühl für die richtige Belastung.

Die Atmung

Das einfachste objektive Hilfsmittel kennen Sie bereits aus meinem Motto am Anfang dieses Steps: die Atmung. Bei Ihrem Ausdauertraining sollte Ihre Atemfrequenz bei maximal 30 Atemzügen pro Minute liegen. Das ist in der Praxis schwer überprüfbar. Denn in Bewegung lassen sich die Atemzüge nicht richtig zählen. Achten Sie deshalb nur darauf, nicht aus der Puste zu kommen. Das reicht völlig aus! Wenn Sie sich neben dem Gehen oder Laufen noch unterhalten können, liegt Ihre Atemfrequenz garantiert im grünen Bereich.

Die Herzfrequenz

Die Herzfrequenz (gebräuchliche Abkürzung: HF) beziehungsweise der Puls ist ein weiteres wichtiges objektives Hilfsmittel zur Kontrolle und Steuerung Ihrer Belastungsintensität bei Ausdaueraktivitäten. Wie hoch sollte Ihre Herzfrequenz während des Trainings sein?

Bei Bewegungseinsteigern funktioniert die Umstellung auf eine vermehrte aerobe Energiebereitstellung schon bei niedrigen Herzfrequenzen im Bereich von 110 bis 120 Schlägen pro Minute erstaunlich gut.

Ihre exakte Trainingsherzfrequenz kann letztlich nur ein Sportmediziner mit Hilfe eines Belastungs-EKGs feststellen. Alternativ gibt es Formeln zur Berechnung der Trainingsherzfrequenz. Sie sind zwar weniger genau, dafür aber auch weniger aufwändig als die genannte Untersuchung. Damit Sie nicht rechnen müssen, habe ich die entsprechenden Werte in einer Tabelle für Sie zusammengefasst (siehe Seite 46).

Um Ihren persönlichen Wert ablesen zu können, müssen Sie zunächst Ihren Ruhepuls ermitteln. Korrekterweise morgens direkt nach dem Aufwachen, während Sie noch im Bett liegen. Suchen Sie Ihren Puls mit den Fingern an der Halsschlagader. Zählen Sie Ihren Pulsschlag exakt 15 Sekunden lang. Nehmen Sie diesen Wert anschließend mal vier, und Sie kennen Ihren aktuellen Ruhepuls. Üblicherweise liegt der Ruhepuls zwischen 60 und 80 Schlägen pro Minute. Er ist abhängig von Geschlecht, Alter, Gesundheitszustand und Leistungsfähigkeit. So haben beispielsweise gut trainierte, aber auch ausgeglichene Menschen einen niedrigeren Ruhepuls als untrainierte.

Wenn Sie Ihren Ruhepuls ermittelt haben, können Sie Ihre Trainingsherzfrequenzobergrenze – in Abhängigkeit Ihres Alters – aus unserer Tabelle ablesen. Doch Vorsicht: Die Werte gelten als Orientierung für mäßig trainierte gesunde Menschen. Für untrainierte Übergewichtige sind sie als Trainingseinstieg in der Regel zu hoch. Denn im Training können diese die genannten Herzfrequenzwerte nicht lange halten. Sie ereichen schon bald ihre Belastungsgrenze und müssen die geplante Ausdauerbelastung somit frühzeitig beenden. Wenn Sie übergewichtig und untrainiert sind, sollten Sie daher mit einer um zirka 15 Schläge niedrigeren Herzfrequenzobergrenze starten.

Beispiel: Nehmen wir an, Sie sind 38 Jahre alt und haben einen Ruhepuls von 66 Schlägen pro Minute. Dann läge die Obergrenze Ihrer

PROFESSOR BERGS GESUNDHEITSBONUS

Kraft- oder Ausdauertyp?

Ob Ihre Stärke eher im Kraft- sowie Schnelligkeitsbereich liegt oder ob Sie eher eine ausdauernde Natur sind, liegt in Ihren Genen begründet. Um genau zu sein, in der Zusammensetzung Ihrer Muskulatur. Vereinfacht unterscheidet man zwei Sorten von Muskelfasern: Die einen sind mehr für die Ausdauerarbeit und die anderen mehr für die Kraft- sowie Schnelligkeitsarbeit geeignet. Zu welchem Muskeltyp Sie tendieren, haben Sie vermutlich schon im Schulsport gemerkt.

Mein Gesundheitstipp: Wahrscheinlich gehören Sie von Natur aus eher nicht zu den tendenziell schlanken Ausdauertypen. »Kraftmenschen« nehmen leider schneller zu. Sie haben auch vermehrt Probleme mit Blutdruck und Stoffwechsel. Wenn Ihnen Bewegung also schwer fällt, haben Sie diese bestimmt besonders nötig. Je älter Sie werden, umso wichtiger ist es, körperlich aktiv zu sein. Ihr Vorteil als trägerer »Kraftmensch«: Sie werden den Bonus der regelmäßigen körperlichen Aktivität für Ihr Wohlbefinden schon nach kurzer Trainingszeit spüren und schätzen lernen.

Die Trainingsherzfrequenzobergrenze

Lebensalter (Jahre)	Ruhepuls (Minuten) 55–60	61–66	67–72	73–78	79–84	85–90	91–96
18–21	153–156	155–158	157–160	159–163	162–165	164–167	166–169
22–25	151–154	154–157	156–159	158–161	160–163	162–165	164–167
26–29	150–153	152–155	154–157	156–159	158–161	160–163	162–165
30–33	148–151	150–153	152–155	154–157	156–159	158–162	161–164
34–37	146–149	148–151	150–153	153–156	155–158	157–160	159–162
38–41	144–148	147–150	149–152	151–154	153–156	155–158	157–160
42–45	143–146	145–148	147–150	149–152	151–154	153–156	155–158
46–49	141–144	143–146	145–148	147–150	149–152	152–155	154–157
50–53	139–142	141–144	143–147	146–149	148–151	150–153	152–155
54–57	138–142	140–143	142–145	144–147	146–149	148–151	150–153
58–61	136–139	138–141	140–143	142–145	144–147	146–149	148–151
62–65	134–137	136–139	138–141	140–143	142–146	145–148	147–150
66–69	132–135	134–138	137–140	139–142	141–144	143–146	145–148
70–73	131–134	133–136	135–138	137–140	138–142	141–144	143–146
74–77	129–132	131–134	133–136	135–138	137–140	139–142	141–146
78–81	127–130	129–132	131–134	133–137	136–139	138–141	140–143

Trainingsherzfrequenz laut Tabelle bei 147–150 Schlägen pro Minute. Als übergewichtiger Bewegungseinsteiger sollten Sie jedoch 15 Schläge abziehen und kämen somit auf eine Trainingsherzfrequenz von 132–135 Schlägen pro Minute.

Langsam beginnen

Grundsätzlich gilt: Ihre Trainingsherzfrequenz kann zunächst (fast) nicht niedrig genug sein! Überschreiten Sie die Obergrenze – abzüglich 15 Schläge pro Minute – am Anfang nicht. Trainieren Sie besser mit einigen Schlägen Abstand zur Obergrenze. Und wundern Sie sich nicht, wenn Ihre Herzfrequenz während des Ausdauertrainings recht schnell ansteigt. Das ist am Anfang ganz normal. Mit zunehmend besserem Fitnesszustand und ein wenig Übung können Sie Ihre Herzfrequenz auf dem gewählten Niveau bald schon besser halten. Machen Sie Ihr Training aber auf keinen Fall allein von der Herzfrequenz abhängig. Beziehen Sie immer auch Ihr persönliches Belastungsempfinden und Ihre Atmung mit ein.

Wenn Sie starkes Übergewicht haben, sollten Sie übrigens besonders langsam machen: Denn je mehr Sie wiegen, desto mehr Gewicht müssen Sie auch in Bewegung bringen. Und desto höher steigt Ihr Puls – selbst bei vermeintlich leichten Bewegungen. Es sei denn, Sie sind sehr gut in Form.

Tragen Sie Ihren Ruhepuls und Ihre Trainingsherzfrequenzobergrenze minus 15 mit Datum in das vorgesehene Kästchen ein.

Überprüfen Sie beide Werte nach ein paar Wochen. Passen Sie Ihre Trainingsherzfrequenz langsam den Werten aus der Tabelle an. Denn wenn sich Ihr Fitnesszustand verbessert, dürfen Sie sich auch stärker belasten.

Persönlicher Ruhepuls und Trainings-HF-Obergrenze	
Datum:	
Ihr Ruhepuls	Ihre Trainings-HF-Obergrenze
.... /Min.	.... /Min.

Die Vorteile einer Pulsuhr

Damit Sie möglichst genaue Herzfrequenzwerte während des Trainings erhalten, empfehle ich Ihnen ein elektronisches Herzfrequenzmessgerät: die Pulsuhr. Die Pulsuhr gibt Ihnen eine unmittelbare Rückmeldung über die Belastung Ihres Herz-Kreislauf-Systems. So können Sie Ihr Belastungsgefühl für Ausdaueraktivitäten auf ideale Weise schulen.

Achten Sie beim Kauf darauf, dass die Pulsuhr codiert arbeitet. Das ist wichtig, falls Sie in einer Gruppe trainieren möchten, denn sonst stören sich Ihre Geräte gegenseitig. Außerdem sollte der elastische Brustgurt groß genug für Sie sein (Größe L). Andernfalls verursacht er womöglich unangenehme Druckstellen beim Tragen.

Sie können Ihre Herzfrequenz während des Trainings natürlich auch ohne Pulsuhr überprüfen. Das ist allerdings recht umständlich: Suchen Sie – während Sie noch in Bewegung sind – Ihren Puls am Handgelenk oder an der Halsschlagader. Haben Sie den Pulsschlag gefunden, bleiben Sie zur Messung kurz stehen. Verfahren Sie ansonsten wie bei der Ermittlung Ihres Ruhepulses.

Drei Kontrollfragen zur Trainingsintensität

Bevor Sie Ihre Hilfsmittel zur Trainingssteuerung in der Praxis ausprobieren, möchte ich Ihnen die drei folgenden Kontrollfragen mit auf den Weg geben:

(1) Wie fühle ich mich?
(2) Wie atme ich?
(3) Wie schlägt mein Herz?

Stellen Sie sich diese drei »Wie«-Fragen bei jedem Ausdauertraining. Geben Sie sich selbst Antwort darauf, ob Sie richtig trainieren.

Wissenstest

In diesem Step haben Sie viele wichtige theoretische Grundlagen gelernt. Wenn Sie unsere Testfragen beantworten können, müssen Sie Ihr neues Wissen nur noch in die Praxis umsetzen!

(1) Welche Formen der Energiegewinnung kennt unser Körper?
(2) Wie können Sie die Fettverbrennung Ihres Körpers verbessern?
(3) Welche Hilfsmittel zur Trainingssteuerung gibt es?
(4) Warum ist eine Pulsuhr – insbesondere für den Bewegungseinsteiger – empfehlenswert?
(5) Wie lauten die drei Kontrollfragen für Ihr Ausdauertraining?

Praktische Aufgabe

Testen Sie Ihre persönlichen Hilfsmittel zur Trainingssteuerung: Führen Sie die Treppenübung am heutigen oder morgigen Tag durch, und halten Sie Ihre Ergebnisse fest.

1 TREPPENÜBUNG

- Suchen Sie sich ein Treppenhaus mit mindestens zwei Stockwerken.
- Messen Sie Ihre Atem- und Ihre Herzfrequenz (jeweils 15 Sekunden mal vier) vor dem Treppensteigen.
- Tragen Sie beide Werte in das Übungsprotokoll ein.
- Gehen Sie anschließend die Treppenstufen – ohne zu schnaufen – langsam nach oben. 1

M.O.B.I.L.I.S.-Treppenübung

Datum:			
	persönliches Belastungsempfinden	Atmung	Herzfrequenz
vorher	————————	.... / Min.	.... / Min
während		.... / Min	.... / Min
nachher		.... / Min	.... / Min

- Achten Sie dabei ganz bewusst auf Ihre Atmung und Ihre Herzfrequenz. Halten Sie diese so niedrig wie möglich: nicht viel höher als Ihre Ausgangswerte.
- Stoppen Sie kurz in der Mitte Ihrer Übungsstrecke. Messen und protokollieren Sie erneut Ihre Atem- und Ihre Herzfrequenz.
- Notieren Sie auch Ihr persönliches Belastungsempfinden mit Hilfe der M.O.B.I.L.I.S.-Skala (siehe Seite 44). Wiederholen Sie den Messvorgang, sobald Sie oben angekommen sind.

Wenn Ihre Zwischen- und Abschlusswerte nicht wesentlich von Ihren Ausgangswerten abweichen, sind Sie langsam genug gegangen. Um nicht zu sagen geschlichen. Sie werden feststellen, wie schwer das ist! Denn Treppensteigen ist bei »normalem« Tempo – ab dem zweiten bis vierten Stock – für unseren Körper sehr anstrengend. Entsprechend steigen Atem- und Herzfrequenz. Treppensteigen eignet sich deshalb eigentlich auch nicht als Ausdauertraining. Um ein Gefühl für die richtige Belastung zu entwickeln, ist die Treppenübung aber ideal. Waren Sie zu schnell und Ihre Atem- beziehungsweise Herzfrequenz am Ende zu hoch: kein Problem! Versuchen Sie es einfach nach einer erholsamen Pause oder mit einem Tag Abstand noch einmal. Nebenbei kräftigen Sie Ihre Beinmuskulatur.
Übrigens: Wenn Sie täglich 20 Stockwerke steigen würden, könnten Sie Ihre Leistungsfähigkeit schon nach drei Monaten um bis zu 20 Prozent verbessern. Das haben wissenschaftliche Untersuchungen mit Untrainierten ergeben. Zählen Sie doch einfach mal zusammen, auf wie viele Stockwerke Sie jeden Tag kämen, wenn Sie im Alltag alle Rolltreppen und Aufzüge vermeiden würden. Im Zweifelsfall suchen Sie sich noch ein paar Treppen zusätzlich.

Step 4 erfolgreich durchgeführt?

Wissenstest bestanden
am: ....

Praktische Aufgabe erfüllt
am: ....

5 **Fettgesunde** Ernährung statt fettarmer Ernährung

Bestimmte Fette oder besser Fettsäuren sind für uns lebensnotwendig. Wie Vitamine müssen wir sie regelmäßig mit der Nahrung aufnehmen. Zu den besonders empfehlenswerten Fetten zählen die einfach ungesättigten Fettsäuren in Raps- und Olivenöl. Die mehrfach ungesättigten Fettsäuren der so genannten Omega-3-Familie tragen ebenfalls das Prädikat »besonders empfehlenswert«. Fett ist bei M.O.B.I.L.I.S. also ausdrücklich erlaubt! Lesen Sie nun, welche Fette Sie essen sollten und wie Sie »Fettfallen« entgehen.

SCHÖN, DASS SIE NOCH dabei sind und an Ihrem M.O.B.I.L.I.S.-Schlankheitsdiplom arbeiten. Nahezu ein Drittel haben Sie bereits geschafft! Wie ist es Ihnen mit den ersten vier Steps ergangen? Haben Sie Ihr neues Wissen schon angewandt? Halten Sie kurz inne, und überlegen Sie, was Sie in den vergangenen Tagen anders gemacht haben. Fallen Ihnen spontan ein paar Situationen ein? Haben Sie vielleicht gestern zum Mittagessen frisches Gemüse gewählt? Oder als Nachtisch einen Apfel gegessen? Sie erinnern sich sicher an die M.O.B.I.L.I.S.-Ernährungsempfehlung aus Step 3: »Essen Sie mindestens 5 Portionen Gemüse/Obst am Tag.« Wenn Sie jetzt schon üben, wird Ihnen die Anwendung des 50+50-Punkteprogramms umso leichter fallen. Denn für die korrekte Umsetzung einer Ernährungsempfehlung bekommen Sie 10 Punkte auf Ihr Wochenkonto gutgeschrieben. Das ist eine ganze Menge!

Mein Tipp: Notieren Sie Ihre Erfolge. Auch wenn Sie noch so unbedeutend erscheinen mögen. In der Summe führen selbst die kleinsten positiven Veränderungen – vorausgesetzt sie sind regelmäßig! – zu einem gesunden Lebensstil. Wenn Ihre Erfolgsliste wächst, wird Sie das motivieren.

Heute geht es zum zweiten Mal um die Ernährung. Ein wichtiger Nährstoff steht auf dem Plan: das Fett. Synonym für überflüssige Pfunde. Dickmacher! Jeder Schlankheitsbewusste sucht es zu meiden. Das ist schwer, denn Fettes schmeckt bekanntlich besonders gut. Doch ist unsere Angst vor Fett wirklich begründet? Müssen wir gar auf Fett verzichten, um schlank zu werden und zu bleiben? Ihr Ernährungsexperte Professor Hamm kann Ihnen hier bestimmt weiterhelfen.

Expertenwissen

von Professor Michael Hamm

»Fett ist konzentrierte Energie. Und gerade diese Eigenschaft macht Fett zu einem problematischen und viel diskutierten Bestandteil in unserer Ernährung.«

»Fett macht fett!«

Diese Schuldzuweisung ist die zeitgemäße Erklärung für das Massenproblem Übergewicht. Eine zu kalorienreiche Ernährung, insbesondere mit zu hohem Fettanteil, gilt als Hauptverursacher für zu viele Pfunde. Obendrein steht sie im Verdacht, an nahezu allen ernährungsbedingten Erkrankungen von Arterienverkalkung bis Zuckerkrankheit beteiligt zu sein.

Doch gibt es für diese allgemeine Schuldzuweisung auch überzeugende Argumente aus der Wissenschaft? Ich habe zunächst einmal einige wissenschaftliche Argumente für die »Fett macht fett«-These zusammengestellt.

(1) Fett hat mehr als doppelt so viele Kalorien wie Kohlenhydrate!

(2) Fett kann in unserem Körper als Energiedepot nahezu unbegrenzt und sehr effizient gespeichert werden. Und das praktisch ohne Energieverlust!

(3) Fettreiche Speisen schmecken uns in der Regel wesentlich besser als fettarme. Im Vergleich zu ballaststoffhaltigen Kohlenhydraten (wie Vollkorngetreideprodukte, Gemüse, Obst …) machen uns fettreiche Speisen aber leider weniger satt.

Fazit: Essen wir Fettes, erreichen – ja, überschreiten! – wir schnell unser Energie-Soll.

Und das um so mehr, je weniger wir uns bewegen. Unser Körper speichert dann den Energieüberschuss in den Fettdepots, die schließlich für viele zu den so genannten Problemzonen werden. Konsequenterweise müsste die Eingangsthese daher eine Ergänzung erfahren: »Fett macht fett, wenn das üppige Nahrungsangebot mit gleichzeitigem Bewegungsmangel einhergeht!«

Fett ja – aber mit Augenmaß

Fett ganz wegzulassen, wäre für Ihre Gesundheit genauso bedenklich, wie ein ständiges Zuviel an Fett. Denn Raps- oder Olivenöl enthalten beispielsweise überaus wichtige Fettbestandteile, unter anderem das lebensnotwendige Zellschutzvitamin E.

Wenn Sie Fett richtig dosieren und darüber hinaus richtig auswählen, überwiegen die gesundheitlichen Vorteile. Bei M.O.B.I.L.I.S. wehren wir uns deshalb auch dagegen, Fett pauschal als Dick- und Krankmacher abzustempeln und empfehlen stattdessen eine fettgesunde Ernährung. Das bedeutet: Während des Abnehmens dürfen, ja müssen Sie sogar Fett in einer vernünftigen Menge zu sich nehmen. Bei der Auswahl sollten Sie aber unbedingt auf die Art beziehungsweise auf die Qualität der Fette achten.

Fett ist nicht gleich Fett

Bestimmte Fette oder besser Fettsäuren sind für uns Menschen lebensnotwendig. In der Fachsprache heißen diese Bausteine der Nahrungsfette daher auch essenzielle Fettsäuren. Wie Vitamine müssen wir sie regelmäßig mit dem Essen aufnehmen. Zu den gesundheitlich besonders empfehlenswerten Fetten zählen die einfach ungesättigten Fettsäuren (Abkürzung: EUFS). Einen hohen Anteil hieran haben beispielsweise Raps- oder Olivenöl. Die mehrfach ungesättigten Fettsäuren (Abkürzung: MUFS) der so genannten Omega-3-Familie sind gesundheitlich genauso empfehlenswert. Wir nehmen sie mit dem Fett beziehungsweise Öl von Kaltwasserfischen wie Makrele, Hering, Lachs, Sardine oder Thunfisch auf. Nüsse, Ölsaaten und der Keim von

INFO

Warum sind bestimmte Fettsäuren so gesund?

- Einfach ungesättigte Fettsäuren (Ölsäuren) senken den Cholesterinspiegel im Blut. Sie vermindern den gefäßschädigenden LDL-Cholesterin-Anteil und erhalten zugleich den gefäßschützenden HDL-Cholesterin-Anteil.
- Mehrfach ungesättigte Omega-3-Fettsäuren – vor allem diejenigen von fetthaltigen Kaltwasserfischen und bestimmten Meeresalgen – senken erhöhte Triglyzeride (Risikofaktor für Herz- Kreislauf-Erkrankungen) im Blut. Außerdem erhalten sie die Fließfähigkeit des Blutes, stabilisieren den Herzrhythmus und hemmen Entzündungsvorgänge. Nicht zu vergessen: Ihre Mitwirkung bei der Entwicklung der Gehirn- und Sehleistung in der Vorgeburts- und Säuglingsphase.

Vollkornprodukten – insbesondere Hafer – enthalten ebenfalls einfach und mehrfach ungesättigte Fettsäuren. Auch sie sollten deshalb regelmäßig auf jedem Speiseplan stehen.

Manches Fett macht schwerer

Die noch ausstehende dritte Gruppe sind die gesättigten Fettsäuren (Abkürzung: GFS). In unseren täglichen Nahrungsfetten kommen Sie am häufigsten vor. Unser Körper kann diese Fettsäuren außerdem selbständig bilden. Die gesättigten Fettsäuren dienen dem Körper zur Energiegewinnung und -speicherung. Sie werden leider als Depotfett an Bauch und Hüften gespeichert. Außerdem können gesättigte Fettsäuren die körpereigene Cholesterinbildung anregen, was zu einer Erhöhung des Cholesterinspiegels im Blut führt.
Grundsätzlich gilt: Je fester ein Nahrungsfett, desto höher ist sein Anteil an gesättigten Fettsäuren. Gesättigte Fettsäuren finden sich beispielsweise in Wurst und Fleisch, in Käse und Eiern, aber auch in festen Pflanzenfetten wie Kokosfett oder in gehärteten wie Frittier- und Backfett. Gehärtete Pflanzenfette sind auch besonders häufig in Fertigprodukten enthalten.

Fett-Vorgaben

Um abzunehmen, empfehle ich Ihnen, das Fett, das Sie mit der Nahrung aufnehmen, auf ein gesundes Maß zu beschränken. Sie dürfen jedoch bis zu 60 Gramm Fett pro Tag zu sich nehmen – auch während der Abnehmphase. Um Ihr Gewicht zu halten, können Sie anschließend auf zirka 80 Gramm erhöhen.
Nach allem, was Sie bislang über das Fett gelernt haben, wissen Sie sicher, welche Fette Sie nach Möglichkeit einschränken sollten: Die Nahrungsfette, die überwiegend gesättigte Fettsäuren enthalten. Versuchen Sie einen Teil davon durch Nahrungsfette, die reich an einfach und mehrfach ungesättigten Fettsäuren sind, auszutauschen. Bevorzugen Sie insbesondere die einfach ungesättigten Fettsäuren.

Die M.O.B.I.L.I.S.-Fett-Empfehlung

Aus den Vorgaben zum Fettverzehr lässt sich eine weitere M.O.B.I.L.I.S.-Ernährungsempfehlung ableiten:

» Essen Sie höchstens 60 Gramm Fett am Tag.

Sie sollten sich auf die Fettmenge konzentrieren. Gelingt es Ihnen außerdem, Lebensmittel mit einem hohen Anteil einfach ungesättigter Fettsäuren auszuwählen, sind Sie richtig gut! Im 50+50-Punkteprogramm zählt aber nur, wie viel Fett Sie verzehren.

Fettgesund: Oliven- und Rapsöl.

In der nachfolgenden Abbildung finden Sie die wichtigsten Lebensmittelgruppen nach Ihrem durchschnittlichen Fettgehalt sortiert. An oberster Stelle stehen natürlich die (Streich-) Fette und Öle. Nahezu fettfrei sind Obst, Gemüse, Kartoffeln und Getränke. Käse ist in sehr unterschiedlichen Fettstufen erhältlich. Der angegebene Durchschnittswert gibt die vorhandene Vielfalt nur ungenügend wieder. Doch hierzu erkläre ich Ihnen später mehr.

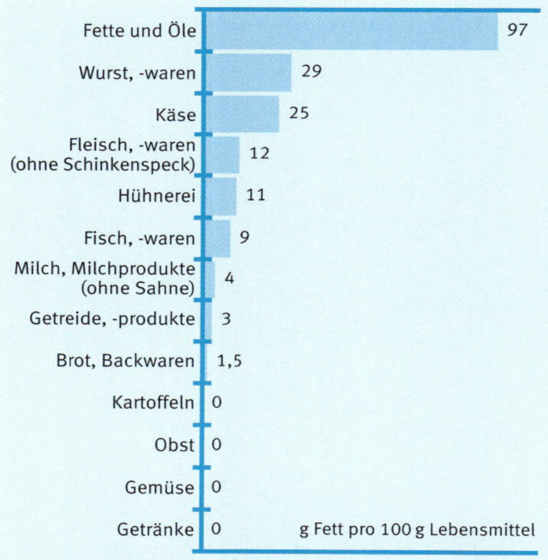

Nach: R. Kluthe: Ernährungsberatung in der Praxis des niedergelassenen Arztes. Köln 1996.

Fettgehalt und Fettqualität in Ihrem Organizer

Zur Umsetzung der Ernährungsempfehlung benötigen Sie – zumindest für den Anfang – Angaben zum Fettgehalt und zu eventuell enthaltenen besonders empfehlenswerten Fettsäuren der gängigsten Lebensmittel. Beides haben wir griffbereit für Sie in die Lebensmittelliste des M.O.B.I.L.I.S.-Organizers gepackt.

Fettgesund im Alltag

Nach so viel Theorie möchte ich Ihnen jetzt auch ein paar praktische Beispiele und Tipps zur fettgesunden Ernährung geben:

- Bevorzugen Sie fettarme Fleischstücke, Wurst- und Käsesorten sowie Milchprodukte anstelle fettreicher Varianten.
- Genehmigen Sie sich 2–3 Eier pro Woche, aber nicht mehr. Beachten Sie: Ein gängiges Frühstücksei (XL) enthält immerhin 9 Gramm Fett.
- Genießen Sie, trotz des höheren Fettgehalts, die an Omega-3-Fettsäuren reichen Kaltwasserfische (siehe oben). Allerdings nur fettarm zubereitet, das heißt gedünstet, im Backofen gegrillt oder in beschichteten Pfannen gebraten.
- Verwenden Sie Raps-, Walnuss- oder Olivenöl für Ihr Salatdressing und zum Dünsten von Gemüse. Fettspar-Tipp: Dosieren Sie Öl mit Hilfe eines Tee- oder Esslöffels. Das ist viel genauer als direkt aus der Flasche.
- Falls Sie auf Streichfett nicht verzichten wollen, wählen Sie Margarine aus Raps- oder Olivenöl.
- Gönnen Sie sich als Snack eine kleine Handvoll Nüsse (zirka 30 Gramm) anstelle von Gebäck und Chips.

Fettsparen ohne Geschmacksverlust

Fett ist ein Geschmacksträger. Deshalb ist (Groß-)Mutters Sonntagsbraten mit Sauce unter anderem so lecker. Wenn Sie die Tricks der leichten Küche beherrschen und gleichzeitig Kräuter sowie Gewürze großzügig einsetzen, müssen Sie sich um den Genuss Ihres fettgesunden Essens aber keine Sorgen machen. Bei der neuen, leichten Art zu garen bleiben außerdem Vitamine und andere wertvolle Inhaltsstoffe optimal erhalten. Und so sparen Sie Fett schon beim Zubereiten:

- Grillen Sie im Backofen oder auf dem heißen Stein.
- Dämpfen Sie im Siebeinsatz oder Dämpfkörbchen.
- Garen Sie in der Folie oder in einem Bratschlauch.
- Garen Sie im Tontopf (»Römertopf«) im eigenen Saft.
- Garen Sie im Wok (dem Universalgerät der asiatischen Küche) durch so genanntes Pfannenrühren.
- Braten Sie in beschichteten Pfannen.
- Binden Sie Bratensaucen mit püriertem Gemüse statt mit Butter und Mehl.
- Verwenden Sie Johannisbrotkernpulver oder Haferkleie als pflanzliches Bindemittel. Streuen Sie das Pulver in die gewünschte Speise und verrühren Sie es anschließend gut. Achtung: In warme Speisen müssen Sie das Pulver vor dem Aufkochen geben.
- Es muss nicht immer Mayonnaise sein! Probieren Sie Ihre Salatsoße das nächste Mal mit Joghurt.
- Verlängern Sie Vinaigrette mit Brühe oder Tomatensaft.
- Panieren Sie nicht mit Semmelbröseln, Ei und Mehl. Panade saugt viel Fett! Wenden Sie etwa Fisch immer nur in Mehl.
- Verwenden Sie nach Belieben frische Kräuter und Gewürze. So können Sie getrost auf den Geschmacksträger Fett verzichten.

Den einen oder anderen Fettspar-Trick können Sie bestimmt ohne größere Schwierigkeiten übernehmen. Probieren Sie es aus!

PROFESSOR BERGS GESUNDHEITSBONUS

Bauchumfang ist Herzenssache!

Übergewicht ist nicht gleich Übergewicht: Man unterscheidet »Birnenfigur« und »Apfelbauch«. Eine »birnenförmige« Fettverteilung, wie sie vor allem bei Frauen an Hüften, Gesäß und Oberschenkeln vorkommt, gilt als weniger gesundheitsschädlich als der »apfelförmige« Männerbauch. Der Wunsch nach einer straffen Körpermitte ist also keineswegs nur ein Modediktat. Denn für Frauen und Männer ist zu viel Bauch gleichermaßen ungesund. Doch woher kommt das? Das Fettdepot in der Körpermitte ist stoffwechselaktiver als Hüftfett. Fettsäuren werden hier leichter ins Blut freigesetzt. Das Resultat: erhöhte Blutfettwerte, die den Stoffwechsel belasten und das Risiko für Herz-Kreislauf-Erkrankungen erhöhen.

Mein Gesundheitstipp: Messen Sie den Umfang Ihres Bauches. Umfasst er in der Gürtelgegend 88 Zentimeter (für Frauen) beziehungsweise 102 Zentimeter (für Männer) und mehr, sollten Sie aus medizinischer Sicht unbedingt abspecken. Durch körperliche Aktivität verbessern Sie Ihren Bauchumfang besonders effektiv.

Wie viel Fett steckt im Käse?

Käse zählt zu den beliebtesten Nahrungsmitteln der Deutschen. Für jeden Geschmack ist etwas dabei. Der Fettgehalt von Käse fällt je nach Sorte und Herstellung unterschiedlich aus. Was sollten Sie hierzu unbedingt wissen?

Leider ist die Beurteilung des Fettgehalts von Käse nicht ganz einfach. Lassen Sie mich daher ein wenig ausholen: Sicher kennen Sie die handelsübliche Abkürzung »Fett i. Tr.« auf Käseverpackungen. Sie steht für: »Fett in der Trockenmasse«. Die Angabe erfolgt in Prozent. Käse besteht vereinfacht aus Wasser und Trockenmasse. Das Fett liegt in der Trockenmasse und nicht im Wasseranteil vor.

Wollen Sie sicher gehen, wie viel Fett in Ihrem Käse steckt, müssen Sie rechnen: Zunächst muss vom Käsegewicht der Wasseranteil abgezogen werden. Je weicher der Käse, desto höher sein Wassergehalt. So besteht Hartkäse nur zu zirka 40 Prozent, ein Frischkäse dagegen fast zu 80 Prozent aus Wasser.

INFO

Rechenbeispiel

100 Gramm Hartkäse (Wassergehalt = 40 Prozent) haben eine Trockenmasse von 60 Gramm. Wenn der Fettgehalt 50 Prozent i. Tr. beträgt, bedeutet dies, dass 50 Prozent der 60 Gramm Trockenmasse Fett sind (= 30 Gramm absolut). 100 Gramm Hartkäse dieser Fettstufe enthalten also 30 Gramm Fett. 100 Gramm Frischkäse mit demselben Fettgehalt i. Tr. haben dagegen nur 10 Gramm Fett.

Wollen Sie's ganz genau wissen? Dann studieren Sie unsere große Übersicht auf der nächsten Seite. Bestimmt ist auch Ihr Lieblingskäse dabei – Sie müssen gar nicht rechnen!

Wissenstest

Haben Sie die Ausführungen Ihres Ernährungsexperten Professor Hamm zum Thema Fett verstanden? Dann fällt es Ihnen nicht schwer, die Fragen des obligatorischen Wissenstests richtig zu beantworten:

(1) Warum kann zu viel Fett in der Ernährung zum Übergewicht beitragen?

(2) Welche Gründe sprechen dafür, Fett während einer Gewichtsreduktion nicht vom Speiseplan zu streichen?

(3) Nennen Sie die drei Vorgaben für eine fettgesunde Ernährung.

(4) Nennen Sie mindestens fünf Fettsparmöglichkeiten.

(5) Wie viel Gramm Fett enthalten 100 Gramm Schnittkäse (Wassergehalt = 50 Prozent) bei 30 % Fett i. Tr.?

Käseangebot nach den wichtigsten Käsesorten und Fettgehaltsstufen

Käsesorten	Möglicher (Mindest-) Fettgehalt % Fett i. Tr. nach der Käseverordnung	Handelsübliche Fettgehaltsstufen % Fett i. Tr.	Fett absolut (ca. g Fett in 100 g Käse)
Hartkäse			
Emmentaler, Bergkäse, Chester (Cheddar), Appenzeller, Gruyère, Parmesan	45	45	30
Schnittkäse			
Gouda, Maribo, Danbo	30–50	30, 40, 45	15, 22, 25
Edamer, Geheimratskäse, Dänischer Steppenkäse	30–50	30, 40, 45	16, 22, 28
Tilsiter, Havarti	30–60	30, 40, 45, 50	17, 23, 28, 31
Wilstermarschkäse	45–50	45, 50	24, 28
Halbfester Schnittkäse			
Edelpilzkäse, Roquefort, Bleu de Bresse, Gorgonzola, Danablu, Blue Stilton Italco	45–60	55	31
Butterkäse	45–60	30, 60	15, 35
Weichkäse			
Camembert	30–60	30, 45, 60	13, 22, 33
Brie	45–60	50	28
Romadur	20–60	20, 30	9, 14
Weinkäse	20–60	20, 30	7, 11
Limburger	20–50	20, 40	9, 20
Münsterkäse	45–50	45, 50	20, 23
Frischkäse			
Speisequark Magerstufe	weniger als 10	weniger als 10	0,3
Speisequark 10 %	10	10	2
Speisequark 20 %	20	20	5
Speisequark 40 %	40	40	11
Schichtkäse	10–60	10, 20, 40	2, 6, 12
Rahmfrischkäse	50	50	20
Doppelrahmfrischkäse	60	60	32
Sauermilchkäse			
Harzer, Mainzer	weniger als 10	2	0,7
Schmelzkäse und -zubereitungen fettarm	weniger als 10	9	5
Schmelzkäse und -zubereitungen	10–60	20, 30, 40, 50, 60	10, 15, 20, 26, 32
Kochkäse	10–60	10, 20, 40	3, 7, 14

Praktische Aufgabe

Wie in jedem Step bekommen Sie auch diesmal eine praktische Aufgabe gestellt: Führen Sie für den heutigen oder den morgigen Tag – vollständig! – ein Fettprotokoll.

1 Fettprotokoll führen

- Tragen Sie zunächst in Spalte 1 des Fettprotokolls die Uhrzeit ein, zu der Sie Ihre jeweilige Mahlzeit nehmen.
- Dokumentieren Sie in Spalte 2 das verzehrte Lebensmittel, die Speise oder deren Zutaten. 1
- Schlagen Sie anschließend in der Lebensmittelliste Ihres M.O.B.I.L.I.S.-Organizers den entsprechenden Fettgehalt nach.
- Tragen Sie den Fettgehalt unter Berücksichtigung der Portionsgröße (Spalte 3) in Spalte 4 ein.
- Ermitteln Sie am Ende des Tages die aufgenommene Gesamtfettmenge, indem Sie den Fettgehalt der verzehrten Nahrungsmittel zusammenzählen.

Ist die Gesamtsumme nicht höher als 60 Gramm Fett für den ausgewerteten Tag, haben Sie unsere praktische Aufgabe richtig gemacht und die M.O.B.I.L.I.S.-Fett-Empfehlung umgesetzt! Haben Sie gleichzeitig noch Lebensmittel mit einem hohen Anteil einfach ungesättigter Fettsäuren und/oder mehrfach ungesättigter Omega-3-Fettsäuren zu sich genommen (im Organizer durch ein Sternchen (*) gekennzeichnet), freut sich Ihr Körper ganz besonders.

Im 50+50-Punkteprogramm bekommen Sie täglich 2 Punkte, wenn Sie sich an die M.O.B.I.L.I.S.-Fett-Empfehlung halten. Liegt Ihre Fettaufnahme im Bereich zwischen 60 und 80 Gramm, wird Ihre Bemühung immerhin noch mit 1 Punkt honoriert.

M.O.B.I.L.I.S.-Fettprotokoll

Uhrzeit	Lebensmittel/Speisen/Zutaten	Portionsgröße[1]	Fettmenge (in g)[1]

Summe Fettmenge: .... g

[1] nach: Lebensmittelliste des M.O.B.I.L.I.S.-Organizers (siehe ab Seite 10)

Step 5 erfolgreich durchgeführt?

Wissenstest bestanden
am: ....

Praktische Aufgabe erfüllt
am: ....

6 Gezieltes Kräftigungstraining

Damit Sie mit Ihrem Schlankheits-Management erfolgreich sind, müssen Sie von Anfang an Ihr Ausdauertraining durch Kräftigungsübungen ergänzen. Denn nur wenn Sie gezielt Ihre Muskeln, Sehnen, Bänder und Gelenke stärken, kann Ihr Körper die neuen (Ausdauer-)Belastungen auch aushalten. Sie verbessern darüber hinaus Ihr Körpergefühl, Ihre Koordinationsfähigkeit und erhöhen Ihren Grundumsatz. In diesem Step zeigen wir Ihnen einige effektive Übungen, die Sie ohne großen zeitlichen Aufwand durchführen können.

FÜR IHR VORHABEN, schlank zu werden und zu bleiben benötigen Sie das Wissen Ihrer M.O.B.I.L.I.S.-Experten. Die theoretischen Grundlagen aber müssen Sie selbständig in die Praxis übertragen. Sonst nützt Ihnen das ganze Wissen nichts! Haben Sie die Hilfsmittel ausprobiert, mit denen Sie die richtige Intensität Ihres Trainings überprüfen und steuern können? Sie erinnern sich: persönliches Belastungsempfinden, Atmung und Herzfrequenz. Wie waren Ihre Werte im Rahmen unserer Treppenübung aus Step 4? Erweitern Sie doch einfach diese Übung! Suchen Sie sich eine abgasfreie Trainingsstrecke mit leichter Steigung – etwa in einem Park oder im Stadtwald. Trainieren Sie ganz bewusst Ihr Belastungsgefühl unter verschiedenen Geländebedingungen. Das ist die beste Vorbereitung für Ihr Fettverbrennungstraining. Und wenn Sie Ihren Körper gut kennen, beugen Sie auf diese Weise zugleich zukünftigen Über- und Fehlbelastungen vor.
Im heutigen Bewegungsstep beschäftigen wir uns mit der richtigen Pflege Ihres Bewegungs- und Stützapparats. Ein weiterer Garant für Ihr erfolgreiches Schlankheits-Management. Worauf Sie dabei achten sollten, verrät Ihnen Ihr Bewegungsexperte.

Expertenwissen

von Doktor Dieter Lagerstrøm

»Ohne ein gutes Fahrwerk ist der beste Motor wenig wert.«

Diese Feststellung trifft nicht nur auf jeden (Sport-)Wagen, sondern im übertragenen Sinn auch auf unseren Körper beziehungsweise auf unseren Fitnesszustand zu. Wer gut zu Fuß ist, kann Ausdauer am besten trainieren. Bis zu einem gewissen Umfang können Sie zwar auf alternative, weniger gelenkbelastende Bewegungsformen ausweichen. Beispielsweise auf Schwimmen, Radfahren oder Aqua-Jogging. Vor allem wenn Sie sehr stark übergewichtig sind und Gelenkbeschwerden haben. Mittel- und langfristig gesehen ist die natürlichste Fortbewegungsform des Menschen – das Gehen und Laufen – für Ihr persönliches Wohlbefinden aber durch nichts zu ersetzen. Eine gute Pflege und die gezielte Kräftigung Ihres Bewegungs- und Stützapparats, das heißt Ihrer Muskeln, Sehnen, Bänder und Gelenke, sind demnach unerlässlich. Und neben der richtigen Belastungsintensität eine Grundvoraussetzung für Ihr effektives Ausdauertraining.

Kräftigungstraining für das »schwächste Glied«

»Eine Kette ist nur so stark wie ihr schwächstes Glied.« Lautet die dritte Voraussetzung für ein gesundheitsorientiertes und figurbetontes Bewegungsprogramm aus Step 2 (siehe Seite 27). Insbesondere übergewichtige Bewegungseinsteiger müssen ihren empfindlichen Bewegungs- und Stützapparat in diesem Sinne langsam und gezielt auf die angestrebten Ausdaueraktivitäten vorbereiten. Denn schließlich sollte der über längere Zeit inaktive Körper die neuen (Ausdauer-)Belastungen auch aushalten können.

Ihre Geduld ist gefragt

Unsere Muskeln, Sehnen, Bänder und Gelenke reagieren sehr viel langsamer auf ein entsprechendes Training als unser Herz-Kreislauf-System und unser Stoffwechsel. Leider. Denn das wird vielen – nicht nur übergewichtigen – Bewegungseinsteigern zum Verhängnis: Sie spüren schon nach relativ kurzer Zeit eine Verbesserung ihrer Leistungsfähigkeit. Ausgelöst durch das neu aufgenommene Ausdauertraining. Dadurch motiviert, erhöhen sie oftmals zu schnell ihre Belastungsintensität. Beispielsweise durch anstrengendes Jogging. Doch ihre Gelenke halten der hohen Beanspruchung noch nicht Stand: Es kommt zu unangenehmen Überlastungsreaktionen oder sogar zu Verletzungen ihres Bewegungs- und Stützapparats. Die Folge: Frust und Abbruch der noch jungen Bewegungskarriere!

Beugen Sie deshalb einer Überbelastung und Verletzungen vor. Mit den richtigen Kräftigungsübungen für Ihre Muskeln, Sehnen und Bänder stärken Sie Ihre vermutlich größte Schwachstelle: Ihre Gelenke. Haben Sie jedoch Geduld! Denn Ihr Kräftigungstraining wird erst nach vielen regelmäßigen Wiederholungen seine ganze Wirkung entfalten.

Wollen Sie Ihr Ausdauertraining von Anfang an richtig betreiben, kommen Sie um ein begleitendes Kräftigungstraining also gar nicht herum. Nur wenn Sie gezielt Ihre Muskeln, Sehnen, Bänder und Gelenke stärken, können Sie letztlich den Belastungsanforderungen Ihres geplanten Ausdauertrainings gerecht werden. Was aber bewirken kräftigende Übungen darüber hinaus?

Positive Effekte des Kräftigungstrainings

Gezieltes Kräftigungstraining hat eine Reihe weiterer positiver Effekte: Es erhöht die Dichte unserer Knochen und verringert damit das Risiko, Knochenschwund (Osteoporose) zu bekommen. Und auch unsere Körperhaltung, unser Körpergefühl sowie unsere Koordination verbessern wir durch kräftigende Übungen.

Doch das ist noch lange nicht alles: Erinnern Sie sich an unsere Expertenrunde aus Step 1 zum Thema Balance-Modell beziehungsweise Energieverbrauch? Dort habe ich bereits darauf hingewiesen, dass wir unseren Grundumsatz durch gezielten Muskelaufbau erhöhen können (siehe Seite 18). Also noch ein schlagkräftiges Argument für das Kräftigungstraining.

INFO

Die Muskelmasse macht's!

Kräftigende Übungen steigern den Umfang unserer so genannten »schnellen« Muskelfasern und bewirken einen Muskelzuwachs. Anschließend verbrauchen wir – auch im Ruhezustand! – mehr Energie. Schließlich ist unsere Muskulatur hauptverantwortlich für unseren täglichen Kalorienverbrauch.

Übrigens: Ab dem 20. Lebensjahr bildet sich unsere Muskelmasse statistisch um durchschnittlich 2 Prozent pro Lebensjahrzehnt zurück. Und das hat natürlich einen Abfall unseres Grundumsatzes zur Folge. Die meisten Menschen nehmen daher bei gleich bleibenden Ernährungsgewohnheiten mit jedem Lebensjahr zirka 0,5 Kilogramm an Körpergewicht zu. Fazit: Wer mehr Muskeln hat, erhöht seinen Spielraum für Essendürfen und Genießenkönnen. Und bleibt länger jung!

Diesen tollen Effekt dürfen Sie sich bei Ihrem Vorhaben, schlank zu werden und zu bleiben, natürlich auf keinen Fall entgehen lassen! Fangen Sie deshalb am besten schon heute – gleich nach der Theorie! – mit Ihrem Kräftigungstraining an.
Da wir gerade bei der Muskulatur sind: Ich habe noch einen Nachtrag zum letzten Bewegungsstep …

Die Muskulatur verbrennt das Fett

Die wichtigste Funktion unserer Muskulatur ist bekanntlich die (Fort-)Bewegung. Unsere Muskeln tragen damit aber auch zum Fett- und Zuckerstoffwechsel bei. Ja, in unseren Muskeln verbrennen wir vor allem in Ruhesituationen und bei moderater Belastung Fett.
Durch richtiges Ausdauertraining können Sie die Zahl der Fett verbrennenden Zellkraftwerke in Ihren so genannten »langsamen« Muskelfasern erhöhen. Und genau aus diesem Grund verbessert sich auch Ihr Fettstoffwechsel, je trainierter Sie sind.
Sie sehen einmal mehr am Beispiel unserer Muskulatur: Ausdauer- und Kräftigungstraining gehören einfach zusammen. Ihr persönliches Bewegungsprogramm müssen Sie daher auf beiden Trainingssäulen aufbauen.

Trainieren im Alltag ohne Zeitverlust

Dabei muss Ihr Kräftigungstraining keinesfalls zeitaufwändig sein. Es gibt eine Reihe von kleinen und einfachen Übungen, die Sie im Alltag – also auch an Ihrem Arbeitsplatz – neben anderen Tätigkeiten durchführen können.
Beispielsweise das aktive Telefonieren:

- Stehen Sie immer auf, wenn Sie angerufen werden oder einen Anruf tätigen.
- Wippen Sie während des Gesprächs auf Ihren Fußsohlen (zwischen Fersen und Ballen) hin und her.
- Bleiben Sie ruhig auch ein paar Sekunden auf Ihren Zehenspitzen stehen.
- Und gehen Sie hin und wieder ein klein wenig in die Knie (siehe Abbildung Seite 68).
- Versuchen Sie ferner – so lange wie möglich – erst auf dem rechten, dann auf dem linken Bein stehen zu bleiben.

Wenn Sie das aktive Telefonieren konsequent betreiben, erzielen Sie langfristig ganz hervorragende Fitnesseffekte.
Ihrer Phantasie sind im Übrigen keine Grenzen gesetzt! Das betrifft sowohl die Auswahl Ihrer kleinen Übungen als auch die Verknüpfung mit Ihren Tätigkeiten im Alltag. Alles ist möglich! Ob Sie nun während des Telefonierens, während des Fernsehens, während des Bügelns oder beim Warten an der Kasse im Supermarkt ein bisschen trainieren. Ganz egal! Sie müssen es nur regelmäßig tun. Ihre kleinen Übungen sollten einen festen Platz im Alltag bekommen.
Das Treppensteigen gehört in diesem Zusammenhang ebenfalls zu den sehr empfehlenswerten Alltagsaktivitäten. Lassen Sie den Aufzug stehen und trainieren Sie Ihre Beinmuskulatur, ohne viel Zeit zu verlieren!
Doch reichen diese Beispiele für Veränderungen im Alltag schon aus? Kleine und einfache Übungen beziehungsweise Zusatzaktivitäten im Alltag sind ein wichtiger Teil Ihrer Bewegungskarriere. Damit Ihre Muskeln nicht nur intakt bleiben, sondern auch weiter aufgebaut werden, sollten Sie jedoch darüber hinaus noch aktiv werden. Schließlich wollen Sie ja Ausdaueraktivitäten betreiben und abneh-

▶ INFO

So stärken Sie sich richtig

- Legen Sie keinen »Kaltstart« hin! Beginnen Sie ein ausgedehntes Training grundsätzlich nach einer 5–10-minütigen Aufwärmphase (siehe Seite 94).
- Machen Sie die Kräftigungsübungen immer nach Ihrem Ausdauertraining.
- Achten Sie auf eine korrekte Körperhaltung. Vor allem auf den Rücken!
- Führen Sie Ihre Kräftigungsübungen stets langsam und ohne Schwung durch.
- Atmen Sie gleichmäßig. Vermeiden Sie Pressatmung.
- Wiederholen Sie die Übungen anfangs 10- bis 15-mal mit insgesamt drei Durchgängen pro Trainingstag.
- Überanstrengen Sie sich nicht! Kontrollieren und steuern Sie Ihr Kräftigungstraining mit Hilfe Ihres persönlichen Belastungsempfindens (siehe Seite 43/44).
- Steigern Sie – mit zunehmend besserem Fitnesszustand – langsam die Intensität Ihrer Übungen.
- Dehnen Sie Ihre Muskeln anschließend immer. Gehen Sie dabei langsam in die Spannung, halten Sie diese 10–15 Sekunden und lösen Sie sie sanft wieder. Atmen Sie dabei gleichmäßig.

men. Gezielte Kräftigungsübungen sind übrigens ebenfalls ohne großen zeitlichen Aufwand und teures Trainingsgerät im eigenen Zuhause möglich.

Übungen mit dem eigenen Körpergewicht

Für diese Übungen benötigen Sie keinerlei Hilfsmittel. Nur sich selbst! Wir können Ihnen an dieser Stelle lediglich ein paar ausgewählte Beispiele geben:

- Wandliegestütz zur Kräftigung Ihrer Brustmuskeln und Oberarme,
- Hohlbauch zur Kräftigung Ihrer Bauchmuskeln,
- halbe Kniebeuge zur Kräftigung Ihrer Beinmuskeln (siehe Seite 68).

Probieren Sie diese Übungen in den kommenden Tagen und Wochen regelmäßig aus. Wenn Ihnen die Übungen mit dem eigenen Körpergewicht zusagen, können Sie gerne weitere in Ihr Kräftigungstraining aufnehmen. Literaturempfehlungen zu diesem Thema finden Sie im Anhang auf Seite 172.

Wandliegestütz

- Stellen Sie sich – mit zirka einem Schritt Abstand – aufrecht vor eine freie Wand. Ihre Füße sind hüftbreit geöffnet und zeigen mit den Spitzen leicht nach außen.
- Legen Sie Ihre Hände in Schulterhöhe, parallel zueinander auf die Wand.
- Beugen und strecken Sie ganz langsam Ihre Arme. 1 Halten Sie die ganze Zeit über den Körper aufrecht.
- Wiederholen Sie die Übung 10- bis 15-mal mit insgesamt 3 Durchgängen.

1

2

Hohlbauch

- Stellen Sie sich schulterbreit hin. Ganz stabil! Ihre Beine sind entspannt.
- Heben Sie Ihr Brustbein. Ziehen Sie Ihre Schulterblätter dabei tief nach unten.
- Legen Sie eine Hand auf Ihren Bauch und die andere Hand unter die letzten Rippen.
- Ziehen Sie den Bauch nach innen und atmen Sie in den Brustkorb ein. 2
- Atmen Sie anschließend lang und tief aus und ziehen Sie Ihren Bauch dabei noch tiefer nach innen.
- Halten Sie die Anspannung etwa 2 Sekunden.
- Ziehen Sie Ihre Schulterblätter dabei noch weiter nach unten. Ihr Rücken bleibt aufgerichtet.
- Wiederholen Sie die Übung 10- bis 15-mal. Am besten dreimal über den Tag verteilt.

Den Hohlbauch können Sie übrigens überall trainieren, etwa wenn Sie im Supermarkt an der Kasse anstehen. Sogar im Sitzen funktioniert die Übung: beispielsweise während einer Bahn- oder Busfahrt.

Überall möglich: Übungen mit dem Thera-Band®

Kräftigungsübungen mit dem Thera-Band® gehören zum festen Bestandteil des M.O.B.I.L.I.S.-Programms. Denn wie kein anderes Trainingsgerät können Sie das »kleinste Fitness-Studio der Welt« unabhängig von Ihrem Alter, Ihrem Gewicht, Ihrem Leistungsniveau oder Ihren sportlichen Fähigkeiten individuell einsetzen. Das Thera-Band® passt in Ihre Hosentasche: Effektives Kräftigungstraining wird für Sie damit an nahezu jedem beliebigen Ort möglich. Auch an Ihrem Arbeitsplatz.
Im Folgenden wollen wir Ihnen wiederum drei Übungen vorstellen. Sie eignen sich besonders gut als Einstieg für untrainierte und übergewichtige Personen:

- Oberschenkelstrecker,
- Rotatoren-Rumpf,
- Ganzkörperstrecker.

Führen Sie alle drei Übungen in den kommenden sechs Wochen an mindestens drei Tagen pro Woche durch. Langsam und ohne großen Kraftaufwand! Für alle Übungen gilt: 10 bis 15 Wiederholungen. Anfangs eine, später mehrere Durchgänge pro Trainingstag. Nach etwa sechs Wochen sollten Sie auf fünf Übungen an fünf Tagen pro Woche erhöhen (Literaturempfehlungen siehe Seite 172).

Thera-Band®-Übungsbänder gibt es in der Apotheke, im Sportfachgeschäft oder im Sanitätshaus. Die Bandstärken variieren und haben entsprechend unterschiedliche Farben. Für den Anfang nehmen Sie am besten »rot«, später wechseln Sie zu »grün«.

Oberschenkelstrecker

- Setzen Sie sich bequem hin und winkeln Sie das linke Bein an.
- Stellen Sie Ihren rechten Fuß auf die Bandmitte. Halten Sie die Bandenden zirka auf Hüfthöhe. 1
- Strecken Sie nun Ihr rechtes Bein langsam gegen den Bandwiderstand. 2 Halten Sie kurz inne.
- Bewegen Sie Ihr Bein dann langsam in die Ausgangsposition zurück.
- Üben Sie nach 10–15 Wiederholungen mit dem linken Bein.

1

2

3

4

Rotatoren-Rumpf

- Stellen Sie sich mit beiden Füßen auf das Band und greifen Sie das eine Bandende mit beiden Händen etwa auf Hüfthöhe. 3
- Ziehen Sie das Bandende mit beiden Armen diagonal zur entgegengesetzten Seite nach oben. 4 Drehen Sie Ihren Oberkörper dabei leicht mit. Blicken Sie zum Band.
- Halten Sie kurz inne. Bewegen Sie Ihre Arme anschließend langsam in die Ausgangsposition zurück.

5

Ganzkörperstrecker

- Stellen Sie sich mit beiden Füßen auf die Bandmitte und überkreuzen Sie die Bandenden vor Ihrem Körper. 5
- Ihre Hände befinden sich etwa auf Hüfthöhe. Der Bandzug erfolgt von innen.
- Ziehen Sie Ihre Arme langsam nach oben außen. 6 Halten Sie kurz inne.
- Bewegen Sie Ihre Arme dann langsam in die Ausgangsposition zurück.

6

PROFESSOR BERGS GESUNDHEITSBONUS

Fettabsaugen bringt keinen gesundheitlichen Vorteil!

»5 Kilo abnehmen in nur 2 Stunden – ganz ohne Anstrengung!« versprechen bunte Anzeigen in den Illustrierten. Die plastische Chirurgie boomt! Jährlich werden etwa 150.000 Fettabsaugungen in Deutschland durchgeführt. Doch lassen Sie sich nicht blenden. Fettabsaugen bringt rein gar nichts für die Gesundheit! Das zeigen wissenschaftliche Studien: Sogar bei einer Gewichtsabnahme von 12 Kilogramm veränderte sich neben dem Körpergewicht kein anderer (Risiko-) Faktor. Die Fettstoffwechselwerte untersuchter Frauen blieben ebenso unverändert wie deren diabetische Stoffwechsellage. Der Grund: Es wird bloß Fett aus dem Unterhautfettgewebe aufgelöst und abgesaugt. Das krankmachende Fett im Bauchraum bleibt vollständig erhalten.

Mein Gesundheitstipp: Ändern Sie langfristig Ihren Lebensstil, nur das bringt echte Vorteile: So schmilzt Ihr Bauchfett – effektiv, schmerzfrei, kostenlos und ungefährlich. Und was das Wichtigste ist: auf gesunde Art und Weise!

Dehnen nicht vergessen!

Zu jedem Kräftigungs- aber auch Ausdauertraining gehört das abschließende Dehnen (Neudeutsch: »Stretching«). Damit beugen Sie Verkürzungen Ihrer zuvor beanspruchten Muskeln vor. Nehmen Sie sich – nach Ihrem eigentlichen Training – Zeit für das Dehnen. Es lohnt sich! Sie finden eine beispielhafte Dehnübung bei der praktischen Übung auf der nächsten Seite. Eine weitere Dehnübung erwartet Sie in Step 9 (siehe Seite 97).

Bewegungspunkte

Für eine Viertelstunde Kräftigungsübungen – die Pausen zwischen den Durchgängen nicht mitgerechnet – bekommen Sie im 50+50-Punkteprogramm 2 Bewegungspunkte.

Wissenstest

Überprüfen Sie, ob Sie alle theoretischen Hintergründe zum Kräftigungstraining verstanden haben:

(1) Warum ist Kräftigungstraining so wichtig?
(2) Welche positiven Effekte haben gezielte Kräftigungsübungen?
(3) Was bewirkt ein Zuwachs an Muskelmasse?
(4) Wie lassen sich kleine Übungen ohne Zeitverlust in Ihren Alltag integrieren?
(5) Warum gehört das Dehnen zu jedem Training unbedingt dazu?

Praktische Aufgabe

Führen Sie die folgende Übung bei Ihrer nächsten Morgen- und Abendtoilette durch.

1 Bewegtes Zähneputzen

- Stellen Sie sich mit etwa einem Schritt Abstand während des Zähneputzens vor Ihr Waschbecken.
- Ihre Füße sind hüftbreit geöffnet und zeigen mit den Spitzen leicht nach außen. Ihre Knie sind nicht durchgestreckt und zeigen auf Ihren Mittelfuß.
- Stellen Sie sich nun ganz langsam auf Ihre Zehenspitzen. Spannen Sie dabei Ihre Gesäßmuskeln an.
- Halten Sie die Position 2–3 Sekunden, bevor Sie wieder in Ihre Ausgangsposition zurückkommen.

- Nun beugen Sie langsam Ihre Knie. 1 Gehen Sie dabei nur so weit hinunter, dass es nicht anstrengend für Sie ist. Ihre Knie sollten in Richtung Mittelfuß zeigen und Ihre Fersen den Boden berühren.
- Halten Sie diese Stellung nach Möglichkeit einige Sekunden. Dann nehmen Sie wieder die Ausgangsposition ein.
- Wiederholen Sie den gesamten Bewegungsablauf mehrmals.

Beenden Sie die Übung spätestens beim Aufkommen eines leichten Muskelzitterns. Falls Sie Schmerzen in den Knien verspüren, gehen Sie nur in den Zehenstand.

2 **DEHNEN**

- Stützen Sie sich leicht an Ihrem Waschbecken ab.
- Winkeln Sie Ihr rechtes Bein nach hinten an und greifen Sie mit Ihrer rechten Hand Ihr Fußgelenk.
- Wenn Sie Ihren Fuß nicht mit der Hand erreichen, nehmen Sie einfach ein Thera-Band® oder ein Handtuch zur Hilfe. 2
- Spannen Sie dabei Ihren Bauch leicht an und achten Sie darauf, dass Sie kein Hohlkreuz machen.
- Spüren Sie die Dehnung bewusst in Ihrer Beinvorderseite. Halten Sie diese Position 15–20 Sekunden.
- Dehnen Sie anschließend das linke Bein.

Versuchen Sie die Übung als festes Ritual in Ihre Morgen- und Abendtoilette zu integrieren. Bringen Sie einen Merkzettel am Badezimmerspiegel an. So werden Sie garantiert erinnert. Und wenn Sie unsere Dehnübung gleich danach machen, verinnerlichen Sie, dass Dehnen grundsätzlich auf Kräftigung folgen sollte.

Step 6 erfolgreich durchgeführt?

Wissenstest bestanden
am: ....

Praktische Aufgabe erfüllt
am: ....

7 **Ziele** setzen – **Pläne** machen

Um den eigenen Lebensstil zu ändern, ist die richtige Motivation eine wichtige Voraussetzung. Doch unsere guten Vorsätze reichen allein nicht aus – wir werfen sie allzu schnell über Bord, wenn der Erfolg auf sich warten lässt oder Schwierigkeiten auftauchen. Damit Sie langfristig dabeibleiben, brauchen Sie ein Gesundheitsziel und Sie brauchen Pläne, um dieses Ziel zu erreichen. Heute erfahren Sie, wie erfolgreiche Pläne aussehen und wie Sie mit Hilfe von Bewegungs- und Ernährungsideen zum Ziel kommen.

IN DEN VERGANGENEN TAGEN hatten Sie bereits Gelegenheit, einen bewegten und gesunden Lebensstil zu trainieren. Jeden Tag gab es eine andere praktische Aufgabe für Sie. Haben Sie alle Aufgaben gemeistert? Sehr gut! Ihr Gewicht können Sie schon bald selbstständig mit dem 50+50-Punkteprogramm managen. Bleiben Sie dran!

Ein neuer Lebensstil bedeutet unweigerlich dass Sie Ihren Alltag umorganisieren müssen. Am einfachsten ist es, wenn Sie zunächst äußere Umstände verändern, auf die Sie einen direkten Einfluss haben. Das betrifft beispielsweise Ihre Lebensmittelvorräte zu Hause. Entrümpeln Sie Ihren Kühlschrank und Ihre Speisekammer. Trennen Sie sich von Süßigkeiten, Chips und energiereichen Getränken, um nicht in Versuchung zu geraten.

Mein Tipp: Halten Sie nur (Grund-)Nahrungsmittel im Vorrat, die Sie in den kommenden Wochen tatsächlich benötigen. Orientieren Sie sich an der M.O.B.I.L.I.S.-Ernährungspyramide (siehe vordere Buchinnenklappe), wenn Sie Kühlschrank und Speisekammer neu bestücken. Kaufen Sie zukünftig weniger, dafür aber häufiger ein. Am besten frische Lebensmittel. Erledigen Sie Ihren Einkauf zu Fuß oder mit dem Fahrrad. So sammeln Sie gleich wertvolle Bewegungspunkte.

Weitaus schwieriger als das Entrümpeln eines Kühlschranks ist das Aufräumen mit alten Gewohnheiten. Der innere Schweinehund ist stark. Sehr stark! Wenn es so einfach wäre, sich mehr zu bewegen und gesünder zu essen, bräuchten Sie kein fachübergreifendes Schlankheits-Training. Damit Ihnen Ihr Vorhaben auch wirklich – langfristig! – gelingt, bekommen Sie heute Unterstützung von Ihrer Psychologieexpertin Doktor Göhner.

Expertenwissen
von Doktor Wiebke Göhner

»Motivation und Wissen führen nicht automatisch zu praktischer Umsetzung im Alltag. Es müssen Taten folgen!«

Das MoVo-Konzept

Vor diesem Hintergrund haben Professor Fuchs und ich das MoVo-Konzept entwickelt. Selbstverständlich nach neuesten wissenschaftlichen Erkenntnissen. »MoVo« steht als Kürzel für die Begriffe »Motivation« und »Volition«. Das bedeutet: Wir wollen Sie nicht nur motivieren, sich mehr zu bewegen und gesünder zu essen. Wir wollen Ihnen vielmehr dabei helfen, Ihre Motivation in ganz konkrete Taten umzusetzen. Und das beschreiben wir mit dem psychologischen Fachbegriff der Volition.

In den ersten Tagen Ihres Schlankheits-Trainings konnten Sie bestimmt schon erfahren, wie gut Ihnen mehr Bewegung und/oder gesünderes Essen tun. Ihre ersten kleinen Erfolge! Doch nur wenn Sie weiterhin regelmäßig aktiv sind und zugleich auf Ihre Ernährung achten, werden Sie langfristig etwas von diesen Erfolgen haben.

Und darin liegt die Schwierigkeit: Wir nehmen uns beispielsweise vor, weniger Süßes zu essen. Tatsächlich halten wir nur kurze Zeit durch und essen anschließend womöglich noch mehr als zuvor. Oder wir beschließen, endlich aktiver zu sein. Vielleicht melden wir uns sogar mit besten Vorsätzen in einem Fitness-Studio an. Schon bald gehen wir aber nur noch selten zum Training, bis wir schließlich – nach ein paar Wochen – ganz das Handtuch werfen …

Genau an dieser Stelle setzt unser MoVo-Konzept an: Sie können nur schlank werden und anschließend schlank bleiben, wenn Sie ausreichend Bewegung und gesunde Ernährung zu einem festen Bestandteil Ihres Alltags machen. Zu Ihrer Gewohnheit!

In diesem Sinne wollen wir Ihnen heute und in Step 13 verschiedene Techniken aus unserem MoVo-Konzept vermitteln: Techniken, mit deren Hilfe Sie Ihre Motivation zur Lebensstiländerung leichter in Taten umsetzen können. Im Wesentlichen geht es dabei um folgende Punkte:

(1) Sie brauchen ein Ziel.
(2) Sie brauchen Pläne, um dieses Ziel zu erreichen.
(3) Sie müssen die Hindernisse beziehungsweise Barrieren kennen, die die Pläne zu Fall bringen könnten.
(4) Sie brauchen Gegenstrategien, um mit diesen Barrieren umzugehen.

Im heutigen Step beschäftigen wir uns mit den ersten beiden Punkten: mit Zielen und Plänen.

Bevor wir richtig einsteigen, auch von meiner Seite nochmals der Hinweis: Lassen Sie sich Zeit! Ich weiß, Sie sind sehr motiviert und wünschen sich schnelle Veränderungen herbei. Doch Bewegungs- und Ernährungsgewohnheiten, die sich über lange Jahre eingeschlichen haben, können Sie nicht innerhalb kürzester Zeit verändern.

Ziele setzen

Im MoVo-Konzept unterscheiden wir zwischen Zielen und Plänen: Bei den Zielen geht es darum, zu überlegen, *was* Sie mit dem Abnehmen eigentlich erreichen wollen. Die Pläne beschreiben, *wie* Sie zu diesen Zielen kommen.

Zunächst zu den Zielen. Wissen Sie, warum Sie abnehmen möchten? Kennen Sie Ihre Beweggründe, warum Sie das M.O.B.I.L.I.S.-light-Buch gekauft haben? Warum Sie bereit sind, jeden Step zu lesen und anschließend den Wissenstest sowie die praktische Aufgabe durchzuführen? Erst wenn Sie sich über Ihre eigenen Ziele Klarheit verschafft haben, können Sie den Weg bestimmen, der Sie dorthin führen soll.

Aus meiner Tätigkeit als Trainerin in den Freiburger M.O.B.I.L.I.S.-Gruppen habe ich nachfolgende »Hitliste« der von unseren Teilnehmern am häufigsten genannten Abnehmgründe erstellt:

- Ich möchte fitter beziehungsweise belastbarer sein.
- Ich möchte eine kräftige Muskulatur haben.
- Ich möchte ein positives Körpergefühl bekommen.
- Ich möchte attraktiver aussehen.
- Ich möchte meinen Blutdruck senken.
- Ich möchte beweglicher sein.
- Ich möchte mich ausgeglichener fühlen.
- Ich möchte Sportart »XY« ausüben können.
- Ich möchte meinen Alltag besser bewältigen können.

Wer abnehmen will, hat Gesundheitsziele

Den M.O.B.I.L.I.S.-Teilnehmern geht es beim Abnehmen also vor allem um gesundheitliche Aspekte:

(1) um körperliche Gesundheit (zum Beispiel kräftige Muskulatur) und
(2) um seelische Gesundheit (zum Beispiel sich ausgeglichen fühlen).

Man kann daher auch sagen: Den Teilnehmern geht es darum, Gesundheitsziele zu benennen.

Was sind Ihre Gesundheitsziele?

Überlegen Sie, welche Gesundheitsziele für Sie im Vordergrund stehen. Was möchten Sie mit dem Abnehmen für sich erreichen? Nehmen Sie sich ein paar Minuten Zeit. Finden Sie heraus, warum Sie schlank werden möchten. Denken Sie dabei – genau wie oben beschrieben – sowohl an Ihre körperliche als auch an Ihre seelische Gesundheit. Wir haben auf der nächsten Seite einen Kasten für Sie vorbereitet. Dort können Sie Ihre persönlichen Gesundheitsziele festhalten.
Bitte beachten Sie: Aus Ihren Gesundheitszielen kommt Ihre ganz persönliche Motivation – Ihr Entschluss, mit M.O.B.I.L.I.S. light abzunehmen. Ihre Gesundheitsziele sind somit der Ursprung Ihrer Motivation, etwas an Ihrem Lebensstil zu verändern.

Zwischenschritt: Bewegungs- und Ernährungsideen

Wenn Sie Ihre persönlichen Gesundheitsziele gefunden haben, stellt sich als nächstes die Frage: Was müssen Sie genau tun, um diese Ziele zu erreichen? Ein Weg besteht darin, aktiver zu werden. Ein weiterer, sich gesund und angemessen zu ernähren. Sobald Sie Ihre Gesundheitsziele kennen, sollten Sie sich überlegen, wie Sie mehr Bewegung in Ihr Leben bringen und wie Sie gesünder essen könnten.

INFO

Sammlung von Ideen

Hier einige Bewegungsaktivitäten und Ernährungsweisen, die geeignet sind, Gesundheitsziele zu ereichen.

Bewegungsideen:

- mit dem Rad zur Arbeit/zum Einkaufen fahren,
- Kräftigungstraining machen,
- Ausdauertraining betreiben,
- (Berg-)Wandern gehen,
- Wassergymnastik besuchen ...

Ernährungsideen:

- mehr Gemüse und Obst essen,
- Süßigkeiten reduzieren,
- energiearme Getränke trinken,
- fettarme Wurst- und Käsesorten auswählen,
- mehr ballaststoffreiche Lebensmittel verzehren ...

Was sind Ihre Ideen?

Überlegen Sie nun, welche Bewegungsaktivitäten für Sie persönlich in Frage kämen, um Ihre Gesundheitsziele zu erreichen. Anschließend machen Sie sich Gedanken darüber, welches gesunde Ernährungsverhalten Sie sich persönlich vorstellen könnten.
Nehmen Sie sich wiederum ein paar Minuten Zeit. Notieren Sie jeweils drei persönliche Bewegungs- und Ernährungsideen (unter Ihre Gesundheitsziele). Sie können sich an den Beispielen orientieren. Oder ganz andere Ideen formulieren: je persönlicher, desto besser.

Persönliche Gesundheitsziele: Warum wollen Sie abnehmen?
Mein 1. Gesundheitsziel:
Mein 2. Gesundheitsziel:
Mein 3. Gesundheitsziel:

Persönliche Bewegungsideen	Persönliche Ernährungsideen
Welche Bewegungsaktivitäten kämen für Sie möglicherweise in Frage, um Ihre Gesundheitsziele zu erreichen?	Welche Ernährungsweisen kämen für Sie möglicherweise in Frage, um Ihre Gesundheitsziele zu erreichen?
Bewegungsidee:	Ernährungsidee:
Bewegungsidee:	Ernährungsidee:
Bewegungsidee:	Ernährungsidee:

Pläne machen

Lassen Sie mich kurz zusammenfassen: Sie haben erstens eine Vorstellung, was Sie mit dem Abnehmen erreichen wollen. Ihre persönlichen Gesundheitsziele! Und Sie haben zweitens einige Ideen, was Sie persönlich tun könnten, um zu Ihren Gesundheitszielen zu gelangen. Ihre Bewegungs- und Ernährungsideen! Im dritten und entscheidenden Schritt geht es jetzt darum, wie Sie aus Ihren Ideen konkrete Pläne machen.

Sie brauchen Pläne! Mit Plänen beschreiben Sie, wie Sie Ihre Ideen im Alltag praktisch umsetzen können. Ohne konkrete Pläne wird es Ihnen kaum gelingen, Ihre Gewohnheiten langfristig zu verändern. Ihre Pläne sind also Ihre ganz persönliche Gebrauchsanweisung zum Schlankwerden und Schlankbleiben.

Die 3pw-Regel

Um geeignete Pläne zu machen, haben wir eine spezielle Regel entwickelt, die so genannte »3pw-Regel«. Mit Hilfe dieser Regel aus unserem MoVo-Konzept können Sie einen guten persönlichen Plan machen. Die 3pw-Regel lautet:

(1) Ihr Plan soll **präzise** sein.
(2) Ihr Plan soll **passend** sein.
(3) Ihr Plan soll **praktikabel** sein.
(4) Ihr Plan soll **wirksam** sein.

Ihr Plan ist präzise, wenn Sie mit ihm beschreiben. *was* Sie machen werden und *wann* Sie etwas machen werden.

Ein Beispiel: Ihr Plan lautet: »Ich möchte dienstag- und donnerstagabends sowie sonntagvormittags eine halbe Stunde walken.« Sie haben Sportart, Tage und Uhrzeit festgelegt. Ein weiteres Beispiel: »Ich esse unter der Woche zum Abendessen immer grobkörniges Vollkornbrot statt Baguette.« Auch in diesem Fall haben Sie nicht nur das Produkt, sondern auch Tage und Uhrzeit festgelegt.

Ihr Plan ist passend, wenn er Ihren persönlichen Interessen entspricht. Das heißt: Sie entscheiden sich für eine Bewegungsform und/oder eine Ernährungsweise, die für Sie persönlich in Frage kommt.

Ihr Plan ist praktikabel, wenn er zeitlich, finanziell und organisatorisch in Ihren Alltag passt. Beachten Sie beispielsweise zeitliche Aspekte, wenn Sie vorhaben, aufwändige Rezepte nachzukochen. Oder finanzielle, wenn Sie neue Sportkleidung kaufen möchten. Oder aber organisatorische, wenn Sie verschiedene Zutaten für Ihr Abendessen benötigen: Zutaten, die Sie nur in bestimmten (Spezialitäten-)Läden bekommen.

Ihr Plan ist wirksam, wenn Sie mit seiner Hilfe möglichst viele Bewegungs- und Ernährungspunkte im 50+50-Punkteprogramm sammeln können. Denn so werden Sie abnehmen und Ihre Gesundheitsziele erreichen.

Beispiele für gelungene Pläne

An dieser Stelle möchte ich Ihnen gerne zwei gelungene Pläne einer ehemaligen M.O.B.I.L.I.S.-Teilnehmerin vorstellen. Ich nenne sie hier – um die Anonymität zu wahren – Frau Müller.

Frau Müller ist 46 Jahre alt, verheiratet und Mutter zweier Kinder. Sie arbeitet als Bürokraft und wohnt am Rande einer Kleinstadt. Frau Müller ist übergewichtig. Wegen ihrer Gelenkbeschwerden will sie endlich abnehmen. Aber auch, um besser auszusehen. Damit hat Frau Müller zwei Gesundheitsziele.

Gesundheitsziele: Frau Müller möchte (1) ihre Gelenkbeschwerden reduzieren (körperliche Gesundheit) und (2) attraktiver sein (seelische Gesundheit).
Bewegungsidee: Frau Müller hat sich deshalb vorgenommen, Nordic Walking zu treiben.
Ernährungsidee: Frau Müller möchte weniger Fett essen.
Aus Ihren Ideen hat Frau Müller zwei konkrete Pläne gemacht:

BEWEGUNGSPLAN: »Ich gehe eine halbe Stunde zum Nordic Walking in den nahen Wald. Das mache ich mittwochabends nach der Arbeit sowie samstagvormittags vor dem Einkauf.«

Warum Frau Müllers Bewegungsplan so lautet, erklärt sich aus der 3pw-Regel:

(1) Frau Müllers Bewegungsplan beschreibt präzise, was sie wann machen möchte: Sie macht Nordic Walking, und zwar an zwei Tagen in der Woche: mittwochabends, wenn sie ihre Arbeit beendet hat, und samstagvormittags, bevor sie zum Einkaufen geht.

(2) Frau Müllers Bewegungsplan passt zu ihr: Sie kann sich gut vorstellen, am Walken mit Stöcken Spaß zu haben.

(3) Frau Müllers Bewegungsplan ist praktikabel, weil sie am Stadtrand wohnt und nach wenigen Minuten im Wald ist. Sie benötigt also keine längere An- oder Abfahrtszeit. Das wäre in ihrem Fall auch gar nicht machbar: Denn mittwochs gegen 18:30 Uhr muss sie ihren jüngeren Sohn immer von der Sportstunde – am anderen Ende der Kleinstadt – abholen.

(4) Frau Müllers Bewegungsplan ist wirksam, weil sie mit seiner Hilfe Bewegungspunkte für das 50+50-Punkteprogramm sammeln kann. In Step 9 werden Sie erfahren, wie Sie mit Ausdaueraktivitäten punkten. Ich will nichts vorwegnehmen, nur so viel: Für eine halbe Stunde Nordic Walking gibt es 3 Bewegungspunkte. Frau Müller könnte mit ihrem Plan folglich 6 Bewegungspunkte pro Woche erreichen. Das ist gar nicht schlecht für den Anfang!

ERNÄHRUNGSPLAN: »Ich binde Saucen mit püriertem Gemüse statt mit Butter und Mehl. Und das mache ich montags bis freitags bei den Mittagsmahlzeiten.«

Auch bei Frau Müllers Ernährungsplan greift die 3pw-Regel erfolgreich:

Bewegungsidee: Nordic Walking.

(1) Frau Müllers Ernährungsplan beschreibt präzise, was und wann sie essen will: Sie möchte das Fett von Saucen reduzieren, in dem sie ersatzweise püriertes Gemüse verwendet. Und zwar nur unter der Woche, wenn es Gebratenes gibt.

(2) Frau Müllers Ernährungsplan passt zu ihr: Sie isst gerne und häufig Gebratenes. Auf keinen Fall will sie darauf ganz verzichten. Dagegen kann sie sich gut vorstellen, die Sauce geschmacklich etwas zu verändern.

(3) Frau Müllers Ernährungsplan ist praktikabel, weil sie einen Stabmixer besitzt. Damit kann sie das Gemüse für die Sauce pürieren. Allerdings muss Frau Müller künftig mehr Gemüse vorrätig haben und das beim Einkauf berücksichtigen.

(4) Frau Müllers Ernährungsplan ist wirksam, weil sie mit seiner Hilfe Punkte für das 50+50-Punkteprogramm sammeln kann. Wenn sie höchstens 60 Gramm Fett am Tag isst, gibt es 2 Ernährungspunkte. Frau Müller verzichtet auf die Butter in der Sauce. Und spart somit bei der Zubereitung Fett. Das macht sich in der Tagesfettbilanz so bemerkbar, dass sie 2 Ernährungspunkte erhält.

An Frau Müllers Ernährungsplan wird deutlich, dass es mit einem Plan alleine noch nicht getan ist. Denn wenn sie nur bei der Sauce spart, ansonsten aber nicht auf eine fettgesunde Ernährung achtet, wird sie die M.O.B.I.L.I.S.-Fett-Empfehlung wohl kaum erreichen.
6 Punkte auf der Bewegungsseite sind ebenfalls noch zu wenig fürs Abnehmen.

PROFESSOR BERGS GESUNDHEITSBONUS

Das Metabolische Syndrom

In Step 5 habe ich Sie bereits über das Risiko Bauchumfang informiert. Heute möchte ich das Thema noch erweitern: Ein ausgeprägter »apfelförmiger« Bauch ist eine tickende Zeitbombe. Denn über kurz oder lang bleibt der erhöhte Bauchumfang nicht alleine – er bringt drei weitere »Bs« ins Ungleichgewicht: Blutdruck, Blutzucker und Blutfette. Diese einzelnen Komponenten bilden zusammen ein Krankheitsbild, das als Metabolisches Syndrom bezeichnet wird und das Risiko auf eine verkürzte Lebensspanne deutlich erhöht.

Mein Gesundheitstipp: Reduzieren Sie Ihr Gewicht durch einen aktiven und gesunden Lebensstil um etwa 5 Prozent, denn so beeinflussen Sie die vier »Bs« positiv! Große medizinische Studien zeigen: Die Risiken dieses so genannten tödlichen Quartetts lassen sich am besten über eine Veränderung der Bewegungs- und Ernährungsgewohnheiten senken. Entsprechende Medikamente sind in ihrer Wirkweise nicht einmal halb so effektiv! Setzen Sie Ihr neues Wissen also ab sofort im Alltag um!

Wie viele Pläne sind notwendig?

Grundsätzlich gilt: Machen Sie sich für all diejenigen Bewegungsformen und Ernährungsweisen einen Plan, die Ihnen Punkte im 50+50-Punkteprogramm bringen. Auf diese Weise nähern Sie sich Schritt für Schritt Ihrem Wunschgewicht und Ihren Gesundheitszielen. Ganz bestimmt!

Frau Müller war erfolgreich, weil Sie sich mit der Zeit eine ganze Reihe von Plänen zusammengestellt hatte. Mittelfristig sollten auch Sie mehrere Pläne parat haben.

Fürs erste reichen allerdings ein Bewegungsplan und ein Ernährungsplan aus. Versuchen Sie diese aber – von Anfang an – ernst zu nehmen und richtig umzusetzen.

Wissenstest

Können Sie folgende Fragen unseres Wissenstests beantworten? Dann wird es Ihnen sicher auch nicht schwer fallen, Pläne zu formulieren.

(1) Warum reicht Motivation für ein erfolgreiches Abnehmen nicht aus?
(2) Was sind Gesundheitsziele?
(3) Was beschreiben Bewegungs- und Ernährungsideen?
(4) Was machen Sie mit der »3pw-Regel«?
(5) Warum ist jeder neue Plan zunächst ein »erster Entwurf« (siehe Seite 79)?

Praktische Aufgabe

Formulieren Sie einen Bewegungsplan und einen Ernährungsplan nach der 3pw-Regel. Setzen Sie anschließend Ihre Pläne in die Tat um.

Ihre ersten Pläne

Das Vorgehen ist für beide Pläne dasselbe: Sie haben ja bereits drei persönliche Bewegungsideen und drei persönliche Ernährungsideen notiert (siehe Seite 74). Die brauchen Sie jetzt:

- Suchen Sie sich je eine Bewegungsidee und je eine Ernährungsidee aus, die Sie spontan am liebsten ausführen würden.
- Notieren Sie beide Ideen nebeneinander auf einer Karteikarte oder alternativ auf einem weißen Blatt Papier.
- Nehmen Sie nun den 3pw-Check (siehe rechts) zu Hilfe. Machen Sie aus Ihren Ideen konkrete Pläne:
- Tragen Sie – ebenso wie es beim 3pw-Check vorgesehen ist – auf Ihre Karteikarte ein, was Sie wann machen wollen.
- Überprüfen Sie schließlich, ob Ihr Plan passend, praktikabel und wirksam ist.

Erster Entwurf

Damit haben Sie einen ersten Entwurf eines Bewegungsplans und einen ersten Entwurf eines Ernährungsplans. »Erster Entwurf«, weil Sie jetzt ausprobieren müssen, ob Ihre Pläne in der Praxis funktionieren! Und schon sind wir beim zweiten Teil Ihrer praktischen Aufgabe:

- Versuchen Sie, Ihren Bewegungs- und Ihren Ernährungsplan in der nächsten Zeit umzusetzen. Passen Sie dabei Ihre Pläne immer besser Ihrem Alltag an.

Sie können so viele Korrekturen – immer mit Hilfe des 3pw-Checks! – wie nötig vornehmen, solange Ihre Pläne noch nicht optimal sind. Wichtig ist nur, dass Sie immer einen Plan haben, der dem 3pw-Check standhält! Jeden Ihrer Pläne können Sie beliebig verändern, nicht aber ersatzlos streichen.

3pw-Check

Präzise: **Beschreibt mein Plan, was ich wann machen möchte?**	
Mein Bewegungsplan 1. Entwurf	Mein Ernährungsplan 1. Entwurf
was:	was:
wann (Wochentag, Uhrzeit):	wann (Wochentag, Uhrzeit):
Passend: **Passt mein Plan zu mir und wird er mir Spaß machen?**	
☐ ja, mein Plan passt zu mir	☐ ja, mein Plan passt zu mir
☐ nein, mein Plan passt nicht zu mir	☐ nein, mein Plan passt nicht zu mir
Praktikabel: **Wie gut wird sich mein Plan in meinem Alltag verwirklichen lassen?**	
☐ sehr gut	☐ sehr gut
☐ nicht so gut	☐ nicht so gut
Wirksam: **Kann ich mit meinem Plan viele Punkte im 50+50-Punkte Programm erreichen?**	
☐ ja, ich erreiche ausreichend Punkte	☐ ja, ich erreiche ausreichend Punkte
☐ nein, ich erreiche nicht genug Punkte	☐ nein, ich erreiche nicht genug Punkte

Step 7 erfolgreich durchgeführt?

Wissenstest bestanden
am: ....

Praktische Aufgabe erfüllt
am: ....

8 Kohlenhydratbewusst essen nach dem **GLYX-Faktor**

Nicht Kohlenhydrate an sich sind Dickmacher. Vielmehr bestimmen Art und Menge der Nahrungskohlenhydrate, ob Sie sich das Abnehmen erschweren oder erleichtern. Wenn Sie sich überwiegend von Lebensmitteln mit günstigem glykämischen Index – kurz: GLYX – ernähren, bleiben Sie länger satt und gewinnen darüber hinaus an Gesundheit. Denn diese Lebensmittel enthalten gleichzeitig Ballaststoffe, viele Vitamine und Mineralstoffe. Setzen Sie deshalb auf den GLYX-Faktor.

HALBZEIT! Toll, dass Sie schon so weit durchgehalten haben. Die zweite Hälfte schaffen Sie jetzt erst recht!

Ist Ihnen unsere letzte praktische Ernährungsaufgabe gelungen? Sie erinnern sich: das Fettprotokoll aus Step 5. Konnten Sie die M.O.B.I.L.I.S.-Fett-Empfehlung – »Essen Sie höchstens 60 g Fett am Tag« – umsetzen? Fiel es Ihnen leicht? Oder hatten Sie das Gefühl, der Genuss kam zu kurz, Sie mussten verzichten? Dann schauen Sie sich die Fettspar-Tricks von Professor Hamm auf Seite 55 nochmals genau an. Bestimmt klappt es beim nächsten Mal besser! Versuchen Sie in den kommenden Tagen weiterhin auf fettgesunde Ernährung zu achten. Denn das 50+50-Punkteprogramm rückt näher.

In diesem Ernährungsstep wollen wir uns einen weiteren wichtigen Nährstoff vornehmen: die Kohlenhydrate. Jeder sportlich Aktive, der körperliche Höchstleistungen vollbringt, verzehrt mit Vorliebe kohlenhydratreiche Lebensmittel wie Nudeln, Reis, Brot, Müsli und während des Wettkampfs besonders gerne Bananen oder Energiedrinks. Denn diese Nahrungskohlenhydrate liefern schnell verfügbare Energie und fördern die Leistungsfähigkeit. Nicht umsonst haben sie in der Sporternährung eine lange Tradition.

Für Ihr Vorhaben sind Kohlenhydrate jedoch nicht uneingeschränkt empfehlenswert. Wie beim Fett entscheiden die richtige Auswahl und die richtige Menge. Für das Schlankwerden und Schlankbleiben ist letztlich der so genannte glykämische Index beziehungsweise der GLYX-Faktor maßgebend. Er ist ausschlaggebend dafür, welche Kohlenhydrate Sie bevorzugt verzehren und welche Sie nach Möglichkeit meiden sollten.

Expertenwissen
von Professor Michael Hamm

»Mit dem richtigen GLYX »glückt's«. Kohlenhydrate mit einem günstigen GLYX-Faktor sind für ein erfolgreiches Abnehmen entscheidend.«

Vom »Dickmacher« zur »leichten Kost« …

»Kohlenhydrate« ist der weithin bekannte Fachbegriff für energiespendende Stärke und Zucker in unserer Ernährung. Mein Kollege Doktor Lagerstrøm hat es schon im Zusammenhang mit der Energiegewinnung im vierten Step erläutert: Unser Körper spaltet die mit der Nahrung aufgenommenen Kohlenhydrate in Einfachzucker. Diese werden als Glukose ins Blut aufgenommen. Ein großer Teil wird anschließend als Glykogen in den Muskeln gespeichert und dient als leicht verfügbare Zuckerreserve, wenn wir uns sportlich sehr anstrengen.

In der Wissenschaft wird – ebenso wie beim Fett – kontrovers diskutiert, ob Kohlenhydrate für Übergewicht verantwortlich gemacht werden können. In der Geschichte der Schlankheitsdiäten waren sie über lange Zeit verpönt. Erst im Zuge der »Low-Fat-Diäten« – hier werden umgekehrt die Nahrungsfette pauschal als Verursacher von Übergewicht verurteilt – gelang den Kohlenhydraten ein später, aber umso beachtlicher Imagewandel. Plötzlich galten sie als Fit- und Schlankmacher. Als leichte Kost!

Doch seien Sie auf der Hut! Kohlenhydrate wie Süßigkeiten und Weißmehlprodukte sind sicher nicht das richtige Rezept gegen überflüssige Pfunde. Sie ahnen es: Die Angelegenheit ist wieder einmal komplizierter…

Kohlenhydrate richtig eingesetzt

»Mindestens 50 Prozent der täglichen Kalorien sollten über Kohlenhydrate aufgenommen werden.« So lautet die heute – auch von vielen Fachgesellschaften – gegebene Empfehlung. So pauschal lässt sich das aber nicht halten. Denn es ist ganz wichtig, dass Sie darauf achten, welche Art von Kohlenhydraten Sie verzehren.
Weißmehlerzeugnisse, Kartoffelprodukte, Süßigkeiten, Limonaden und Snacks sind, selbst als Low-Fat-Varianten nicht empfehlenswert. Der Grund: Diesen konzentrierten Stärke- und Zuckerprodukten fehlt die natürliche Sättigungsbremse. Denn sie enthalten keine quellfähigen Ballaststoffe, die dafür sorgen, dass die Nahrung länger im Magen bleibt. Ganz im Gegensatz zu Kohlenhydraten in Form von Gemüse, wasserreichem Obst, kernigen Vollkornprodukten und Hülsenfrüchten. Damit bleiben Sie garantiert nicht hungrig! Deshalb verleihen wir diesen Kohlenhydraten auch das Prädikat: »sehr empfehlenswert«.
Und schon zahlt es sich aus, dass Sie sich an die M.O.B.I.L.I.S.-Gemüse-Obst-Empfehlung halten und an den Vorgaben unserer Pyramide orientieren! Doch was hat das Ganze jetzt mit dem GLYX-Faktor auf sich? Das Konzept des glykämischen Index beziehungsweise der GLYX-Faktor steht für die günstige Auswahl an Nahrungskohlenhydraten.

Das GLYX-Brot schmeckt und hilft beim Ernährungspunkte sammeln.

Mit dem GLYX glückt das Abnehmen!

Der glykämische Index (gebräuchliche Abkürzung: GI) – populärwissenschaftlich GLYX abgekürzt – ist ein Maßstab für den Blutzuckeranstieg nach dem Essen kohlenhydrathaltiger Lebensmittel und Speisen. Er wird in wissenschaftlichen Studien in Bezug auf eine genau definierte Kohlenhydratmenge ermittelt. Mit dem jeweiligen Blutzuckeranstieg ist eine entsprechende Antwort des blutzuckersenkenden Hormons Insulin verbunden. Lässt ein Lebensmittel also den Blutzucker schnell und hoch ansteigen, hat es einen hohen GLYX-Wert. In der Folge wird der Blutzuckerspiegel stark gesenkt, was hungrig macht. Je weniger dagegen ein Lebensmittel den Zuckerspiegel hochtreibt, desto niedriger ist sein GLYX-Wert. Und desto weniger Insulin muss produziert werden.

Was passiert dabei genau im Körper?

Wenn Sie ein Lebensmittel mit einem günstigen beziehungsweise niedrigen GLYX-Faktor essen – beispielsweise einen Apfel – so sorgt sein Gehalt an löslichem Ballaststoff Pektin und an Fruchtzucker dafür, dass der Blutzucker nur langsam ansteigt. Dadurch bleibt die Insulinausschüttung niedrig und das Hungergefühl aus. Sie sind lange satt. Außerdem enthalten diese natürlichen Kohlenhydrate auch noch die für den Körper richtigen Nähr- und Schutzstoffbegleiter.

Lebensmittel mit einem ungünstigen, also hohen GLYX-Faktor wie Weißmehlprodukte, Süßigkeiten, Fertiggerichte und süße Getränke bestehen aus raffinierten Kohlenhydraten. Diese enthalten schnell verfügbare Zucker. Damit erhöht sich der Blutzuckerspiegel stark, und die Bauchspeicheldrüse muss entsprechend viel Insulin ausschütten. Der dadurch nachfolgend bedingte Abfall des Blutzuckerspiegels macht schnell wieder hungrig, obwohl wir erst kurz zuvor gegessen haben. Gleichzeitig sorgt das Energie-Speicherhormon Insulin für einen weiteren negativen Effekt: Es schleust Fett aus der aufgenommenen Nahrung in unser Fettgewebe ein und setzt unsere Fettverbrennung außer Gefecht.

Denn das Insulin schaltet den Energiestoffwechsel ganz auf Kohlenhydratverwertung um. Der gewünschte Abbau von Fett ist damit blockiert.

Fazit: Ein konstanter Blutzuckerspiegel ist der beste Garant für gleich bleibende körperliche und geistige Leistungsfähigkeit. Und natürlich für Ihr Vorhaben, schlank zu werden und schlank zu bleiben.

Es gibt eine ganze Reihe von Gründen, warum wir den GLYX-Faktor in das M.O.B.I.L.I.S.-Konzept aufgenommen haben. Diese sehen Sie rechts im Kasten zusammengefasst. Doch wie wäre es zunächst mit einer Thera-Band®-Übung (siehe Seite 66 und 67)? Gönnen Sie Ihrem Körper doch eine kurze aktive Pause…

Wenn Sie mit Hilfe des 50+50-Punkteprogramms körperlich aktiv geworden sind und beim Abnehmen Erfolg hatten, können Sie den Kohlenhydratanteil auf Ihrem Speiseplan langsam erhöhen. Ganz nach dem Motto: je sportlicher, desto kohlenhydratreicher!

INFO

Alle Vorteile des GLYX-Faktors auf einen Blick

Das können Sie mit den richtigen Kohlenhydraten zukünftig gewinnen:

Kohlenhydrate mit einem günstigen GLYX-Faktor

- sind für den Stoffwechsel (Aufnahme in den Blutkreislauf) langsam verfügbar,
- bewirken einen gemäßigten Blutzuckeranstieg,
- halten die Insulinausschüttung in Schach (keine Beeinträchtigung der körpereigenen Fettverbrennung) und
- sättigen anhaltend.

Kohlenhydrate mit einem günstigen GLYX-Faktor kommen vorwiegend in Gemüse, wasserreichem Obst, Hülsenfrüchten und grobkörnigen Vollkornprodukten vor. Diese Lebensmittel verbessern insgesamt die Qualität unserer Nahrung und sorgen durch ihr größeres Nahrungsvolumen (quellfähige Ballaststoffe) für zusätzliche Sättigung.

Der GLYX-Faktor im Alltag

Übergenaues Rechnen mit konkreten glykämischen Indexwerten aus wissenschaftlichen Tabellen macht im Alltag wenig Sinn. Es reicht völlig aus, wenn Sie kohlenhydrathaltige Lebensmittel, die Sie täglich zu sich nehmen möchten, nach dem Ampelprinzip bewerten:

- 🟢 = günstiger beziehungsweise niedriger GLYX-Faktor
- 🟡 = mittlerer GLYX-Faktor
- 🟠 = ungünstiger beziehungsweise hoher GLYX-Faktor
- ◯ = kein beziehungsweise neutraler GLYX-Faktor

Der GLYX-Faktor in Ihrem Organizer

Selbstverständlich finden Sie den GLYX-Faktor für die gängigsten Lebensmittel in Ihrem M.O.B.I.L.I.S.-Organizer: Lebensmittelliste, Spalte 4. Bitte beachten Sie: Lebensmittel, die so gut wie keine Kohlenhydrate enthalten, haben auch keinen GLYX-Faktor. Als zusätzliche Information liefert Ihnen der M.O.B.I.L.I.S.-Organizer übrigens auch den Kohlenhydratgehalt aller aufgeführten Lebensmittel.

Die M.O.B.I.L.I.S.-GLYX-Empfehlung

Unsere heutige M.O.B.I.L.I.S.-Ernährungsempfehlung – die dritte, an die Sie sich für Ihr Schlankwerden halten sollten – ergibt sich nun fast von selbst:

> » Essen Sie überwiegend Kohlenhydrate mit einem günstigen GLYX-Faktor.

PROFESSOR BERGS GESUNDHEITSBONUS

Mit dem GLYX-Faktor Erkrankungen vorbeugen!

Am meisten profitieren übergewichtige und zuvor inaktive Typ-2-Diabetiker sowie Patienten mit einem Metabolischen Syndrom (siehe Seite 77) vom günstigen GLYX-Faktor. Denn ein maßvoller Blutzuckeranstieg erfordert weniger Insulin. Dagegen verstärkt ein ständig erhöhter Insulinspiegel die Spätfolgen der Blutzuckerkrankheit wie Fettstoffwechselstörungen und Arterienverkalkung (Arteriosklerose). Auch zu viel Fett in der Nahrung beziehungsweise im Körper hindert das Insulin daran, den Blutzuckerspiegel in gesunden Grenzen zu halten. Indirekt kann der Blutzuckerspiegel dadurch sogar ansteigen, wodurch wiederum mehr Insulin benötigt wird. Richtige Ernährung ist also fettgesund und kohlenhydratbewusst!

Mein Gesundheitstipp: Achten Sie auf beides: Fett und GLYX-Faktor! Das hat nicht nur positive Auswirkungen auf Ihre Linie, sondern auch auf Ihre Bauchspeicheldrüse. Mit kohlenhydratbewusster Ernährung in Verbindung mit körperlicher Aktivität beugen Sie insbesondere Herz-Kreislauf-Erkrankungen vor.

Lebensmitteltausch nach dem GLYX-Faktor

Weißbrot, Mischbrot	tauschen gegen:	grobkörniges Vollkornbrot oder Sojabrot mit Leinsamen
fein geschrotetes Vollkornbrot		GLYX Ideal-Diät-Brot
Fertigmüsli mit Zuckerzusatz		Vollkornmüsli ohne Zucker
zucker- und fettreiches Gebäck		Vollkorngebäck
Bananen		Äpfel, Pfirsiche, Kirschen, Beeren
Kompott und Marmelade		frisches Obst
Kartoffeln (gebacken, Püree)		Pellkartoffeln, Spaghetti, Hülsenfrüchte
weißer Reis, gekocht		Basmatireis, Parboiled-Reis
fein gemahlenes Vollkornmehl		grob geschrotetes Vollkornmehl oder ganzes Korn
Cornflakes		Vollkornhaferflocken oder Frischkornbrei mit Obst

»Überwiegend« meint, dass deutlich mehr als die Hälfte der von Ihnen verzehrten Lebensmittel einen günstigen glykämischen Index aufweisen sollte.

Lebensmittel austauschen

In Ihrer täglichen Ernährungspraxis können Sie die GLYX-Lage ganz einfach durch einen Lebensmitteltausch verbessern. Mit Hilfe der Angaben im M.O.B.I.L.I.S.-Organizer gelingt es Ihnen, Lebensmittel mit einem ungünstigen GLYX-Faktor gegen solche mit einem günstigen zu ersetzen. Die Übersicht oben zeigt Ihnen, wie es geht.

Wovon der GLYX abhängt

Der GLYX-Faktor wird in erster Linie durch die Eigenschaften des jeweiligen kohlenhydrathaltigen Lebensmittels bestimmt. Neben dem Gehalt an löslichen Ballaststoffen sind es vor allem diese beiden Bedingungen:

- Verarbeitungsgrad beziehungsweise Konsistenz eines Lebensmittels können über den GLYX-Faktor entscheiden: So hat mit Biss gegartes Gemüse oder Rohkost einen viel günstigeren Wert als die weich gekochte Variante. Auch der Apfel, der mit Schale aus der Hand gegessen wird, hat einen günstigeren GLYX-Faktor als Apfelsaft oder Apfelmus. Und ganze Getreidekörner geben ihre Kohlenhydrate schließlich ebenfalls langsamer frei als fein gemahlene Getreideerzeugnisse.

- Auch die Zusammenstellung einer Mahlzeit spielt eine wichtige Rolle: Lebensmittel mit einem mittleren und ungünstigen GLYX-Faktor können Sie in ihrer Blutzuckerwirksamkeit bremsen, indem Sie gleichzeitig Lebensmittel mit niedrigem glykämischem Index verzehren. Essen Sie daher zu einer kleineren Portion Stärkebeilagen wie Kartoffeln, Reis oder Nudeln stets eine deutlich größere Portion Salat, Gemüse oder Hülsenfrüchte.

Letztlich ist natürlich immer die Gesamtmenge der verzehrten Kohlenhydrate für die Blutzuckerwirksamkeit eines Lebensmittels verantwortlich. Dieser Mengenaspekt wird mit dem Begriff glykämische Last (Abkürzung: GL) beschrieben. Für Ihre Ernährungspraxis gilt: Orientieren Sie sich an den Verzehrmengen der M.O.B.I.L.I.S.-Ernährungspyramide (siehe vordere Buchinnenklappe). Wenn Sie diese annähernd umsetzen, müssen Sie sich um die glykämische Last keine Sorgen machen.

Wissenstest

Wie am Ende jedes Steps können Sie auch heute Ihr neues Wissen mit Hilfe unseres kleinen Tests überprüfen:

(1) Welche Kohlenhydrat-Lebensmittel eignen sich nicht für das Abnehmen?
(2) Mit welchen Kohlenhydrat-Lebensmitteln erzielen Sie die beste Sättigungswirkung?
(3) Was bedeutet der GLYX-Faktor?
(4) Welche Auswirkungen haben ein hoher Blutzuckeranstieg und ein hoher Insulinspiegel?
(5) Welche Vorteile haben Lebensmittel mit einem günstigen GLYX-Faktor?

Praktische Aufgabe

Führen Sie für den heutigen oder den morgigen Tag vollständig (!) ein GLYX-Protokoll.

M.O.B.I.L.I.S.-GLYX-Protokoll

Haben Sie das Fettprotokoll aus Step 5 ausgefüllt? Dann sind Sie für die heutige Aufgabe bestens vorbereitet:

- Tragen Sie zunächst in Spalte 1 die Uhrzeit Ihrer jeweiligen Mahlzeit ein.
- Dokumentieren Sie in Spalte 2 das verzehrte Lebensmittel beziehungsweise die Zutaten Ihrer Speisen.
- Schlagen Sie im M.O.B.I.L.I.S.-Organizer den entsprechenden GLYX-Faktor nach und notieren Sie diesen mit einem Strich in der entsprechenden farbig gekennzeichneten Spalte (Spalte 3–5). (Lebensmittel, die keine Kohlenhydrate enthalten bekommen keinen Strich.)
- Zählen Sie am Ende des Tages die Striche der einzelnen Spalten zusammen.

Überwiegen die Striche der grünen Spalte deutlich, haben Sie die praktische Aufgabe richtig gemacht. Im 50+50-Punkteprogramm erhalten Sie täglich 2 Punkte, wenn Sie sich an die M.O.B.I.L.I.S.-GLYX-Empfehlung halten. Weisen etwa 50 Prozent der von Ihnen verzehrten Lebensmittel einen günstigen GLYX-Faktor auf, erhalten Sie noch 1 Punkt.

M.O.B.I.L.I.S.-GLYX-Protokoll

Uhrzeit	Lebensmittel/Speisen/Zutaten	GLYX-Faktor [1]		
		niedrig	mittel	hoch
	Summe			

[1] nach: Lebensmittelliste des M.O.B.I.L.I.S.-Organizers (siehe ab Seite 10)

Step 8 erfolgreich durchgeführt?

Wissenstest bestanden

am: ....

Praktische Aufgabe erfüllt

am: ....

9 Den **Körper** auf **Trab** bringen

In Step 4 haben Sie erfahren, wie Sie Ihre Ausdauer trainieren: mit einer geringen bis mäßigen Belastungsintensität. Nun zeigen wir Ihnen, welche Sportarten sich dafür besonders gut eignen. Gehen und Laufen sind sowohl im Alltag wie auch in der Freizeit ideale Ausdaueraktivitäten. Walking, Nordic Walking oder Radfahren bieten sich als Bewegungsformen gleichermaßen an. Grundsätzlich aber gilt: Jede zusätzliche Bewegung, die Ihren Körper nicht überbelastet und die Ihnen Spaß macht, ist gut für Sie!

GROSSARTIG! Sie sind wirklich sehr fleißig und ausdauernd. Ihr Schlankheits-Training wird sich schon bald für Sie auszahlen. Halten Sie durch!

Haben Sie Ihren Tag »bewegt« begonnen? Und Ihre kleine Übung während des Zähneputzens absolviert? So ein aktiver Start tut gut, oder? Wenn Ihre Zahnputzübung zum festen Ritual geworden ist, möchten Sie sie nicht mehr missen. Führen Sie weitere »bewegte« Rituale in Ihren Tagesablauf ein wie das aktive Telefonieren. Finden und nutzen Sie Trainingsmöglichkeiten, die keine zusätzliche Zeit in Anspruch nehmen. Und dennoch auf Dauer große Wirkung zeigen.

Genuss und Bewegung: ein untrennbares Paar! Ihre M.O.B.I.L.I.S.-Experten haben schon mehrfach über die Beziehung der ungleichen Partner gesprochen.

Lassen Sie mich diesen Punkt noch einmal aufgreifen: Wir müssen uns wohl fühlen und fit halten, um gesund zu bleiben und ungetrübte Freude an einem schönen Mahl empfinden zu können. Das erreichen wir nur über körperliche Aktivität. Die Bewegung muss dabei allerdings nicht Mittel zum Zeck sein: Wenn Sie feststellen, wie wohl Ihnen Bewegung tut, eröffnet sich Ihnen ein völlig neues Genusserlebnis: Bewegung bringt nämlich Freude und Spaß!

Doch nun zu unserem heutigen Thema: In Step 4 hat Ihnen Ihr Bewegungsexperte Doktor Lagerstrøm die wichtigste Voraussetzung für Ihr Ausdauertraining vorgestellt: die richtige Trainingsintensität. Im vorliegenden Step wird er die praktische Umsetzung Ihrer Ausdaueraktivitäten diskutieren. Etwa die Frage, wie viel Training notwendig ist, um schlank zu werden und zu bleiben.

Expertenwissen

von Doktor Dieter Lagerstrøm

»Ein Schlauer trimmt die Ausdauer!« Lautet eine altbewährte Sportweisheit. Zu Recht! Denn nur mit einer angemessenen Ausdauerleistungsfähigkeit bleibt unser Körper im gesundheitlichen Gleichgewicht.

Ausdaueraktivitäten – ein Lebenselixier

Damit Ihr Fettstoffwechsel richtig funktioniert, müssen Sie regelmäßig – mit einer geringen bis mäßigen Belastungsintensität – Ausdaueraktivitäten betreiben. Das wissen Sie bereits aus Step 4.

Ein entsprechendes Training aber bringt nicht nur Ihre Fettdepots zum Schmelzen. Es hat zahlreiche weitere positive Auswirkungen auf Ihre Gesundheit. Auch wenn Sie in erster Linie abnehmen möchten, kommen Ihnen alle anderen tollen Ausdauertrainingseffekte ebenso zugute:

(1) Ausdaueraktivitäten halten Herz und Kreislauf in Schwung: Sie stärken Ihren Herzmuskel und fördern Ihre Durchblutung. Wenn Sie über einen längeren Zeitraum regelmäßig Ausdauer trainieren, kann das zur Senkung Ihres Blutdrucks führen. Folglich beugen Sie damit auch langfristig dem Risiko vor, einen Herzinfarkt oder Schlaganfall zu bekommen.

(2) Ausdaueraktivitäten sind ideal für Ihre Lunge: Sie steigern das Lungenvolumen um bis zu 30 Prozent. Und optimieren damit die für Ihren ganzen Körper wichtige Sauerstoffversorgung.

(3) Ausdaueraktivitäten kurbeln Ihren gesamten Stoffwechsel an: Sie verbessern beispielsweise Ihre Blutfettwerte (HDL-Cholesterin und Triglyzeride) und Ihre Insulinreaktion. Das bedeutet Schutz vor Arterienverkalkung (Arteriosklerose) und vor Zuckerkrankheit (Diabetes).
(4) Ausdaueraktivitäten erhöhen die Wirksamkeit Ihres Immunsystems: Wenn Sie regelmäßig Ausdauer trainieren, stärken Sie Ihre Abwehrkräfte um bis zu 50 Prozent. Und Sie haben seltener banale Infekte wie zum Beispiel Erkältungen.
(5) Ausdaueraktivitäten sind gut für Ihre Psyche: Sie bauen Stresshormone ab und beflügeln Ihr Denkvermögen. Und stärken nicht zuletzt Ihr Selbstwertgefühl.

Eine beachtliche Positivliste! Zusammenfassend können wir – ohne Übertreibung – festhalten: Ausdaueraktivitäten sind ein wahres Lebenselixier! Wer richtig und regelmäßig seine Ausdauer trainiert, hat eine gute Chance, bis ins hohe Alter fit, gesund und natürlich schlank zu bleiben.

Ausdauertraining kostet seine Zeit

Im Vergleich zum Kräftigungstraining hat Ausdauertraining einen entscheidenden Nachteil: Es nimmt mehr Zeit in Anspruch.
Ihre Ausdauer können Sie nicht so einfach mit einer kleinen Übung nebenbei trainieren. Denken Sie beispielsweise an das aktive Telefonieren: Es ist hervorragend geeignet, um Ihren Bewegungs- und Stützapparat zu stärken. Ihren Körper bringen Sie durch Aufstehen, Wippen und Zehenstand – im eigentlichen Sinne – aber nicht auf Trab. Sie bräuchten schon ein kleines Laufband oder einen Heimtrainer anstelle Ihres Schreibtischstuhls, um während des Telefonierens Ausdauertraining zu betreiben – was keine sehr realistische Vorstellung ist!

Ausdauertraining in den Alltag integrieren

Ausdauertraining kann dennoch auch in Ihrem Alltag stattfinden. Sie müssen sich nicht notwendigerweise gezielte Sportarten aussuchen, um Ihre Fettverbrennung zu trainieren. Eine gute Gelegenheiten dazu wäre, eine Strecke von A nach B zu Fuß beziehungsweise durch eigene Muskelkraft – im mittleren Tempo – zurückzulegen. So genannte Wegleistungen. Lassen Sie beispielsweise Ihr Auto am Stadtrand stehen, wenn Sie zur Arbeit oder zum Einkaufen fahren. Gehen Sie ganz bewusst zu Fuß weiter. Oder nehmen Sie gleich das Fahrrad!
Wie wär's? Versuchen Sie doch, für Ihr Ausdauertraining im Alltag einen Bewegungsplan beziehungsweise einen ersten Entwurf zu formulieren. So wie Sie es in Step 7 (siehe ab Seite 75) von Ihrer Psychologie-Expertin Doktor Göhner gelernt haben. Da fällt mir übrigens eine unserer M.O.B.I.L.I.S.-Teilnehmerinnen ein: Sie hatte, wie ich finde, einen besonders originellen Bewegungsplan:

»Jeden Samstag, wenn ich zum Einkaufen in die Stadt fahre, stelle ich meinen Wagen grundsätzlich dort ab, wo die Parkplätze noch kostenlos sind. Das letzte Stück – immerhin rund 2 Kilometer – gehe ich zu Fuß.«

Die Teilnehmerin hat also festgelegt, *was* sie machen will: eine bestimmte Strecke zu Fuß gehen, statt mit dem Auto zu fahren. Nämlich:

das letzte Stück in die Innenstadt. Und das Ganze zurück, beladen mit Einkäufen, natürlich auch. Die Teilnehmerin hat außerdem festgelegt, *wann* sie das machen will: jeden Samstag beim Einkaufen. Ein ausgezeichnetes Ausdauertraining! Übrigens ohne großen Zeitverlust: Schließlich entfällt die Parkplatzsuche sowie das Warten vor verstopften Kreuzungen. Ausdauertraining muss also doch nicht immer zeitaufwändig sein. Und ist auf ähnliche Weise ganz bestimmt auch in Ihrem Alltag möglich. Je häufiger und je länger Sie zu Fuß oder mit dem Rad unterwegs sind, desto mehr Fett verbrennen Sie. Erinnern Sie sich an das Beispiel unserer Großeltern aus Step 2 (siehe Seite 26): Weil sie Tag für Tag dieselbe Strecke gingen, waren sie nicht zuletzt fitter und schlanker als wir.

Ausdauer-Alltagsaktivitäten tragen zur Ausgewogenheit unserer Energiebilanz bei. Erhöhen Sie deshalb Ihre Aktivitäten auf Ihren täglichen Wegen.

Ausdauertraining in der Freizeit

Für die meisten von uns ist es allerdings schwierig, unseren Körper allein über Ausdauer-Alltagsaktivitäten im gesundheitlichen Gleichgewicht zu halten. Unser straff organisierter Tagesablauf lässt wenig Raum für ausgedehnte Fußwege. Grundsätzlich aber ist es unserem Körper egal, wie wir ihn auf Trab bringen: ob durch Aktivitäten in Alltag und Beruf oder durch gezielte Ausdauersportarten in der Freizeit. Vorausgesetzt: Trainingsintensität, Trainingsdauer und Trainingshäufigkeit stimmen.

Probieren Sie es aus! Sie werden schnell feststellen, ob es ausreicht, wenn Sie lediglich Ihre täglichen Wege zu Fuß oder per Rad absolvieren. Zur Kontrolle haben Sie das 50+50-Punkteprogramm. Pro Woche sollten Sie – über kurz oder lang – mindestens 50 Bewegungspunkte erreichen. Gelingt Ihnen das bereits im Alltag, umso besser. Fehlen Ihnen Punkte, gilt es für Sie, die Differenz durch gezieltes Ausdauertraining in Ihrer Freizeit auszugleichen. Ihre Möglichkeiten sind dabei nahezu grenzenlos: Spaziergänge, Wanderungen, Fahrradtouren, Inlineskaten und so weiter – wenn Ihnen die gewählte Bewegungsform nur zusagt und Ihren Bedürfnissen entspricht.

Mit Bewegung im Alltag punkten und dabei Spaß haben.

Die Ausdauerfavoriten: Gehen und Laufen

Gehen und Laufen sind übrigens die einzig möglichen Ausdaueraktivitäten, die wir im Alltag haben. Sieht man einmal vom Fahrradfahren ab. Deshalb ist es auch so wichtig, dass wir uns täglich erneut in unserer ureigensten Disziplin üben. Mein Plädoyer für das Gehen und das Laufen bezieht sich daher ganz besonders auf den Alltag. Denn hier müssen wir fit sein und uns wohl fühlen. Aber auch als Ausdauersportart in der Freizeit sind Gehen und Laufen, vor allem in Hinblick auf die schlanke Linie, meine absoluten Favoriten!

Aus unserer Erfahrung mit den M.O.B.I.L.I.S.-Gruppen haben sich zwei Varianten des Gehens und Laufens für (stark) Übergewichtige bewährt: Walking und Nordic Walking. Vielleicht haben Sie bereits praktische Erfahrungen mit einer der beiden Ausdauersportarten sammeln können. Oder sind sogar als »(Nordic)Walker« in einer Gruppe aktiv. Falls nicht, möchte ich Ihnen beide Varianten kurz vorstellen. Und Sie natürlich zum Ausprobieren animieren!

Walking – der ideale Ausdauereinstieg

Walking ist nichts anderes als lockeres, aber zügiges Gehen. Der Bewegungsablauf dieser Ausdauersportart ist Teil Ihres täglichen Lebens. Eigentlich können Sie gleich loslegen! Achten Sie beim Gehen darauf, Ihre Füße mit der Ferse aufzusetzen und bewusst über die Zehen abzurollen. Und lassen Sie Ihre etwas angewinkelten Arme gegengleich zu den Beinen mitschwingen.

Die Belastung für Ihre Sehnen, Bänder, Gelenke und Wirbelsäule ist im Gegensatz zum Jogging sehr gering. Denn das kurze Abheben Ihres Körpers vom Boden und die anschließende harte Landung entfallen. Eine Überanstrengung Ihres Bewegungsapparats ist folglich nahezu ausgeschlossen. Außerdem können Sie die Trainingsintensität beim Walking sehr gut steuern: Je schneller Sie gehen und je kräftiger Sie Ihre Arme mitbewegen, desto stärker steigen Ihre Atmung und Ihre Herzfrequenz. Und noch ein Pluspunkt: Walking setzt keine teuren Anschaffungen voraus und ist jederzeit und überall durchführbar.

Nordic Walking – die Variante mit Stöcken

Nordic Walking hat sich innerhalb weniger Jahre als Volkssport fest etabliert. Seine begeisterten Anhänger kommen aus allen Teilen der Bevölkerung. Und überall gibt es Nordic-Walking-Treffs. Ganz bestimmt auch in Ihrer Nähe! Wie das Walking nutzt Nordic Walking die natürlichste aller menschlichen Bewegungen. Zum Gehen kommt dabei aber noch die

Legen Sie einfach los – Sie müssen beim Walking nur auf die Trainingsintensität achten.

Stockarbeit hinzu. So trainieren Sie im Vergleich zum einfachen Walking noch zusätzlich sehr effektiv Ihren Oberkörper. Denn Sie setzen Arm-, Schulter- und Brustmuskulatur stärker ein.

Sitzen Sie viel und lange vor dem Computer? Dann hilft die aktive Oberkörperarbeit, mögliche Verspannungen in Ihrer Schulter- und Nackenmuskulatur zu lösen. Mit Nordic Walking aktivieren Sie schließlich nicht nur schonend Ihr Herz-Kreislauf-System. Sondern auch über 80 Prozent Ihrer Fett verbrennenden Muskulatur. Nordic Walking ist für (stark) Übergewichtige zweifellos die beste und effektivste unter den Ausdauersportarten. Einziger Nachteil: Der Stockeinsatz erfordert am Anfang doch etwas Übung. Fangen Sie also ruhig – ohne Anleitung – mit dem einfachen Walking an. Sie können wenig falsch machen. Und probieren Sie nach ein paar Wochen – am besten unter Anleitung – die noch effektivere Variante mit Stöcken (Angebote gibt es bei fast allen Sportvereinen – erkundigen Sie sich!).

Andere Ausdaueraktivitäten ausprobieren

Es muss nicht Walking oder Nordic Walking sein! Selbstverständlich können Sie auch andere Ausdaueraktivitäten oder -sportarten in Ihrer Freizeit erfolgreich betreiben. Grundsätzlich gilt: Jede zusätzliche Bewegung, die Ihren Körper nicht überbelastet und die Ihnen Spaß macht, ist gut für Sie.

Übrigens bekommen Sie für jede ausgeübte Ausdaueraktivität wertvolle Bewegungspunkte auf Ihrem Wochenkonto gut geschrieben. Die ausführliche Bewegungspunkteliste finden Sie in Ihrem M.O.B.I.L.I.S.-Organizer (siehe Seite 5–7). Sie sehen: Schlank werden und schlank bleiben können Sie auf verschiedenste (aktive) Art und Weise.

Finden Sie heraus, was zu Ihnen passt! Ich empfehle Ihnen, in den kommenden Wochen verschiedene Bewegungsformen und Sportarten auszuprobieren. Nehmen Sie Schnupperangebote von Vereinen und Fitnessstudios wahr, bevor Sie sich festlegen.

Oder gehen Sie wieder einmal ins Schwimmbad. Wasser entlastet Ihre Gelenke, Ihre Wirbelsäule und Ihre Rückenmuskulatur. Aqua-Fitness oder Aqua-Jogging eignen sich, vor allem wenn Sie Probleme mit den Gelenken haben, bestens als Bewegungseinstieg. Und sie sind eine gute Vorbereitung für ein späteres Lauftraining.

Beachten Sie bei der Trainingssteuerung im Wasser Ihre veränderte Herzfrequenz: Sie fällt nämlich um mehr als 10 Schläge pro Minute niedriger aus, als Sie es gewohnt sind. Beispiel: Eine Herzfrequenz von 120 Schlägen pro Minute entspricht einer Belastung von 130 Schlägen pro Minute an Land! Passen Sie Ihre in Step 4 ermittelte Trainingsherzfrequenz daher für das Schwimmen und Wassertraining entsprechend an (siehe Seite 46).

Mein Tipp: Falls Ihr Schwimmstil nicht gerade perfekt ist, dann leisten Sie sich für ein bis zwei Stunden einen persönlichen Schwimmtrainer. Frischen Sie Ihre Technik auf. Fast jedes Schwimmbad vermittelt ausgebildete Schwimmlehrer.

Radfahren ist nicht nur als Alltagsaktivität ein gutes Ausdauertraining. Auch in der Freizeit können Sie damit Ihre Kondition verbessern. Gewissermaßen nebenbei fördern Sie Ihren Muskelaufbau – insbesondere an den Beinen – und trainieren Ihr Gleichgewicht. Ein weiterer Vorteil: Die Belastung während des Radfahrens ist für Ihre Gelenke sehr gering. Und eine ausgedehnte Radtour am Wochenende macht nicht nur der ganzen Familie Spaß. Sondern hält Groß und Klein gleichermaßen fit! Alternativ können Sie natürlich auch auf einem Heimtrainer in die Pedale treten.

Der Aufbau einer Ausdauertrainingseinheit

Wie könnte ein gezieltes Ausdauertraining in Ihrer Freizeit aussehen? Worauf müssen Sie achten? Ihr Training sollte grundsätzlich aus folgenden Teilen bestehen: Aufwärmen, Ausdauertraining, Abwärmen und Dehnen.

(1) **Aufwärmen:** Starten Sie immer mit einer zirka 10-minütigen Aufwärmphase. Bringen Sie Ihren ganzen Körper nach und nach behutsam in Schwung: Kreisen Sie wiederholt leicht und langsam Ihre Schultern sowie Ihre Arme. Beugen und strecken Sie Ihre Knie. Machen Sie Ihren Rücken rund und anschließend wieder lang. Gehen Sie auf der Stelle oder fahren Sie eine Runde mit dem Rad oder Heimtrainer.

(2) **Ausdauertraining:** Beginnen Sie Ihr eigentliches Training (Walking, Nordic Walking, Schwimmen, Radfahren) mit mäßigem Tempo beziehungsweise niedriger Intensität. Steigern Sie sich langsam. Und überanstrengen Sie sich nicht! Ihr Ausdauertraining sollte mindestens 15, besser aber 30 Minuten dauern. Mit der Zeit natürlich noch länger.

(3) **Abwärmen:** Lassen Sie Ihr Ausdauertraining behutsam ausklingen. Schütteln Sie sanft Ihre Arme und Beine. Spüren Sie bewusst, wie sich Ihre Herzfrequenz und Ihre Atmung normalisieren.

(4) **Dehnen:** Beenden Sie Ihr Ausdauertraining immer mit ein paar Dehnübungen für die zuvor beanspruchte Muskulatur. Nach dem (Nordic)Walking sollten Sie beispielsweise unbedingt Ihre Oberschenkelrückseite und Ihre Waden dehnen (siehe Seite 97).

Achten Sie übrigens auch auf eine der Jahreszeit angemessene Bekleidung. Ideal sind atmungsaktive Textilien, die Schweiß aufsaugen, vor Wind schützen und die Körperwärme regulieren. Und tragen Sie gute Laufschuhe. Lassen Sie sich am besten ausführlich im Sportfachgeschäft beraten.

Nicht vergessen: die richtige Trainingsintensität!

Ob Sie nun tägliche Wege im Alltag oder gezielte Sportarten in der Freizeit für Ihr Ausdauertraining nutzen: Denken Sie an die richtige Trainingsintensität! Setzen Sie um, was Sie in Step 4 gelernt haben. Machen Sie von Ihren drei Hilfsmitteln zur Trainingssteuerung Gebrauch und fragen Sie sich immer wieder: »Wie fühle ich mich, wie atme ich und wie schlägt mein Herz?«

Mit Ausdauertraining punkten

Wie viel Ausdauertraining aber ist notwendig, um schlank zu werden und schlank zu bleiben? Das hängt letztlich natürlich ganz von Ihrer Energiebilanz ab. Sie müssen Ihre Ernährung in die Frage mit einbeziehen:
Gehen wir idealerweise davon aus, Sie setzen Ihre M.O.B.I.L.I.S.-Ernährungsempfehlungen in einer Woche vollständig um und schaffen 50 Ernährungspunkte. Dann verbleiben genau 50 Bewegungspunkte. Diese Anzahl entspricht

in etwa einer gezielter wöchentlichen Aktivität von 2.500 Kilokalorien (Arbeitsumsatz) oder einer wöchentlichen Trainingszeit von zirka sechs Stunden. Zugegeben: Das erscheint auf den ersten Blick ziemlich viel! Für Ihre Gesundheit, Fitness und schlanke Linie gibt es langfristig aber keine Alternative. Die 50-Punkte-Bewegungsmarke sollten Sie, über kurz oder lang, auf jeden Fall erreichen. Und anschließend dauerhaft beibehalten!

Bewegungspunkte sammeln

Doch schauen wir uns die Bewegungspunkte einmal genauer an: Wie Sie wissen, können Sie Ihren Alltag recht einfach bewegter gestalten und damit schon wertvolle Punkte sammeln. Am effektivsten mit Alltags-Ausdaueraktivitäten: Würden Sie beispielsweise täglich – eine Viertelstunde hin und eine Viertelstunde zurück – mit dem Rad zur Arbeit fahren, kämen Sie schon auf 15 Bewegungspunkte pro Woche. Rechnen wir noch 6 Punkte durch Kräftigungsübungen hinzu, verbliebe ein Rest von 29 Bewegungspunkten. Mit einer vierstündigen Fahrradtour am Sonntag (24 Punkte) sowie jeweils einer 30-minütigen Walking-Einheit am Dienstag und Freitag (6 Punkte), wäre Ihr Wochenkonto schließlich mit 51 Punkten ausgeglichen (siehe Aktivitätsliste, M.O.B.I.L.I.S.-Organizer, Seite 5–7). Sie sehen also: Die 50-Punkte-Bewegungsmarke ist durchaus zu schaffen!

Allerdings erhöht sich die Bewegungssumme, wenn Sie auf der Ernährungsseite weniger als 50 Punkte pro Woche gesammelt haben. Damit Sie trotzdem abnehmen, müssen Sie die fehlenden Punkte bis zur 100 durch gezieltes Ausdauertraining ausgleichen. Sie haben es wie immer selbst in der Hand.

PROFESSOR BERGS GESUNDHEITSBONUS

Die Körperkomposition macht's!

Gene und Lebensstil bestimmen die Zusammensetzung unseres Körpers. Ihre beste Freundin kann exakt das gleiche (Über-)Gewicht haben wie Sie, dabei aber ganz unterschiedliche Anteile von Fett- und Muskelmasse besitzen. Ein Zuviel an Fettmasse bedeutet ein Risiko für Herz und Kreislauf sowie für den Stoffwechsel. Ein Mehr an Muskelmasse dagegen Schutz vor Wohlstandskrankheiten.

Mein Gesundheitstipp: Halten Sie durch regelmäßige körperliche Aktivität das Verhältnis von Fett- und Muskelmasse im Gleichgewicht. Über Ausdauertraining zwingen Sie Ihren Körper, Fette aus Ihrem Fettgewebe freizugeben und diese dann in Ihrer Muskulatur zu verbrennen.
Mit Kräftigungstraining bewirken Sie, dass Ihre Muskelmasse erhalten oder sogar vergrößert wird. Damit erhöhen Sie den Energieverbrauch in Ihrer Muskulatur. Sie haben so bekanntlich einen höheren Grundumsatz und sind in der Lage, bei Bedarf mehr Fette und Kohlenhydrate in Ihrer Muskulatur abzubauen. Fazit: Zum Schlankwerden und Schlankbleiben brauchen Sie beides: Ausdauer und Kraft.

Langsam anfangen ...

Denken Sie an unser M.O.B.I.L.I.S.-Motto: »Langsam anfangen, lässig steigern und langfristig dabei bleiben!« Das gilt natürlich auch für Ihr Ausdauertraining und das 50+50-Punkteprogramm. Wenn Sie lange Zeit körperlich nicht aktiv waren, sollten Sie Ihr Bewegungswochenziel zunächst sehr viel niedriger ansetzen. Beginnen Sie die ersten Wochen ruhig mit 15 oder 20 Bewegungspunkten. Fangen Sie mit Spazierengehen an. Erhöhen Sie nach und nach Ihre Ausdaueraktivitäten. Tasten Sie sich ohne Zeitdruck an die 50-Punktemarke heran. Sie werden Erfolg haben: nicht besonders schnell, dafür aber langfristig.

Wissenstest

Für Ihre Gesundheit, Ihre Fitness und Ihre schlanke Linie gibt es kaum etwas Besseres als Ausdauertraining. Bestimmt wissen Sie nach dem heutigen Step warum.

(1) Welche positiven Effekte haben Ausdaueraktivitäten?
(2) Wie können Sie Ihre Ausdauer im Alltag trainieren?
(3) Warum ist Walking besonders gut für Ihren Trainingseinstieg?
(4) Welche Vorteile hat Nordic Walking gegenüber dem einfachen Walking?
(5) Wie sollte Ihre Ausdauertrainingseinheit aufgebaut sein?

Praktische Aufgabe

Führen Sie die beiden nachfolgenden Übungen heute oder morgen durch und protokollieren Sie Ihre zurückgelegten Wegstrecken.

Wegstrecken im Alltag

- Gehen Sie einen Tag lang alle Kurzstrecken zu Fuß, die Sie sonst mit dem Auto, mit öffentlichen Verkehrsmitteln, Aufzug oder Rolltreppe zurücklegen.
- Notieren Sie die Wegstrecken und die jeweilige Start- beziehungsweise Ziel-Uhrzeit im Wegstreckenprotokoll. Ermitteln Sie die jeweilige Dauer.
- Bilden Sie am Ende des Tages die Gesamtsumme. Je länger Sie zu Fuß unterwegs waren, umso besser. Ab einer Dauer von 15 Minuten gibt es Punkte!

Walking

- Gehen Sie 15 bis 30 Minuten walken!
- Wärmen Sie sich vorher auf (siehe Seite 94).
- Bewegen Sie sich in der für Sie richtigen Trainingsintensität. Beenden Sie Ihr Training spätestens, wenn es Sie anstrengt.
- Wärmen Sie sich anschließend ab. Vergessen Sie dabei nicht Oberschenkelrückseite und Waden zu dehnen.
- Tragen Sie in das Protokoll ein, wie lange Sie unterwegs waren. Im 50+50-Punkteprogramm erhalten Sie für 15 Minuten Walking 1,5 Bewegungspunkte.

1 DEHNEN

- Gehen Sie in Schrittstellung. Verlagern Sie dabei Ihr Gewicht auf das hintere Bein. Ihre Hände legen Sie auf Ihre Oberschenkel.
- Beugen Sie Ihr hinteres Bein und ziehen Sie die Zehen Ihres vorderen gestreckten Beins zum Körper. 1
- Verlagern Sie Ihren Oberkörper nach vorne, bis Sie eine leichte Dehnung in Ihrer Wade und Ihrer Oberschenkelrückseite spüren.
- Halten Sie diese Position zirka 20 Sekunden. Dann lösen Sie die Spannung sanft wieder auf.
- Wiederholen Sie die Dehnung nach etwa einer Minute mit demselben Bein.
- Dehnen Sie im Anschluss das andere Bein.

M.O.B.I.L.I.S.-Wegstreckenprotokoll

Datum: ....

Start-Uhrzeit	Ziel-Uhrzeit	Wegstrecke im Alltag (Übung 1)	Dauer (in Min.)
		Tagessumme Wegstrecken im Alltag	

Start-Uhrzeit	Ziel-Uhrzeit	Walking (Übung 2)	Dauer (in Min.)

Step 9 erfolgreich durchgeführt?

Wissenstest bestanden
am: ....

Praktische Aufgabe erfüllt
am: ....

10 Essen und trinken – beides muss stimmen

Im Vergleich zu unseren Essgewohnheiten lassen sich Trinkgewohnheiten relativ leicht verändern. Das bestätigen die Erfahrungen aus unseren Gruppen. »Mit der Trink-Empfehlung habe ich überhaupt keine Probleme. Das klappt wirklich ausgezeichnet!«, berichten die meisten unserer M.O.B.I.L.I.S.-Teilnehmer. Und Ihnen wird es bestimmt ähnlich ergehen. Welche Trinkmenge empfehlenswert ist, wie Sie diese am besten über den Tag verteilen und vor allem welche Getränke es sein sollten, erfahren Sie auf den folgenden Seiten.

ALLE ACHTUNG! Sie sind schon bei Step 10. Nur noch wenige Schritte trennen Sie jetzt von Ihrem Schlankheitsdiplom. Dann sind Sie Ihr eigener Schlankheitsmanager und können anfangen zu punkten.

Seit Ihrem Einstieg in das Schlankheits-Training haben Sie eine ganze Menge gelernt. Voraussetzung für Ihren Erfolg aber ist die Umsetzung Ihres neuen Wissens. »Ja, schon gut, dafür gibt es schließlich das 50+50-Punkteprogramm!«, werden Sie jetzt denken. Sie warten nur darauf, dass Sie loslegen können. Richtig? Doch je mehr Sie heute schon üben, desto einfacher wird Ihnen die Anwendung in ein paar Tagen fallen. Nehmen Sie beispielsweise die M.O.B.I.L.I.S.-Ernährungsempfehlungen: Im 50+50-Punkteprogramm werden sie Ihnen täglich begegnen. Drei Ernährungsempfehlungen kennen Sie schon: die Gemüse-Obst-Empfehlung (Step 3), die Fett-Empfehlung (Step 5) und die GLYX-Empfehlung (Step 8). Vermutlich finden Sie die Empfehlungen unterschiedlich schwer. Das hängt natürlich mit Ihren ganz persönlichen Vorlieben und Gewohnheiten zusammen. Freuen Sie sich über die vermeintlich »leichten« Empfehlungen. Und arbeiten Sie an den »schweren«.

Im heutigen vorletzten Ernährungsstep dreht sich alles um das (richtige) Trinken. Ein zentrales Thema für das Schlankwerden und Schlankbleiben. Trotzdem werden die Getränke in herkömmlichen Diäten oft vernachlässigt oder sogar vergessen. Das ist fatal, denn: »Essen und trinken – beides muss stimmen!« Wussten Sie, dass Sie sich mit der richtigen Auswahl und Menge an Getränken sogar schlank trinken können? Wie, das erfahren Sie von Professor Hamm, der Ihnen alles Wissenswerte zum Thema Trinken verrät.

Expertenwissen

von Professor Michael Hamm

Die goldene Regel für ein gesundes Schlankwerden lautet: »Wer weniger isst, muss mehr trinken.«

Mogeln ist gefährlich

Rasch ein paar Kilo weniger auf der Waage: durch Flüssigkeitsverlust nach schweißtreibenden sportlichen Aktivitäten, nach Saunagängen oder nach harntreibenden Medikamenten. Kennen Sie die Wassertricks? Haben Sie diese auch schon angewandt? Mit dem erhofften Fettabbau – dem eigentlichen Zweck jedes Abnehmvorhabens – hat dieser faule Zauber rein gar nichts zu tun. Im Gegenteil!

Damit Herz, Kreislauf und Nieren richtig funktionieren, müssen Sie während des Abnehmens ausreichend trinken.

Wasser ist Leben

Wasser ist nach Sauerstoff die wichtigste Voraussetzung für unser Leben. Im Notfall können wir bis zu 30 Tage ohne feste Nahrung auskommen. Drei Tage ohne Wasser sind dagegen lebensgefährlich. Wasser ist bekanntlich Hauptbestandteil unseres Körpers. Unsere Muskulatur hat wegen ihrer Stoffwechselaktivität einen besonderes hohen Wassergehalt und damit auch -bedarf. Der Wasserbestand unseres Körpers nimmt jedoch mit zunehmendem Lebensalter und wachsendem Fettgehalt ab. Hinzu kommt, dass im hohen Lebensalter das Durstgefühl nachlässt und deshalb zu wenig getrunken wird. Fazit: Sportlich Aktive und Senioren müssen besonders auf ausreichendes Trinken achten.

▶ INFO

Warum Wasser so gesund ist

Wasser ist für unseren Körper so wichtig, weil es ...

- Hauptbestandteil unseres Körpers ist.
- unseren Herz-Kreislauf in Betrieb hält (Fließfähigkeit des Blutes, Durchblutung).
- das Transportmittel zu unseren Zellen ist (Sauerstoff- und Nährstofftransport mit Hilfe der Blutflüssigkeit).
- für die Funktionsfähigkeit unserer Nieren sorgt (Ausscheidung von Stoffwechselendprodukten und sauren Fettabbauprodukten während des Abnehmens).
- Mineralstoffe für unseren Körper aufnimmt.
- unseren Körper bei Anstrengung und hoher Umgebungstemperatur durch Schwitzen abkühlt.

War Ihnen bewusst, wie wichtig Wasser für Ihren Körper tatsächlich ist? Und wie viele Ihrer Körperfunktionen vom Wasser abhängig sind? Darauf sollten Sie am besten gleich einen großen Schluck (Mineral-)Wasser nehmen.

Wie viel trinken?

Damit unser Körper richtig funktioniert, braucht er täglich 2,5 Liter Flüssigkeit. Sind wir körperlich – schweißtreibend – aktiv, kommen weitere 1 bis 1,5 Liter Wasser pro Stunde hinzu. Eine kleine Menge Wasser entsteht in unserem Stoffwechsel bei der Verbrennung von Nährstoffen. Hinzu kommt der Wassergehalt, der in (festen) Lebensmitteln steckt. So decken Obst und Gemüse einen großen Teil unseres täglichen Flüssigkeitsbedarfs ab. Entscheidend für unsere Wasserbilanz aber sind die Getränke. Sie machen täglich zirka 1,5 Liter aus. Während Sie abnehmen, sollten Sie jedoch mindestens 2 Liter pro Tag trinken.

Richtig trinken – aber was?

Wasser und Mineralwasser sind ganz klar die Durstlöscher Nummer 1 und sollten an erster Stelle Ihres Trinkplans stehen. Gefolgt von gut mit (Mineral-)Wasser verdünnten Obstsäften (im Verhältnis 1:2), möglichst ungesüßten Früchte- und Kräutertees sowie Grünem Tee und Gemüsesäften. Gegen den moderaten Genuss von bis zu 4 Tassen Kaffee pro Tag mit zirka 300–350 Milligramm Koffein ist übrigens nichts einzuwenden. Das gilt auch für Ihre Abnehmphase. Und was die lange Zeit herausgestellte entwässernde Wirkung von koffeinhaltigen Getränken (auch Schwarztee)

Während und nach dem Sport ausreichend trinken!

betrifft: Sie spielt erst bei sehr hohen Mengen eine Rolle. Es ist also nicht notwendig, im Rahmen der angegebenen Koffeinmenge, zusätzlich zur Tasse Kaffee oder zum Espresso ein Glas Wasser zu trinken. Es schadet Ihnen aber auch nicht. Im Gegenteil! Denn vermutlich trinken Sie – wie die meisten von uns – ohnehin zu wenig.

Die M.O.B.I.L.I.S.-Trink-Empfehlung

Und damit wären wir bei unserer vorletzten M.O.B.I.L.I.S.-Ernährungsempfehlung:

» Trinken Sie mindestens 2 Liter energiearme Getränke am Tag.

Die Trink-Empfehlung gibt Ihnen vor, wie viel Sie täglich trinken sollten. Sie bezieht sich aber auch, mit dem Hinweis »energiearm«, auf die Qualität Ihrer Getränkewahl. Achten Sie also auf den Zuckergehalt – auch auf den natürlichen von hochwertigen Fruchtsäften! Softdrinks sollten Sie in diesem Zusammenhang nach Möglichkeit meiden. Gegen entsprechende »Light«-Varianten beliebter Erfrischungsgetränke ist dagegen nichts einzuwenden. Vielleicht erinnern Sie sich: Ich habe Ihnen in Step 3 bereits einige Tipps zum Getränkeeinkauf gegeben. Blättern Sie doch einfach nochmal zurück (siehe Seite 37).

Alkohol bitte nur in Maßen!

Alkohol hat mit 7 Kilokalorien fast doppelt so viel Energie wie Kohlenhydrate (4 Kilokalorien). Trinken wir Alkohol, stellt der Körper unsere Fettverbrennung erst einmal hinten an. Denn er bevorzugt den Alkohol als Brennstoff. Die Nutzung von Fett als Energiequelle ist damit blockiert. Das viel beschworene Verdauungsschnäpschen nach einem üppigen Essen erleichtert nur die Fettverwertung im Darm. Dies ist allerdings die Voraussetzung dafür, dass Fett überhaupt in den Körper gelangt. Alkohol neutralisiert also keine Fettkalorien – das Gegenteil ist der Fall!

Doch damit nicht genug: Zahlreiche alkoholische Getränke sind Appetitanreger. Sie machen hungrig. Nicht ohne Grund werden sie als Aperitif gereicht. Außerdem scheiden die Nieren, wenn die Alkoholkonzentration im Körper steigt, vermehrt Wasser aus. Und zu guter Letzt fällt nach reichlichem Alkoholgenuss der Blutzuckerspiegel ab. Sie wissen, was das heißt: Hunger auf Süßes …

INFO

Alkohol und Ihre Fettbilanz

Alkoholische Getränke erschweren Ihnen die Umsetzung der M.O.B.I.L.I.S.-Fett-Empfehlung. Denn Sie werden im Rahmen des 50+50-Punkteprogramms wie fetthaltige Lebensmittel gewertet. In der Lebensmittelliste Ihres M.O.B.I.L.I.S.-Organizers finden Sie den Alkoholgehalt diverser Getränke in Gramm Fett »umgerechnet«. So hat beispielsweise eine Flasche Bier (300 ml Pilsener, Export oder Kölsch) quasi »9 Gramm Fett«. Berücksichtigen Sie bitte den Alkoholgehalt bei Ihrer Tagesfettbilanz (Protokolle)!

Während der Abnehmphase, und auch darüber hinaus, sollten Sie also unbedingt kaum Alkohol trinken. Nicht nur wegen der vielen Kalorien!
Mein Tipp: Genießen Sie – wenn überhaupt – nur ein Glas trockenen Wein oder noch besser eine Weinschorle zum Essen. Möglichst nicht öfter als ein- bis zweimal pro Woche.

Durst nicht mit Hunger verwechseln

Viele Menschen essen zwischendurch, obwohl sie besser etwas trinken sollten.
Die Wissenschaft hat dafür folgende Erklärung: Wenn wir zu wenig trinken, treten unter Umständen ganz ähnliche Symptome auf wie beim Abfall unseres Blutzuckerspiegels. Wir verlieren unsere Konzentration und werden müde. Weil wir diese Symptome falsch interpretieren, greifen wir zu Süßigkeiten und Snacks. In Wirklichkeit aber sind wir durstig.
Beantworten Sie also nicht jeden Heißhunger gleich mit Essen. Wenn zwischendurch der kleine Hunger kommt, trinken Sie zunächst einmal ein großes Glas Mineralwasser. Am besten mit wenig Kohlensäure und in kleinen Schlucken. Warten Sie dann etwas ab – meistens ist der Hunger dadurch überwunden.
Übrigens: Auch ein Glas kohlensäurearmes Mineralwasser, schluckweise vor dem Essen getrunken, wirkt wie eine kleine Hungerbremse. Probieren Sie es aus!
Und sollten Sie tatsächlich einmal in einem »Blutzuckertief« stecken, essen Sie einfach einen Apfel oder anderes frisches Obst. Damit füllen Sie gleich energiespendende Kohlenhydrate und für die Blutzirkulation benötigte Flüssigkeit wieder auf. Ganz nebenbei punkten Sie auch noch bei der M.O.B.I.L.I.S.-Gemüse-Obst-Empfehlung.

PROFESSOR BERGS GESUNDHEITSBONUS

Gewicht-Machen bringt gar nichts!

Von Sportwettkämpfen, in denen genau definierte Gewichtsklassen gegeneinander antreten, kennt man den Begriff »Gewicht-Machen«. Jeder weiß, dass hier mit Hilfe von Entwässerungstricks kurzfristig eine günstigere Gewichtsklasse erreicht wird.
Dasselbe trifft auf Diäten zu, mit denen man in nur vier Tagen drei Kilogramm abnimmt. Auch hier ist der Gewichtsverlust nur von kurzer Dauer und vor allem wird kein Körperfett reduziert. Verändert wird lediglich der Wassergehalt des Körpers. Und das bringt keinerlei Vorteile! Wasser und die in ihm gelösten Salze garantieren schließlich das Milieu, in dem sich jede Minute alle lebenserhaltenden Vorgänge abspielen.

Mein Gesundheitstipp: Verzichten Sie auf Tricks wie allzu lange Saunagänge, und lassen Sie die Finger von entwässernden Mitteln. Trinken Sie gut 2 Liter Flüssigkeit pro Tag, um Gefahren, die Wassermangel mit sich bringt, vorzubeugen: Diese reichen von Konzentrationsschwierigkeiten über depressive Stimmung bis hin zu Muskelkrämpfen und im Extremfall Herzversagen.

Regelmäßig trinken

Trinken Sie regelmäßig über den ganzen Tag verteilt! Fangen Sie morgens direkt nach dem Aufstehen an: am besten mit einem großen Glas Mineralwasser. Vergessen Sie nicht, am Arbeitsplatz ausreichend zu trinken. Stellen Sie immer eine Wasserflasche oder eine große Kanne Tee in Ihre Reichweite.

Tipp: Richten Sie sich morgens Ihre Getränke für den ganzen Tag. Mindestens 2 Liter!

Als praktisches Beispiel stellen wir Ihnen einen Trinkplaner vor. Er zeigt Ihnen exemplarisch, wie und was Sie im Laufe eines Tages trinken sollten. Selbstverständlich können Sie unsere Getränkevorschläge gegen Ihre persönlichen Favoriten austauschen. Achten Sie dabei aber unbedingt auf die M.O.B.I.L.I.S.-Trink-Empfehlung.

Viel trinken beim Sport

Da Sie ja zunehmend körperlich aktiver werden, möchte ich Ihnen abschließend noch Folgendes mitgeben: Trinken Sie beim Sporttreiben rechtzeitig. Lange bevor der große Durst kommt. Bei längeren – schweißtreibenden – Belastungen sollten Sie am besten alle 15 bis 20 Minuten zur Flasche greifen und dabei jeweils zirka 200 ml Flüssigkeit aufnehmen.

In diesem Zusammenhang übrigens besonders empfehlenswert: die gute alte Apfelschorle. Sie zählt nicht umsonst zu den beliebtesten Durstlöschern bei sportlichen Einsätzen. Denn in ihr stecken die wichtigen »Hochleistungsmineralien« Kalium, Magnesium und Calcium. Beim vermehrten Schwitzen gehen sie mit dem Schweiß verloren. Mit einer Apfelschorle füllen Sie Ihre Reserven wieder auf.

Trinkplaner

Morgens direkt nach dem Aufstehen:	1 Glas (Mineral-)Wasser	200 ml
Morgens zum Frühstück:	1 Glas Orangensaftschorle	200 ml
	1 Tasse Kaffee	125 ml
Vormittags am Arbeitsplatz:	2 Tassen Früchtetee	250 ml
	1 Glas (Mineral-)Wasser	200 ml
	1 Glas Buttermilch	200 ml
Mittags:	1 großes Glas (Mineral-)Wasser	300 ml
	1 Tasse Espresso	50 ml
Nachmittags:	1 großes Glas Apfelsaftschorle	300 ml
Abends:	2 Tassen Kräutertee	250 ml
Spätabends:	1 Glas (Mineral-)Wasser	200 ml
Tagessumme: davon 175 ml koffeinhaltige Getränke		**2.275 ml**

Mineralwasser für starke Knochen

Wenn Sie beim Abnehmen und damit verbundenem Fettsparen deutlich weniger Milch- und Milchprodukte als die in der M.O.B.I.L.I.S.-Pyramide empfohlene Menge verzehren, kann dies Ihre Calciumversorgung verschlechtern. Calcium ist der mineralische Nährstoff, der unsere Knochen fest macht. Die richtige Versorgung in jungen Jahren sorgt für eine gute Knochendichte. Sie ist der beste Schutz vor Osteoporose im Alter.

Trinken Sie am besten calciumreiches Mineralwasser (mindestens 150 Milligramm pro Liter). Achten Sie auf die Etikettangaben.

Wissenstest

Step 10 liegt hinter Ihnen. Überprüfen Sie anhand unserer Testfragen, ob Sie alles verstanden haben:

(1) Warum erzielen Sie mit »Wassertricks« keine echten Erfolge beim Abnehmen?

(2) Was sind die wichtigsten Aufgaben von Wasser?

(3) Wie viel sollten Sie
   (a) unter normalen Alltagsbedingungen,
   (b) während des Abnehmens und
   (c) bei zusätzlichem Sport trinken?

(4) Warum verwechseln wir unter Umständen Durst mit Hunger?

(5) Warum sollten Sie den Genuss von Alkohohl unbedingt einschränken?

Praktische Aufgabe

Konsequenterweise lautet Ihre aktuelle praktische Aufgabe: Führen Sie für den heutigen oder den morgigen Tag – vollständig! – unser M.O.B.I.L.I.S.-Trinkprotokoll.

Protokoll führen

- Versuchen Sie, das Protokoll sehr genau auszufüllen. Vermerken Sie jedes Getränk und dessen Trinkmenge in »ml« im dafür vorgesehenen Kästchen zur entsprechenden Zeit.
- Notieren Sie auch Getränke, die nicht auf der Liste aufgeführt sind. Hierfür sind die unteren leeren Zeilen vorgesehen.
- Werten Sie das Protokoll am Ende des Tages aus, indem Sie zunächst die Summe der jeweiligen Getränke und anschließend die Gesamtsumme in »ml« berechnen. Liegt Ihre Flüssigkeitszufuhr bei mindestens 2 Litern energiearmer Getränke (blauer Bereich = besonders empfehlenswert), haben Sie Ihre praktische Aufgabe erfüllt.
- Liegen Sie darunter, dann machen Sie die Übung bitte gleich am folgenden Tag noch einmal. Überlegen Sie, woran Ihr Vorhaben gescheitert sein könnte und wie Sie die Hürden überwinden könnten.

Im 50+50-Punkteprogramm bekommen Sie täglich 2 Punkte, wenn Sie sich an die M.O.B.I.L.I.S.-Trink-Empfehlung halten.

M.O.B.I.L.I.S.-Trinkprotokoll

Getränke	6.00–8.00 Uhr	8.00–10.00 Uhr	10.00–12.00 Uhr	12.00–14.00 Uhr	14.00–16.00 Uhr	16.00–18.00 Uhr	18.00–20.00 Uhr	20.00–22.00 Uhr	22.00–0.00 Uhr	0.00–2.00 Uhr	Summe
Wasser[1]											
Mineralwasser[1]											
Saftschorle (1:2)[1]											
Gemüsesaft[1]											
Früchtetee[1]											
Kräutertee[1]											
Grüner Tee[1]											
Schwarzer Tee											
Kaffee											
Milch (3,5 %)											
Milch (1,5 %)											
Kakao											
Buttermilch											
Saft											
Limonade											
Light-Getränke											
Bier											
Wein											
Sekt											
Schnaps											
Likör											
										Gesamtsumme in ml	

[1] diese Getränke sind uneingeschränkt empfehlenswert

Angaben zur Menge (handelsübliche Größen)

1 Wasserglas groß	= 300 ml	1 Schnapsglas	= 20 ml
1 Wasserglas	= 200 ml	1 Liter	= 1.000 ml
1 Tasse	= 125 ml		

Step 10 erfolgreich durchgeführt?

Wissenstest bestanden

am: ....

Praktische Aufgabe erfüllt

am: ....

11 In der Ruhe liegt die Kraft: Entspannungstraining

Entspannung ist für den Körper ebenso wichtig wie ein Mindestmaß an Bewegung, um fit, gesund und schlank zu bleiben. Dass Ihre Muskeln Zeit brauchen, bis sich der gewünschte Kräftigungseffekt einstellt, wissen Sie bereits. Doch auch Entspannung müssen Sie trainieren: Täglich 10 bis 15 Minuten wären ideal. Entspannen Sie am besten nach Ihrem Ausdauertraining immer mit ein paar bewussten Übungen. Das rundet Ihre körperliche Aktivität sinnvoll ab.

SIE SIND SCHON WEIT GEKOMMEN: Noch ein Step und Sie haben den Bewegungspart Ihres Schlankheits-Trainings abgeschlossen.
Was macht Ihr Ausdauertraining im Alltag? Haben Sie bereits Wegstrecken gefunden, die Sie ab sofort zu Fuß oder mit dem Rad zurücklegen können? Es gibt viele Gelegenheiten zu punkten: Sie müssen nur 15 Minuten am Stück zügig unterwegs sein. Wenn Sie kleinere Kinder haben, bringen Sie sie nicht mit dem Wagen zum Kindergarten oder zur Schule. Gehen Sie – im wahrsten Sinne des Wortes – mit gutem Beispiel voran. Zeigen Sie Ihren Kindern, dass Bewegung zum Alltag gehört. Seien Sie ein aktives Vorbild!
Schaffen Sie sich persönliche Freiräume für gezielte Ausdaueraktivitäten. Das Argument: »Ich habe keine Zeit« zählt nicht. Wir alle haben Verpflichtungen. Sei es der Beruf, die Familie oder sogar beides. Darüber hinaus aber verbleibt für jeden von uns Zeit zur freien Verfügung. Und jeder von uns entscheidet selbst, mit welchen Inhalten beziehungsweise Tätigkeiten er diese Zeit füllt.
Sie möchten schlank werden und schlank bleiben? Dann setzen Sie entsprechende Prioritäten in Ihrem Tagesablauf! Planen Sie Ihr Ausdauer- und natürlich auch Ihr Kräftigungstraining als festen Bestandteil ein. Am besten im Voraus. Ihr richtiger Umgang mit dem knappen Gut Zeit ist mitentscheidend für Ihren langfristigen Erfolg. Konzentrieren Sie sich auf das Wesentliche: Nehmen Sie sich die nötige Zeit für Ihr Training.
Auch Ruhe und Entspannung sollten Sie in Ihren Alltag einplanen. Doktor Lagerstrøm wird Ihnen im Anschluss erklären warum. Und Ihnen selbstverständlich Übungen für Ihr Entspannungstraining vorstellen.

Expertenwissen
von Doktor Dieter Lagerstrøm

»In der Ruhe liegt die Kraft!« Die Botschaft dieser alten Redensart findet in unserem modernen Alltag viel zu selten Gehör.

Entspannung kommt im Alltag zu kurz

Unsere Zeit ist laut, hektisch und schnelllebig. Wir hasten von Termin zu Termin. Lärm und Stress sind unsere täglichen Begleiter. Dabei kommen Ruhe und Entspannung meist zu kurz. Die natürliche Balance zwischen Arbeit und Erholung, zwischen Aktivität und Passivität ist aus dem Gleichgewicht geraten.
Weil wir es nicht anders gewohnt sind, nehmen wir die fehlende Ruhe – ähnlich wie den Bewegungsmangel – kaum noch wahr. Höchstens im Urlaub: Wenn wir an einem abgelegenen Platz in der Natur Erholung suchen. Paradoxerweise empfinden viele von uns die vermeintliche Stille allerdings schon nach kurzer Zeit belastend. Der Kontrast zum lärmenden Alltag ist einfach zu groß.
Und weil uns in jeder Hinsicht die Ruhe fehlt, haben wir auch verlernt, richtig zu entspannen. Ohne Frage: Ein Fernsehabend auf dem Sofa ist bequem und zerstreuend. Mit natürlicher Entspannung und Entlastung hat das Ganze allerdings wenig zu tun.

Auch Entspannen will gelernt sein

Ihr Körper braucht ganz bewusste Auszeiten, um Kraft zu schöpfen. Nur wenn Sie richtig entspannen können, bleiben Sie auf Dauer fit, gesund und letztlich auch schlank. Und das erfordert natürlich ein gewisses Training.

Das klingt nun vielleicht so, als ob sogar Entspannung mit Arbeit verbunden sei ... Ist sie aber nicht: nur mit ein bisschen Übung! Viel Arbeit und viel Zeit muss Entspannung nicht kosten. Im Gegenteil: Wenn Sie regelmäßig das Entspannen trainieren, werden Sie langfristig sogar mehr Zeit zur Verfügung haben. Weil Ihr Körper und auch Ihre Seele erholter sein werden. Und das bringt Ihnen Kraft für den Alltag.

Selbstverständlich gibt es auch eine wissenschaftliche Begründung für die Notwendigkeit, richtig entspannen zu können: Das Ganze hat sehr viel mit unseren Muskeln zu tun. Diese sind nicht nur für die (Fort-)Bewegung und den Fett- sowie Zuckerstoffwechsel verantwortlich. Sondern auch für unsere körperliche und seelische Entspannung.

Entspannung beginnt in den Muskeln

In Stress- und Gefahrensituationen spannen wir unbewusst unsere Muskulatur an. Genauso wie unsere Vorfahren vor tausenden von Jahren. Dieser Muskelreflex war eine wichtige Voraussetzung für das Überleben in einer feindlichen Umwelt: Die körperliche Hochspannung ermöglichte eine schnelle Flucht vor dem Angreifer. Sie bedeutete aber auch gezielte Vorbereitung auf einen gefährlichen Kampf. Unsere Vorfahren setzten damit die Muskelanspannung unmittelbar in Bewegung um. Waren sie anschließend wieder in Sicherheit, folgte die natürliche Entspannung: Ihre Muskeln lockerten sich – Erholung!

Im modernen Alltag ist unser Leben nur selten ernsthaft in Gefahr. Flucht und Kampf bleiben uns glücklicherweise fast immer erspart. Bedrohliche beziehungsweise unangenehme Szenarien erleben wir dennoch täglich: Auseinandersetzungen mit dem Chef, Streit mit dem Partner, finanzielle Belastungen, Ärger im Straßenverkehr und so weiter. Wir empfinden in solchen Situationen Stress, Angst oder Nervosität.

Ähnliche Gefühle hatten unsere Vorfahren beim Anblick eines wilden Raubtiers. Denn der menschliche Körper unterscheidet nicht zwischen einer akuten Bedrohung und Psychostress. Folglich ist die Reaktion in allen Fällen dieselbe: Anspannung der Muskulatur! Im Gegensatz zu unseren Vorfahren haben wir jedoch kaum eine Möglichkeit, diesen Effekt körperlich unmittelbar umzusetzen: Wir rennen nicht davon und liefern uns auch keine Zweikämpfe. Unsere Muskulatur bleibt permanent angespannt beziehungsweise verspannt, da die natürliche Erholungsphase nach Flucht oder Kampf fehlt.

Die gute Nachricht: Durch ein ausgewogenes Training in Form von Ausdauer, Kraft und Entspannung können wir dieser unangenehmen Begleiterscheinung unserer Zivilisation entgegenwirken.

Adrenalinausschüttung bewirkt Anspannung

Die Spannung unserer Muskeln wird in der Fachsprache Tonus genannt. Der Muskeltonus zeigt je nach Situation große Schwankungen: Im Tiefschlaf erreicht er seinen niedrigsten Wert. Während er unter schwerer körperlicher Arbeit und unter psychischer Belastung am höchsten ist. Der Tonus unserer Muskeln wird maßgeblich durch das Hormon Adrenalin gesteuert. In Stress- und Gefahrensituation steigt bekanntlich unser Adrenalinspiegel. Das bewirkt eine – mehr oder minder – starke Anspannung unserer Muskulatur.

Ist die »Bedrohung« schließlich vorbei, wird die Adrenalinproduktion automatisch verringert. Und unsere Muskulatur entspannt.

Wir nehmen diese Reaktion unseres Körpers in der Regel nicht unmittelbar wahr. Sondern erst im Nachhinein, wenn wir nach stressigen Tagen unter Verspannungen oder sogar Schmerzen leiden. Natürlich haben diese auch mit falscher Körperhaltung zu tun. Aber eben nicht nur! Das wird an folgendem Beispiel deutlich:

Nach langen anstrengenden Prüfungen klagen viele Menschen – vor allem Untrainierte – über Muskelschmerzen. Häufig in den Beinen, obwohl sie kaum einen Schritt gegangen sind. Warum? Die Antwort wissen Sie sicher schon: Der enorme Stress sorgt bei den Prüflingen für einen anhaltend hohen Adrenalinspiegel und damit für eine Daueranspannung ihrer Muskulatur. Die nachträglich auftretenden Muskelschmerzen sind auf diese ungewohnt starke und lange Anspannung zurückzuführen.

Verspannungen hat fast jeder von uns. Was aber haben Verspannungen mit Schlankwerden und Schlankbleiben zu tun?

Stress macht dick!

Unter Stress und psychischer Belastung haben wir den Drang, mehr zu essen. Wissenschaftler machen hierfür in erster Linie das Hormon Cortisol verantwortlich. Unser Körper produziert Cortisol – genauso wie Adrenalin – in Stress- und Gefahrensituationen. Menschen, die unter ständiger körperlicher und seelischer Anspannung stehen, haben also einen erhöhten Cortisolspiegel. Gestresste Menschen neigen damit zu Übergewicht.

Leider können wir stressigen Situationen im Alltag nicht immer entgehen …

Entspannen und bewusst Ruhepausen einlegen – das hilft beim Schlankwerden.

Doch wir haben noch eine andere Möglichkeit, auf unsere Hormone positiv Einfluss zu nehmen.

Bewusste Entspannung hilft beim Abnehmen

Eine gute Möglichkeit, Ihre Verspannungen zu lösen, ist das bewusste Anspannen und anschließende bewusste Loslassen der Muskulatur. Dadurch können Sie unmittelbar eine Adrenalinsenkung in Gang setzen. Über gezielte Muskelentspannung erreichen Sie damit auch eine seelische Entspannung. Und das hat wiederum positive gesundheitliche Auswirkungen auf Ihren Körper. Unter anderem auch auf Ihr Gewicht: Denn die Produktion von

Cortisol und weiteren Stresshormonen wird im Zustand seelischer Entspannung vermindert. Somit haben Sie keinen gesteigerten Appetit mehr und können eher abnehmen.
Entspannungstraining ist also ein weiterer unverzichtbarer Baustein im Rahmen Ihres erfolgreichen Schlankheits-Managements. Bauen Sie deshalb regelmäßig entsprechende Übungen in Ihren Alltag ein. Das wirkt meist wahre Wunder!
Bevor ich Ihnen gezielte Entspannungsübungen vorstelle, möchte ich noch auf den Schlaf zu sprechen kommen. Denn das ist die für unseren Körper zentrale Form der Ruhe und Entspannung.

Nur wer gut schläft, kann abnehmen

In unseren M.O.B.I.L.I.S.-Gruppen haben wir wiederholt Teilnehmer, die nicht richtig abnehmen. Obwohl sie sich ganz im Sinne des Programms mehr bewegen und auch gesünder essen. Im persönlichen Gespräch stellt sich dann häufig heraus: Diese Teilnehmer schlafen zu wenig.
Schlafmangel – im Extremfall Schlaflosigkeit – kann tatsächlich zu übermäßiger Leibesfülle führen. Das belegt auch eine große amerikanische Studie: Sieben bis neun Stunden Schlaf pro Nacht sind danach für unseren Körper ideal. Wer regelmäßig weniger als vier Stunden schlummert, hat dagegen ein über 70 Prozent erhöhtes Risiko für Übergewicht. Fünf Stunden Nachtruhe bedeuten ein Risiko von etwa 50 Prozent und sechs Stunden von immerhin noch 20 Prozent.

Effektive Fettverbrennung im Schlaf

Wie lässt sich das erklären? Während wir schlafen, laufen in unserem Körper hoch sen-

PROFESSOR BERGS GESUNDHEITSBONUS

Ein besseres Körperbewusstsein hilft beim Abnehmen!

In der Sporttherapie – etwa in der Herzsportgruppe – werden Entspannungselemente wie die Muskelentspannung nach Jakobson heute nahezu selbstverständlich angeboten. Denn Entspannungstraining unterstützt den Serotonin- und Dopaminstoffwechsel im Gehirn. Es aktiviert Nervenzentren im Hirnstamm, die für unsere Stimmungslage verantwortlich sind. Diese hormonähnlichen Botenstoffe beeinflussen das emotional-vegetative System günstig: Wir fühlen uns wohl und vergessen anhaltend Hungergefühle und Essensdrang!

Mein Gesundheitstipp: Nutzen Sie das Entspannungstraining, um Ihr Gewicht zu beeinflussen! Denn bei regelmäßiger Wiederholung derselben Übungen, passen sich Ihre vegetativen Zentren dem neuen Erregungsmuster an. Damit verlieren Sie allmählich auch die Erinnerung an falsche Belohnungsstrategien. Studien aus Amerika scheinen dies zu bestätigen: Personen, die mindestens 30 Minuten Yoga pro Woche machen, nehmen weniger zu und schaffen es, ohne Sport abzunehmen.

sible Reparatur- und Regenerationsvorgänge ab. Beispielsweise in den Zellen, aber auch in der Muskulatur. Unser Körper benötigt für diese Leistung ordentlich Energie. Und greift im Idealfall auf die eigenen Fettdepots zurück: Im Schlaf verbrennen wir höchst effektiv Fett! Das Ganze funktioniert allerdings nur, wenn wir uns kohlenhydratbewusst ernähren. Sie erinnern sich an Step 8: Kohlenhydrate mit einem ungünstigen GLYX-Faktor bewirken eine hohe Insulinausschüttung und blockieren die Fettverbrennung. Wählen und dosieren Sie Ihre Abendmahlzeit daher stets nach dem GLYX-Faktor (siehe ab Seite 82).

Ausgelöst wird der lebensnotwendige Reparatur- und Regenerationsstoffwechsel übrigens durch das nachtaktive Wachstumshormon. Je länger Sie schlafen, umso aktiver und wirkungsvoller ist das Hormon. Und umso mehr Fett verbrennen Sie. Der abendliche Gruß: »Schlaf gut!« erhält für Sie damit eine neue Bedeutung.

Schlafen macht satt

Wer wenig schläft, hat außerdem mehr Appetit. Das hängt mit zwei weiteren (Schlaf-)Hormonen zusammen: Leptin und Ghrelin. Während uns Leptin ein Gefühl der Sättigung vermittelt, steigert Ghrelin unser Verlangen nach Essbarem. Schlafmangel vermindert die Leptinmenge in unserem Blut und erhöht zugleich unseren Ghrelinspiegel. Wenn Sie dagegen ausgeschlafen sind, haben Sie weniger Hunger. Folglich nehmen Sie leichter ab.

Und wie schlafen Sie? Kommen Sie auf mindestens sieben Stunden Erholung pro Nacht? Oder sind es in der Regel weniger? Notieren Sie in den kommenden Tagen zur Kontrolle Ihr Schlafpensum!

Schlafstörungen sind zu einem großen Teil auf starken Stress und psychische Belastung im Alltag zurückzuführen. Sie beruhen folglich auch auf körperlichen Verspannungen. Entspannungsübungen sind somit ein wirkungsvolles Mittel gegen Schlaflosigkeit. Sollten Sie nachts regelmäßig wach liegen, empfehlen wir Ihnen ganz besonders, Ihre Entspannungsfähigkeit zu trainieren.

Entspannungstraining hat viele Gesichter

Im Bereich Entspannung gibt es sehr unterschiedliche Methoden und Techniken: autogenes Training, Yoga, Qigong, Meditation …

Sie alle tragen zur Ihrer körperlichen und Ihrer seelischen Ausgeglichenheit bei. Ein weiteres Plus: Jede Form des Entspannungstrainings schult Ihr Körperbewusstsein. Wie für Ausdauer- und Kräftigungstraining gilt: Probieren Sie aus, was zu Ihnen passt! Besuchen Sie auch hier nach Möglichkeit Schnupperstunden im Verein oder im Fitnessstudio. Das Angebot ist groß.

Ich kann Ihnen im begrenzten Rahmen dieses Steps nur eine Methode vorstellen. Weil sie besonders einfach und schnell – auch ohne professionelle Anleitung – zu erlernen ist, habe ich mich für die Muskelentspannung nach Jacobson entschieden.

Muskelentspannung nach Jacobson

Der amerikanische Arzt Professor Edmund Jacobson (1885–1976) erkannte als Erster den engen Zusammenhang zwischen Stress beziehungsweise psychischer Belastung und Muskelverspannungen. Aufgrund dieser Erkenntnis entwickelte er ein sehr wirkungsvolles Entspannungstraining: die progressive Muskelrelaxation (= fortschreitende Muskelentspannung). Seine Übungen sind nahezu überall – im Liegen, Stehen oder Sitzen – durchführbar. Sie lassen sich damit sicher auch in Ihren persönlichen Tagesablauf integrieren.

INFO

Die Jacobson-Technik

Jede Übung nach Jacobson beginnt mit Anspannung einer bestimmten Muskelgruppe. Dieser bewusste Vorgang dauert 5 bis 7 Sekunden. Anschließend wird die Anspannung abrupt gelöst. Auf diese Weise soll die Muskelspannung im zweiten und entscheidenden Schritt unter den üblichen Grundtonus gesenkt werden. Die Entspannungsphase hat eine Länge von 30 bis 60 Sekunden. Nach diesem Prinzip werden idealerweise nacheinander alle Muskelgruppen des Körpers angespannt und wieder gelockert. Pro Übung gibt es normalerweise eine Wiederholung.

Entscheidend für Ihr Entspannungstraining ist die richtige Atmung: Achten Sie stets darauf, gleichmäßig, ruhig und entspannt zu atmen: durch die Nase ein – bis tief in den Bauch hinein – und durch den Mund wieder aus.

Vorübung

Jacobson begann seine Sitzungen immer mit derselben kleinen Übung:

- Legen Sie sich hin.
- Platzieren Sie Ihre Arme seitlich neben Ihrem Körper.
- Biegen Sie den Handrücken nach oben, bis Sie ein leichtes Ziehen im Unterarm spüren. Keinen Schmerz!

Jacobsons Vorübung können Sie alternativ auch in einem Sessel mit großer Armlehne oder sogar im Stehen durchführen.
Ich kann Ihnen an dieser Stelle kein komplettes Programm nach Jacobson präsentieren. Das ist auch nicht notwendig. Für den Anfang reicht es aus, wenn Sie mit Hilfe der drei folgenden Übungen Prinzip und Technik der Muskelentspannung verstehen und anwenden lernen. Die Beispiele können Sie selbständig variieren beziehungsweise auf andere Muskelgruppen übertragen. Weiterführende Literaturempfehlungen zum Thema finden Sie im Anhang (siehe Seite 172).

Entspannung der Waden (im Liegen)

- Legen Sie sich mit dem Rücken auf eine bequeme, flache Unterlage (Gymnastikmatte, Decken).
- Nach Bedarf stützen Sie Ihre Halswirbelsäule mit Hilfe von Handtüchern oder kleinen Kissen ab.
- Schließen Sie die Augen und lassen Sie nun Ihre ganze Aufmerksamkeit in Ihren rechten Unterschenkel wandern.
- Ziehen Sie die Zehen Ihres rechten Fußes langsam in Richtung Schienbein. 1 Die Ferse bleibt auf dem Boden.
- Halten Sie nun diese Spannung rund 5–7 Sekunden.
- Lösen Sie die Anspannung anschließend abrupt.

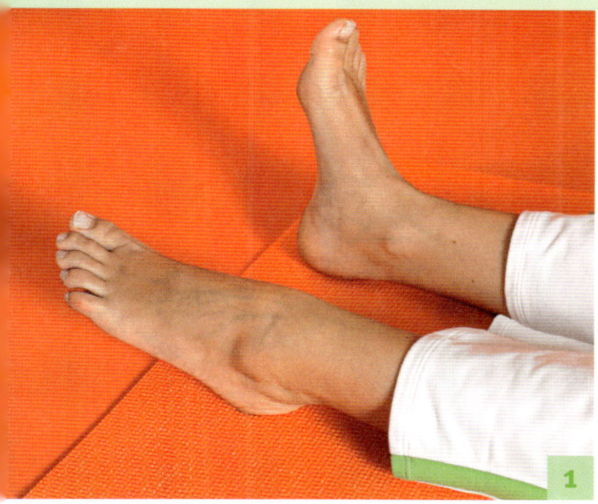

1

4

- Spüren Sie der Entspannung etwa 60 Sekunden ganz bewusst nach.
- Wiederholen Sie die Übung noch einmal mit Ihrem rechten und anschließend zweimal mit Ihrem linken Unterschenkel.

Entspannung der Schultern (im Stehen)

- Stellen Sie sich aufrecht hin – die Beine schulterbreit, die Knie leicht gebeugt.
- Verteilen Sie Ihr Gewicht auf beide Beine. Stehen Sie ganz locker. 2
- Ziehen Sie nun Ihre Schultern mit aller Kraft:
  (a) nach vorne,
  (b) nach hinten, 3
  (c) zu den Ohren.
- Halten Sie jeweils die Spannung 5–7 Sekunden.
- Lösen Sie die Anspannung bei jeder Variante abrupt.
- Spüren Sie der Entspannung etwa 30 Sekunden nach.
- Wiederholen Sie jede der drei Varianten.

2

3

Entspannung der Hände (im Sitzen)

- Setzen Sie sich aufrecht und locker hin. Ihre Knie sind etwa schulterbreit auseinander und Ihre Füße stehen senkrecht darunter. Ihre Fersen sind fest auf dem Boden. Ihre Arme hängen seitlich herab.
- Spreizen Sie die Finger mit aller Kraft. 4
- Halten Sie die Spannung 5–7 Sekunden.
- Lösen Sie die Anspannung anschließend abrupt.
- Spüren Sie der Entspannung zirka 60 Sekunden nach. Wiederholen Sie die Übung.

Damit die Übungen Wirkung zeigen, müssen sie regelmäßig von Ihnen durchgeführt werden. Nur so lässt sich die erreichte Entspannung verankern. Drei entsprechende Einheiten pro Woche sollten es anfangs mindestens sein. Sind Sie gut in Übung, reichen am Ende 5 Minuten ernsthaftes Training alle vier Tage aus, um Ihren Körper in optimaler Entspannungsbereitschaft zu halten.

Tipp: Formulieren Sie auch für Ihr Entspannungstraining einen Bewegungsplan beziehungsweise einen ersten Entwurf (siehe Step 7, Seite 75).

Zum Beispiel: »Bevor ich in die Mittagspause gehe, absolviere ich an jedem Arbeitstag auf meinem Schreibtischstuhl 10 Minuten Entspannungsübungen nach Jacobson.«

Wissenstest

Bevor Sie für heute ausspannen können, haben wir noch ein paar Testfragen für Sie:

(1) Warum kommen Ruhe und Entspannung in unserem heutigen Leben meist zu kurz?

(2) Was haben unsere Muskeln mit Entspannung zu tun?

(3) Wie hängen Stress und psychische Belastung mit Übergewicht zusammen?

(4) Warum ist ausreichend Schlaf auch für die schlanke Linie wichtig?

(5) Wie funktioniert Jacobsons Entspannungstechnik?

Praktische Aufgabe

Trainieren Sie Ihre Entspannungsfähigkeit, in dem Sie nachfolgende Übungen am heutigen oder morgigen Tag durchführen.

1 ENTSPANNEN NACH JACOBSON

- Nehmen Sie sich mindestens 15 Minuten Zeit.
- Wählen Sie einen ruhigen Platz in Ihrer Wohnung. Schalten Sie Musik, Radio oder Fernseher aus. Lassen Sie sich nicht von äußeren Eindrücken ablenken.
- Legen Sie sich bequem auf den Rücken.
- Spannen Sie nun alle Muskelgruppen der im Kasten aufgeführten Körperpartien nacheinander in der vorgegebenen Reihenfolge an. 1
- Lösen Sie die Anspannung stets abrupt nach 5 bis 7 Sekunden.

- Spüren Sie der Entspannung 30 bis 60 Sekunden lang nach.
- Lenken Sie Ihre ganze Aufmerksamkeit bewusst auf Ihre jeweils angespannte beziehungsweise entspannte Muskulatur.
- Wiederholen Sie die Übung für jede Muskelgruppe beziehungsweise Körperpartie.

Tipp: Bitten Sie Ihren Partner oder Ihre Partnerin, die Anweisungen für die Übungen zu sprechen und dabei auf die Zeitvorgaben zu achten.
Beispiel (1): »Konzentriere dich auf deine rechte Hand. Spanne jetzt deine rechte Hand an.«
Nach 5 bis 7 Sekunden: »Lasse deine Hand abrupt los. Spüre bewusst wie die Anspannung nachlässt. Fühle jede der zuvor angespannten Muskelfasern.« (Nach 30 bis 60 Sekunden folgt eine Wiederholung beziehungsweise die nächste Übung).

Im M.O.B.I.L.I.S.-Programm gibt es übrigens zwei Jacobson-Bewegungseinheiten. Hier üben unsere Teilnehmer genau nach dem vorgegebenen Schema.
Wiederholen Sie die praktische Aufgabe in den kommenden Tagen und Wochen. Regelmäßig! Am besten zur selben Tageszeit. Oder suchen Sie sich eine andere Entspannungstechnik beziehungsweise -methode.
Bewegungspunkte bekommen Sie übrigens für Ihr Entspannungstraining nicht.

Warum? Weil das 50+50-Punkteprogramm schließlich auf dem Balance-Modell von Energiezufuhr und Energieverbrauch beruht. Und der Energieverbrauch bei Entspannungsübungen leider keine Rolle spielt. Trainieren Sie trotzdem: Es lohnt sich!

Muskelgruppen/Körperpartien

(1) rechte Hand und rechter Unterarm
(2) rechter Oberarm
(3) linke Hand und linker Unterarm
(4) linker Oberarm
(5) Stirn
(6) obere Wangenpartie und Nase
(7) untere Wangenpartie und Kiefer
(8) Nacken und Hals
(9) Brust, Schultern und obere Rückenpartie
(10) Bauchmuskulatur
(11) rechter Oberschenkel
(12) rechter Unterschenkel
(13) rechter Fuß
(14) linker Oberschenkel
(15) linker Unterschenkel
(16) linker Fuß

Step 11 erfolgreich durchgeführt?

Wissenstest bestanden
am: ....

Praktische Aufgabe erfüllt
am: ....

12 Richtige Mahlzeitenverteilung und »Eiweiß-Joker«

Nur wenn wir regelmäßig essen, bleiben unsere körperlichen und geistigen Leistungen konstant. Und mindestens so wichtig: Heiß- beziehungsweise Süßhungerattacken, die uns nach ausgelassenen Mahlzeiten überfallen können, bleiben aus. Doch der eigentliche Joker dieses Kapitels heißt Eiweiß. Denn Eiweiß sorgt in Verbindung mit körperlichem Training dafür, dass Ihre Muskelmasse erhalten und der Stoffwechsel (Grundumsatz) aktiv bleibt. Außerdem sättigen eiweißreiche Lebensmittel besonders gut.

ENDSPURT! Vor Ihnen liegt der letzte Ernährungsstep. Keine wirkliche Hürde mehr für einen »Fastprofi« wie Sie. Stimmt's?
Bevor ich zum letzten Mal Ihrem Ernährungsexperten Professor Hamm das Wort übergebe, möchte ich kurz auf das Trinkprotokoll aus Step 10 zurückkommen: Haben Sie 2 Liter getrunken? Energiearme Getränke, versteht sich! Das war keine besonders schwere Übung. Oder? Schauen Sie sich das Protokoll aber noch einmal genau an. Fällt Ihnen etwas auf? Haben Sie – zwischen Aufstehen und Schlafengehen – in jeder Spalte etwas eingetragen? Sie wissen jetzt, worauf ich hinaus will: auf das regelmäßige Trinken!
Je nachdem, womit wir gerade beschäftigt sind, vergessen wir nämlich schnell, unsere Flüssigkeitsreserven aufzufüllen. Ihnen geht es da vermutlich nicht anders. Zu welchen Zeiten haben Sie nicht getrunken? Was hat Sie abgehalten? Arbeiten? Einkaufen? Putzen? Spazierengehen?
Versuchen Sie beim nächsten Mal, auch in diesen Situationen konsequent zu sein. Wenn es allerdings gar keine größeren Lücken in Ihrem Protokoll gibt, umso besser.
In den vorangegangenen Ernährungssteps haben wir uns mit den zentralen Nährstoffen Fett und Kohlenhydraten beschäftigt. Ein für Ihr Schlankwerden und Schlankbleiben wichtiger Nährstoff aber fehlt noch: das Eiweiß. Ein ganz entscheidendes Plus von eiweißreichen Lebensmitteln ist ihre gute Sättigungswirkung. Und damit sind wir schon fast beim Thema unseres heutigen Steps. Professor Hamm wird Ihnen nämlich weitere Strategien vorstellen, mit denen Ihr Schlankheits-Management noch erfolgreicher wird. Lassen Sie sich überraschen!

Expertenwissen

von Professor Michael Hamm

»Die meisten Diäten scheitern, weil man sie nicht durchhalten kann!«

FdH ist der falsche Weg

Das FdH-Prinzip ist die bekannteste und scheinbar simpelste Methode, um abzunehmen. Jeder kennt es, selbst der Diätunerfahrene. Zugleich ist sie aber die am wenigsten Erfolg versprechende Strategie gegen überflüssige Pfunde. Wer »Friss die Hälfte« praktiziert, hat eigentlich keinen Plan! Fast immer ist ein schneller Abbruch des Diätversuchs die Folge. Wer dennoch länger durchhält, riskiert am Ende einen Nährstoffmangel.
Besonders bedenklich ist es, komplett auf das Mittagessen zu verzichten. Dadurch wird oft ein ausgeprägtes Nachholbedürfnis am Nachmittag provoziert. Der ausgelöste Heißhunger macht besonders Lust auf Kuchen, Sahnetorten oder Schokoriegel. Und diese extrem figurfeindlichen Stärke-Zucker-Fett-Kombinationen heben die beabsichtigte Kalorieneinsparung natürlich wieder auf.

IdR bringt Erfolg

Selbstverständlich gibt es eine sinnvolle Alternative zu FdH, die wirklich Erfolg verspricht: »IdR«! Die vom »Gesundheitsmagazin Praxis« schon vor Jahren gestartete Gegenkampagne unter dem Motto »Iss das Richtige« haben wir bei M.O.B.I.L.I.S. wieder aufgegriffen.
Das Ziel: Die Ernährung auf vollwertige und ausgewogene Mahlzeiten umzustellen, die wenig konzentrierte Kalorien enthalten und dabei gut sättigen!

Das setzt natürlich Basiswissen voraus und macht IdR nicht ganz so einfach wie FdH. Dennoch ist IdR der richtige Weg, den wir bei M.O.B.I.L.I.S. schon seit Beginn erfolgreich beschreiten. Und wenn Sie unsere Ernährungsempfehlungen beziehungsweise das 50+50-Punkteprogramm richtig umsetzen, praktizieren Sie automatisch IdR. Welche Vorteile Sie davon im Besonderen haben, erfahren Sie auf den folgenden Seiten.

Abnehmen kann nur, wer satt ist

Rigide Nahrungsverbote sind keine Basis für Ihr erfolgreiches Schlankheits-Management. Sie lassen Ihre Gedanken ständig um Ihre selbst versagte Lieblingsspeise kreisen.

Ist der Hunger Ihr Diätbegleiter, sind alle Ihre noch so guten Vorsätze ebenfalls zum Scheitern verurteilt. Eine ganz wichtige Erfolgsstrategie für Ihr Schlankwerden und Schlankbleiben lautet daher: Essen Sie nicht weniger, sondern anders. Und wenn Sie auf die richtigen Nahrungsbestandteile setzen, dürfen Sie sogar mehr essen als zuvor!

Ballaststoffreiche Ernährung

Wie schaffen Sie es, mehr auf Ihrem Teller zu haben und dabei weniger Kalorien zu sich zu nehmen? Das Geheimnis liegt wieder in der richtigen Auswahl Ihrer Lebensmittel. Das Zauberwort heißt »ballaststoffreich«. Um gut satt zu werden, brauchen Sie Lebensmittel mit einem großen Nahrungsvolumen wie Gemüse, Salate, wasserreiches Obst, grobkörnige Vollkornprodukte und Hülsenfrüchte. Diese Lebensmittel haben auch einen günstigen GLYX-Faktor. Detaillierte Angaben zum Ballaststoffgehalt gängiger Lebensmittel finden Sie in Ihrem M.O.B.I.L.I.S.-Organizer.

Am Tag sollten es mindestens 30 Gramm Ballaststoffe sein. Setzen Sie auf diese Satt- und Schlankmacher mit der geringen Energiedichte. Denken Sie bei der Gelegenheit auch daran, ausreichend zu trinken. Denn genug Flüssigkeit hat einen ganz ähnlichen Effekt (siehe Seite 102). Am wenigsten satt machen konzentrierte Kalorien in Form von Fett, Alkohol, Stärke und Zucker. Essen Sie davon so wenig wie möglich!

Hunger und Sättigung

Hunger ist ein lebensnotwendiges Signal: Es veranlasst uns, Nahrung aufzunehmen. Sättigung ist ein Stoppsignal, das unsere Nahrungsaufnahme beenden soll. Diese Reaktion ist allerdings weniger zuverlässig als der Hunger. Leider funktioniert sie nur richtig bei einem täglichen Mindestenergieverbrauch im Bereich von 2.500 bis 3.000 Kilokalorien. Das ist natürlich deutlich mehr als ein körperlicher »Leichtarbeiter« – also die große Mehrheit von uns – an Energie umsetzt.

Wenn Sie ebenfalls einer überwiegend sitzenden oder körperlich wenig anstrengenden Tätigkeit nachgehen, möchte ich hier noch einmal alle Sättigungstipps zusammenfassen, die ich in den vorangegangenen Ernährungs-Steps schon erwähnt habe. Sie können sich nämlich auch ohne den großen Mindestenergieverbrauch unserer Vorfahren satt fühlen:

- Genießen Sie stets langsam, indem Sie gut kauen und jeden Bissen auskosten. Denn erst 20 Minuten nach Beginn des Essens registriert Ihr Gehirn die ersten Sättigungssignale aus dem Stoffwechsel.
- Essen Sie große Portionen volumenreicher (ballaststoffreicher) Lebensmittel.

- Bevorzugen Sie Nahrungskohlenhydrate mit günstigem GLYX-Faktor (siehe Seite 82). So beugen Sie Heißhunger vor.
- Trinken Sie schluckweise ein großes Glas (Mineral-)Wasser, anstatt immer gleich zur festen Nahrung zu greifen (siehe Seite 102).
- Setzen Sie beim Abnehmen auf eiweißreiche Lebensmittel (Fisch, Käse, Quark, Fleisch und Ei sowie eiweißreiche Trinknahrungen), denn Eiweiß sättigt gut.

Haben Sie's bemerkt? Den letzten der Tipps kannten Sie bisher noch nicht. Darauf möchte ich aber erst ganz zum Schluss eingehen. Schließlich ist Eiweiß unser Joker. Und der wird bekanntlich immer zuletzt ausgespielt! Zunächst möchte ich mich noch dem Thema richtige Mahlzeitenverteilung zuwenden.

Mahlzeiten richtig verteilt

Während Sie abnehmen, ist es besser, sich auf drei feste Mahlzeiten – Frühstück, Mittagessen und Abendessen – zu beschränken. Denn manchmal ist es leichter, eine (Zwischen-) Mahlzeit ganz auszulassen, als eine begonnene Mahlzeit rechtzeitig zu beenden. Das fehlende Sättigungssignal des Körpers ist auch hier das Problem. Ein weiterer Vorteil: Ihre Verdauung wird durch die verteilte Aufnahme von drei Mahlzeiten entlastet. Im Bedarfsfall rate ich zu kleinen Zwischenmahlzeiten:

- ein Apfel,
- zwei bis drei Käsewürfel,
- ein paar Oliven,
- einige Nüsse oder Kürbiskerne,
- ein paar Stücke Trockenobst,
- Naturjoghurt und
- Vollkornbrot mit fettarmem Käse.

Ein kleiner Imbiss ist bei Bedarf möglich.

Die M.O.B.I.L.I.S.-Mahlzeiten-Empfehlung

» Halten Sie sich an 3 feste Mahlzeiten am Tag, und essen Sie nur im Bedarfsfall kleine Zwischenmahlzeiten.

So lautet die fünfte und letzte M.O.B.I.L.I.S.-Ernährungsempfehlung. Damit kennen Sie nun alle unsere Ernährungsempfehlungen. Für die Anwendung des 50+50-Punkteprogramms sind Sie also bestens vorbereitet.
Wie Sie die Mahlzeiten-Empfehlung mit Inhalten füllen, habe ich Ihnen in den vorangegangenen Steps gezeigt. Bliebe die Frage: Gibt es Mahlzeiten-Empfehlungen für bestimmte Tages- beziehungsweise Uhrzeiten? Sollten Sie beispielsweise abends leichte Kost bevorzugen? Oder ist das prinzipiell egal?

Mahlzeitengestaltung im Tagesverlauf

Grundsätzlich gilt: Essen Sie angemessen! Haben Sie beispielsweise eine ausgedehnte Wanderung oder Fahrradtour hinter sich, kann Ihr Abendessen üppiger ausfallen, als wenn Sie nach einem langen Arbeitstag aus dem Büro nach Hause gekommen sind.

Was die körperliche Leistungsbereitschaft betrifft, haben die meisten Menschen ein Vormittagshoch, ein Mittagstief und ein zweites (kleineres) Nachmittagshoch. Das sollten Sie bei Ihrer Mahlzeitengestaltung im Tagesverlauf wie folgt berücksichtigen:

Damit Sie vormittags fit und leistungsfähig sind, sollte Ihr Frühstück aus einer Kohlenhydrat-Eiweiß-Kombination bestehen: Müsli ohne Zuckerzusatz mit Obst und Joghurt.

Ihrer Mittagsmüdigkeit beugen Sie mit einer eiweißbetonten Mahlzeit vor. Wählen Sie einen gemischten Salat mit Geflügelfleisch, einen gedünsteten Fisch mit Gemüse oder einfach mageren Quark mit frischen Früchten.

Um abends entspannen und anschließend gut einschlafen zu können, ist eine leichte Kohlenhydrat-Mahlzeit mit günstigem GLYX-Faktor (siehe ab Seite 82) angesagt: zum Beispiel Spaghetti mit einer fettarmen Gemüsesoße.

Treiben Sie am frühen Abend Sport, können Sie sich zuvor ruhig einen kleinen Kohlenhydratsnack genehmigen: Obst mit Joghurt oder einen Müsliriegel. Nach Beendigung Ihrer Aktivität sollten Sie allerdings zunächst (1–1,5 Stunden) nur Wasser trinken. Denn mit kohlenhydrathaltigen Getränken würden Sie die verbrauchten Kalorien schnell wieder auffüllen. Gleichzeitig geriete Ihre aktivierte und noch weiter ablaufende Fettverbrennung ins Stocken. Das können Sie vermeiden!

PROFESSOR BERGS GESUNDHEITSBONUS

Brauchen wir Appetitzügler?

Die Antwort lautet: Nein! Natürlich gibt es Einzel- oder Extremfälle, für die – immer nur in Absprache mit dem behandelnden Arzt! – eine medikamentöse Behandlung von sehr starkem Übergewicht (Adipositas Grad III) sinnvoll sein kann. Doch sehen Sie solche Maßnahmen nur als letzte Möglichkeit. Unkontrollierte Selbstversuche können unwirksam, gefährlich oder gar tödlich sein! So bergen Appetitzügler mit dem Wirkstoff Ephedrin aufgrund ihrer Nebenwirkungen ein hohes Risiko und führen außerdem zur Gewöhnung. Ebenso wie Entwässerungstabletten (Diuretika) und Abführpulver. Jodhaltige Wirkstoffe, Enzympräparate, Kaktus- und Pilzextrakte wie auch Fettbinder sind kaum oder gar nicht wirksam. Und so genannte MCT-, CLA-, Carnitin- und Aminosäure-Präparate sind in der Regel nicht ausreichend oder nicht kontrolliert geprüft.

Mein Gesundheitstipp: Lassen Sie besser die Finger von Appetitzüglern & Co! Arbeiten Sie stattdessen weiter daran, Ihren Lebensstil zu verändern. Sie schaffen das!

Abschließend möchte ich Ihnen nun endlich den versprochenen und am Rande bereits immer wieder aufgetauchten Joker ausgeben:

Den Eiweiß-Joker ausspielen

Bei Ihrem Vorhaben, schlank zu werden und schlank zu bleiben, darf das Eiweiß (Fachbegriff = Protein) auf keinen Fall zu kurz kommen! Denn genügend Eiweiß in Verbindung mit kräftigenden Übungen ist der beste Schutz vor unerwünschtem Muskelabbau, während Sie abnehmen. Wenn Sie den Eiweiß-Joker gezielt einsetzen, wird es die leidvolle Feststellung: »Ich nehme nur da ab, wo ich es eigentlich gar nicht will!« für Sie nicht geben.

Trotz gleichen Energiegehalts von Eiweiß und Kohlenhydraten – 4 Kilokalorien pro Gramm – steht unserem Organismus bei der Verwertung von Eiweiß weniger Energie zur Verfügung als bei den Kohlenhydraten. Das hängt mit der stoffwechselbedingten Wärmebildung (Thermogenese, siehe Seite 18) zusammen. Wenn Sie beim Abnehmen mehr Eiweiß essen, verheizen Sie quasi einen bestimmten Anteil an Energie.

Das dritte Argument für den Eiweiß-Joker habe ich Ihnen bereits mehrfach genannt: Eiweiß sättigt besonders gut!

Neben fettgesund und kohlenhydratbewusst lautet daher die dritte zentrale M.O.B.I.L.I.S.-Ernährungsempfehlung: eiweißbetont.

Was bedeutet das für Ihren Alltag? Geben Sie dem Nahrungseiweiß während des Abnehmens einen leichten Vorzug. Halten Sie sich an die Vorgaben der M.O.B.I.L.I.S.-Ernährungspyramide, dann liegen Sie richtig!

Wie viel Eiweiß in gängigen Lebensmitteln steckt, können Sie außerdem in der Liste Ihres M.O.B.I.L.I.S.-Organizers nachlesen.

Tierisches oder pflanzliches Eiweiß?

Ein Nahrungseiweiß ist als Aufbaumaterial für körpereigenes Protein umso besser geeignet, je mehr es in seinem Bausteinmuster (seiner Aminosäurenzusammensetzung) unserem menschlichen Bauplan entspricht. Das Eiweiß hat in diesem Fall eine hohe biologische Wertigkeit. Tierische Eiweißquellen wie Ei, Fisch, Fleisch, Milch und Käse schneiden besonders gut ab. Aber auch Sojaprodukte kann man in ihrer biologischen Wertigkeit hoch einstufen.

Der Nachteil von tierischem Eiweiß: Es wird oft von Fett und Cholesterin begleitet. Pflanzliche Eiweißquellen wie (Vollkorn-)Getreideprodukte und Hülsenfrüchte – aber auch Nüsse und Kerne – versorgen unseren Körper dagegen neben Eiweiß zusätzlich mit Ballaststoffen und Magnesium.

Ich rate Ihnen daher zu einem ausgewogenen Verhältnis von tierischen und pflanzlichen Proteinquellen in Ihrem Ernährungsalltag. Die Kombination macht's! Pflanzliches und tierisches Eiweiß in einer Mahlzeit – zum Beispiel Vollkornbrot mit Käse – ergänzen sich nämlich in ihren Aminosäuren-Bausteinmustern in idealer Weise.

Eiweiß und Fett: ein unzertrennliches Paar

Sie haben es gerade schon gehört: Eiweiß und Fett treten häufig gemeinsam auf. Mit Ausnahme der an wertvollen Omega-3-Fettsäuren reichen Meeresfische – Lachs, Makrele, Hering, Thunfisch und Sardine – sollten Sie bei Lebensmitteln deshalb stets das jeweilige Eiweiß-Fett-Verhältnis im Auge behalten. Nehmen Sie dazu bitte wieder Ihren Organizer zu Hilfe. Hier möchte ich nur einige Beispiele für das Eiweiß-Fett-Verhältnis aufzeigen. Die An-

gaben in Klammern sind pro Gramm Eiweiß mitgeliefertes Fett in Gramm.
Fettarm sind beispielsweise Eiklar (0,02 g), Magerquark (0,02 g), Magermilch mit 0,3 % Fettgehalt (0,03 g), Hülsenfrüchte (0,06 g) und Brot (0,16 g). Im mittleren Bereich liegen Eiernudeln (0,22 g), Rindfleisch (0,40 g) und Schweinefleisch (0,50 g). Fettreich sind Hühnerei (0,87 g), Milch mit 3,5 % Fettgehalt (1,09 g) Hühnereigelb (1,98 g), Bratwurst (2,77 g) und Kartoffelchips (7,00 g).

Sie kennen jetzt Ihren Joker. Und Sie wissen hoffentlich auch mit seinen (Fett-)Tücken umzugehen. Vergessen Sie nicht, Ihren »Eiweiß-Joker« auszuspielen.

Wissenstest

Im letzten Ernährungsstep hat Ihnen Professor Hamm weitere Strategien für Ihr erfolgreiches Schlankheits-Management vorgestellt. Hier die dazugehörigen Testfragen:

(1) Was sind die Nachteile von FdH?
(2) Warum sollen Sie mehr und nicht einfach weniger essen?
(3) Was sind die wichtigsten Sättigungstricks?
(4) Was spricht für drei Mahlzeiten am Tag?
(5) Warum ist Eiweiß beim Abnehmen so wichtig und ein regelrechter Joker?

Praktische Aufgabe

Führen Sie für den heutigen oder den morgigen Tag das Mahlzeitenprotokoll nach den Prinzipien ballaststoffreich und eiweißbetont.

M.O.B.I.L.I.S.-Mahlzeitenprotokoll

- Tragen Sie zunächst die Uhrzeit der jeweils eingenommenen Mahlzeit ein.
- Haken Sie dann ab, ob Sie ballaststoffreiche beziehungsweise eiweißbetonte Lebensmittel verzehrt haben.
- Die für einen Tag empfohlenen Verzehrmengen (für Eier und Hülsenfrüchte gelten Wochenangaben) entnehmen Sie bitte der M.O.B.I.L.I.S.-Ernährungspyramide (siehe vordere Buchinnenklappe).
- Achten Sie trotz eiweißbetonter Mahlzeiten auch auf den Fettgehalt der jeweiligen Lebensmittel. Die M.O.B.I.L.I.S.-Fett-Empfehlung hat Priorität!
- Bei Bedarf können Sie kleine Zwischenmahlzeiten (siehe Seite 119) einschieben.

Die praktische Aufgabe gilt als erfüllt, wenn Sie drei feste Mahlzeiten hatten und pro Mahlzeit mindestens ein ballaststoffreiches und ein eiweißbetontes Lebensmittel verzehrt haben. Im 50+50-Punkteprogramm bekommen Sie täglich 2 Punkte, wenn Sie sich an die M.O.B.I.L.I.S.-Mahlzeiten-Empfehlung halten. Die Prinzipien ballaststoffreich und eiweißbetont werden nicht direkt bewertet.

M.O.B.I.L.I.S.-Mahlzeitenprotokoll

FRÜHSTÜCK	Datum, Uhrzeit: ....
***ballaststoff*reich**	***eiweiß*betont**
☐ Gemüse	☐ fettarme Milch/Milchprodukte
☐ Salat	☐ (Meeres-)Fisch
☐ wasserreiches Obst	☐ mageres Fleisch
☐ grobkörnige Vollkornprodukte	☐ Sojaprodukte
	☐ Eier | ☐ Hülsenfrüchte
MITTAGESSEN	**Uhrzeit: ....**
***ballaststoff*reich**	***eiweiß*betont**
☐ Gemüse	☐ fettarme Milch/Milchprodukte
☐ Salat	☐ (Meeres-)Fisch
☐ wasserreiches Obst	☐ mageres Fleisch
☐ grobkörnige Vollkornprodukte	☐ Sojaprodukte
	☐ Eier | ☐ Hülsenfrüchte
ABENDESSEN	**Uhrzeit: ....**
***ballaststoff*reich**	***eiweiß*betont**
☐ Gemüse	☐ fettarme Milch/Milchprodukte
☐ Salat	☐ (Meeres-)Fisch
☐ wasserreiches Obst	☐ mageres Fleisch
☐ grobkörnige Vollkornprodukte	☐ Sojaprodukte
	☐ Eier | ☐ Hülsenfrüchte
ZWISCHENMAHLZEITEN nur bei Bedarf	
Wann? (Uhrzeit)	**Was?** (Lebensmittel)
1	
2	
3	
4	
5	

Step 12 erfolgreich durchgeführt?

Wissenstest bestanden
am: ....

Praktische Aufgabe erfüllt
am: ....

13 Für jede **Situation** gewappnet – die große **Notfallbox**

Wie wichtig ein präziser, passender, praktikabler und wirksamer Plan ist, wissen Sie bereits! Doch wie sieht es mit der Umsetzung der Ernährungs- und Bewegungspläne aus? Jeder von uns kennt das Problem: Wir nehmen uns etwas vor. Ganz fest! Und verwirklichen es dann doch nicht … Woran liegt das? Im Alltag können jederzeit Hindernisse oder Barrieren auftreten. Uns bekannte oder solche, mit denen wir gar nicht gerechnet haben. Mit den richtigen Gegenstrategien beugen Sie diesen Hindernissen sinnvoll vor.

»MACHEN SIE BITTE, dass ich abnehme. Schließlich sind Sie die Experten.« Mit solchen und ähnlichen Erwartungen kommen Teilnehmer immer wieder in unsere M.O.B.I.L.I.S.-Gruppen. Sie haben (noch) nicht verstanden, dass der langfristige Erfolg allein von ihnen abhängt.

In diesem Zusammenhang möchte ich Ihnen eine kleine Geschichte aus der M.O.B.I.L.I.S.-Praxis erzählen: Eine unserer Gruppen hatte ihren Sitzungsraum im dritten Stock eines Klinikgebäudes. Bei einem der ersten Treffen beschlossen die Teilnehmer einstimmig – motiviert durch ihre Trainer – zukünftig immer die Treppe zu nehmen. Ein guter Plan! Dessen ungeachtet schlüpften einige Wochen später zwei Teilnehmer in den Fahrstuhl. Und wählten den vierten Stock, um über die Hintertreppe einen Stock zurückzugehen. Sie waren recht stolz darauf, dass es zunächst niemand merkte …

Und die Moral von der Geschichte: Unsere Trainer können zwar Hilfestellung geben und Strategien vermitteln. Die eigentliche Arbeit und Umsetzung im Alltag aber muss jeder Teilnehmer selbst leisten. So ist letztlich jeder verantwortlich für seinen Lebensstil und damit auch für sein (Über-)Gewicht. Es hat keinen Zweck, sich selbst zu belügen. Unsere beiden »Schummler« schadeten nur sich selbst. M.O.B.I.L.I.S. sieht keine Strafen oder Sanktionen vor. In diesem Sinne möchte ich Sie nochmals an Ihre Selbstverantwortung erinnern: Sie allein bestimmen mit Ihren Taten, ob Sie schlank werden und schlank bleiben!

Natürlich wird es gelegentlich auch Rückschläge für Sie geben. Doch damit werden Sie fertig. Wie, das zeigt Ihnen heute Ihre Expertin Doktor Göhner.

Expertenwissen
von Doktor Wiebke Göhner

»Hindernisse und Barrieren sind dafür da, überwunden zu werden! Die Chance liegt darin, sie im Vorfeld zu erkennen.«

Was machen Ihre Pläne?

Gelungene Pläne sind eine Grundvoraussetzung, um mit schwierigen Situationen im Alltag umzugehen. Lassen Sie uns daher nochmals auf Step 7 zurückblicken: Wissen Sie noch, wie Sie zu Ihrem Bewegungs- und zu Ihrem Ernährungsplan gekommen sind?

(1) Sie haben Gesundheitsziele erarbeitet. Ihre Beweggründe, um abzunehmen!

(2) Sie haben sich überlegt, welche Wege zu Ihren Gesundheitszielen führen könnten. So entstanden Ihre Bewegungsideen und Ernährungsideen.

(3) Sie haben aus Ihren Ideen konkrete Pläne gemacht: einen Bewegungsplan und einen Ernährungsplan.

Ihre praktische Aufgabe war es schließlich, Ihre persönlichen Pläne im Alltag auszuprobieren. Dazu mussten Sie beide Pläne vollständig im Auge behalten. Bestimmt nicht immer ganz einfach! Wie ist es Ihnen dabei ergangen? Konnten Sie beide Pläne verwirklichen? Fiel Ihnen die Umsetzung eines Plans leichter?

Ihre beiden Pläne sind jeweils noch ein erster Entwurf. Nach dem Praxistest der vergangenen Tage werden Sie diese ersten Entwürfe im heutigen Step in »vorläufige Endfassungen« übertragen. Ihre Pläne gelten dann ab sofort – zunächst einmal – verbindlich!

Die vorläufige Endfassung Ihrer Pläne

Auch wenn Sie einen Plan in die Endfassung übertragen haben, wird er vorläufig bleiben. »Vorläufig«, weil Sie einen Plan stets verändern sollten, wenn er nicht mehr optimal funktioniert. Entscheidend ist nur, dass Sie immer einen Plan haben: Einen Plan, der verbindlich gilt. Und zwar so lange, bis Sie ihn wieder ändern.

Nehmen Sie jetzt noch einmal die Karteikarte zur Hand, auf der Sie die ersten Entwürfe Ihres Bewegungsplans und Ihres Ernährungsplans notiert haben.

Ihr Bewegungsplan

Hinterfragen Sie erneut Ihren Bewegungsplan ganz genau nach der 3pw-Regel beziehungsweise mit dem 3pw-Check (siehe Seite 79):

- Ist Ihr Bewegungsplan präzise formuliert? Haben Sie aufgeschrieben, an welchem Wochentag und zu welcher Uhrzeit die körperliche Aktivität stattfinden soll?
- Ist Ihr Bewegungsplan passend? Entspricht die gewählte Bewegungsform Ihren persönlichen Interessen? Haben Sie Lust darauf, die Aktivität durchzuführen?
- Ist Ihr Bewegungsplan praktikabel? Lässt sich die gewählte Bewegungsform an Ihrem Wohnort verwirklichen? Können Sie sich die Ausrüstung besorgen? Sind Zeit und Ort des Termins günstig?
- Ist Ihr Bewegungsplan wirksam? Können Sie mit Ihrem Bewegungsplan auch Punkte im Punkteprogramm sammeln?

Beantworten Sie alle vier Fragen mit »ja«, ist Ihr Bewegungsplan – von Anfang an – ein wahrer Volltreffer. Sie dürfen Ihren ersten Entwurf damit sofort als vorläufige Endfassung übernehmen. Glückwunsch!

Wenn aber nicht alle Fragen uneingeschränkt zutreffen, sollten Sie Ihren Bewegungsplan ändern. Und ihn anschließend wiederum anhand der 3pw-Regel überprüfen. Sie haben ja nun schon etwas Erfahrung aus dem Alltag. Sicher wissen Sie bereits, welche sinnvollen Änderungen Sie vornehmen können, damit Ihr Plan auch wirklich funktioniert.

Sobald Sie allen vier Fragen der 3pw-Regel zustimmen, können Sie Ihren Bewegungsplan unter dem Stichwort »vorläufige Endfassung« auf Ihre Karteikarte eintragen.

Ihr Ernährungsplan

Jetzt kommt Ihr Ernährungsplan an die Reihe. Verfahren Sie genauso wie beim Bewegungsplan, nehmen Sie die 3pw-Regel zur Hilfe:

- Ist Ihr Ernährungsplan präzise formuliert? Haben Sie aufgeschrieben, welche Lebensmittel Sie zu welcher Mahlzeit (= Uhrzeit) verzehren möchten? Und an welchen Wochentagen?
- Ist Ihr Ernährungsplan passend? Entspricht die gewählte Ernährungsweise Ihren persönlichen Bedürfnissen? Haben Sie Lust darauf, diese Lebensmittel zu verzehren?
- Ist Ihr Ernährungsplan praktikabel? Ist der Zeitaufwand für den Einkauf oder für das Kochen vertretbar? Ist die Veränderung mit Ihrem Partner/Ihrer Familie abgesprochen (falls Sie für diese kochen)? Ist Ihr Ernährungsplan mit dem Kantinenessen an Ihrem Arbeitsplatz vereinbar?
- Ist Ihr Ernährungsplan wirksam? Können Sie mit Ihrem Ernährungsplan auch Punkte im Punkteprogramm sammeln?

Ihr Ernährungsplan funktioniert, wenn er präzise, passend, praktikabel und wirksam ist.

Beantworten Sie alle vier Fragen – ohne Wenn und Aber – mit »ja«, wird aus Ihrem ersten Entwurf eine vorläufige Endfassung. Ihr Ernährungsplan ist Ihnen offensichtlich sehr gut gelungen. Wiederum: Glückwunsch!

Hält Ihr Ernährungsplan einer Prüfung durch die 3pw-Regel jedoch nicht stand, müssen Sie entsprechende Änderungen vornehmen. So lange, bis Ihr Ernährungsplan den Voraussetzungen (wieder) entspricht. Womöglich hat sich Ihre Alltagssituation seit der Formulierung Ihres Plans gewandelt.

Tragen Sie Ihren Ernährungsplan ebenfalls als »vorläufige Endfassung« auf Ihrer Karteikarte ein, sobald er die 3pw-Regel vollständig erfüllt.

Pläne sind verbindlich und flexibel

Ich wiederhole noch einmal: Jeder Plan, den Sie als vorläufige Endfassung eingetragen haben, gilt ab diesem Zeitpunkt verbindlich. Halten Sie sich an diesen Plan. Gleichzeitig bleibt jeder Ihrer Pläne flexibel. Das heißt: Sie können jederzeit Korrekturen vornehmen, wenn sich einer Ihrer Pläne nicht mehr im Alltag bewähren sollte. Doch vergessen Sie niemals: Sie dürfen zwar jeden Plan beliebig verändern, nicht aber ersatzlos streichen!

Stolpersteine im Alltag: Barrieren bringen Pläne zu Fall

Ein Plan kann noch so gelungen sein. Er schützt Sie nicht vor möglichen »Gefahren« im Alltag. So wird es vorkommen, dass Sie ein Vorhaben – trotz guten Plans – nicht umsetzen können. Die Ursachen hierfür sind individuell sehr verschieden. Wir nennen sie »Barrieren«. Um sie aus dem Weg räumen zu können, müssen Sie diese möglichst genau kennen.

Innere Barrieren

Im MoVo-Konzept unterscheiden wir zwischen »inneren Barrieren« und »äußeren Barrieren«. Innere Barrieren sind beispielsweise Stimmungen, Gefühle, Gedanken, die uns daran hindern, ein Vorhaben zu verwirklichen. Typische Beispiele sind Trägheit, Bequemlichkeit, Lustlosigkeit, niedergeschlagene Stimmung, Angst vor Blamage oder der Gedanke: »Ich schaffe das nicht«.

Äußere Barrieren

Äußere Barrieren liegen außerhalb unserer Person. Häufig treffen sie uns scheinbar zufällig und unerwartet. So geht es dabei beispielsweise ums Wetter, um andere Personen, aber auch um fehlende Sport- oder Einkaufsmöglichkeiten. Typische Beispiele sind keine Zeit, großer Organisationsaufwand, hohe Kosten, Absage des Sportpartners, Krankheit, Schichtdienst, Einladungen …

Barrieren, die mich an der Verwirklichung meines Bewegungsplans hindern:
1.
2.
3.

Barrieren, die mich an der Verwirklichung meines Ernährungsplans hindern:
1.
2.
3.

Wie kann ich mit dieser Barriere umgehen? (Strategien zum Bewegungsplan)
1.
2.
3.

Wie kann ich mit dieser Barriere umgehen? (Strategien zum Ernährungsplan)
1.
2.
3.

... und welche Barrieren kennen Sie?

Überlegen Sie an dieser Stelle: Welche Barrieren bringen Ihre Pläne zu Fall? Was hält Sie persönlich davon ab, Ihren Bewegungsplan und/oder Ihren Ernährungsplan zu verwirklichen?
Denken Sie an die vergangenen Tage, an denen Sie Ihre beiden Pläne ausprobiert haben. Aber auch an vergleichbare Situationen aus der Vergangenheit. Berücksichtigen Sie dabei sowohl innere als auch äußere Barrieren.
Nehmen Sie sich ein paar Minuten Zeit. Notieren Sie die drei – aus Ihrer Sicht – wichtigsten Barrieren im dafür vorgesehenen Kasten auf der vorhergehenden Seite. Das kann übrigens bei unterschiedlichen Plänen durchaus ein und dieselbe Barriere sein. Selbstverständlich können Sie sich an unseren Beispielen orientieren. Seien Sie aber möglichst spontan.

Strategien zum Barrierenmanagement

Sie sind sich nun also darüber bewusst, welche inneren und äußeren Barrieren Ihre Pläne gefährden. Das wird Ihnen im Alltag ein gutes Stück weiterhelfen, denn Sie sind vorbereitet und gewarnt. Doch damit nicht genug: Sie benötigen Strategien, um die auftretenden Hindernisse auch sicher überwinden zu können. Ein »Barrieremanagement«, wie wir im MoVo-Konzept sagen.
Für nahezu alle Barrieren gibt es einen oder mehrere Lösungsansätze. Die Anzahl der möglichen Barrieren und ihrer Überwindungsstrategien ist dabei unendlich groß. Folglich kann ich Ihnen auch nur eine kleine Auswahl vorstellen.
Sie erinnern sich an Frau Müller aus Step 7. Frau Müller hatte gelegentlich Schwierigkeiten, ihre Bewegungspläne und Ernährungspläne zu verwirklichen. Und auch sie notierte daraufhin ihre Barrieren. An dieser Stelle möchte ich daher noch einmal exemplarisch auf Frau Müller zurückgreifen und von ihren persönlichen Erfahrungen im Umgang mit Hindernissen berichten.
Vielleicht kommt Ihnen die eine oder andere Situation bekannt vor? Vielleicht hatten Sie in der Vergangenheit sogar mit ähnlichen Problemen wie Frau Müller zu kämpfen? Vielleicht wissen Sie dann auch schon, wie Sie damit umgehen könnten!
Nun aber zu Frau Müller und ihren Strategien gegen innere oder äußere Widerstände. Lassen Sie uns damit beginnen, was sie sich für den Bereich Bewegung überlegt hat:

Beispiele zum Umgang mit Bewegungsbarrieren

(1) Frau Müller stellt häufiger fest, keine Zeit für ihr Kräftigungstraining (Thera-Band®-Übungen) zu finden.
Frau Müllers Barrierenmanagement heißt ***soziales Einbinden***: »Ich verabrede mich mit Freunden oder Kollegen, bei denen mir das Absagen schwer fällt. Gemeinsam zu trainieren macht mir auch mehr Spaß!«

(2) Frau Müller findet ihren Termin im Fitnessstudio hin und wieder doch nicht so wichtig und verplant ihn lieber anderweitig.
Frau Müllers Barrierenmanagement heißt ***Prioritäten setzen***: »Ich trage meinen Sporttermin genauso wie einen Arzttermin in meinen Kalender ein – mit derselben Wertigkeit.«

Mit regelmäßigem Schwimmen bahnen Sie sich den Weg ins schlanke Leben.

(3) Frau Müller ist eine Eintrittskarte für das Schwimmbad zu teuer.
Frau Müllers Barrierenmanagement heißt ***Kosten und Nutzen abwägen***: »Ich überlege mir noch einmal genau den Nutzen, den ich vom Schwimmen habe. Wenn ich eine Stunde schwimme, bekomme ich 6 Bewegungspunkte im 50+50-Punkteprogramm. Das überwiegt ganz eindeutig die Kosten für die Eintrittskarte!«

(4) Frau Müllers innere Trägheit hält sie davon ab, zum Lauftreff zu gehen.
Frau Müllers Barrierenmanagement heißt ***Starthilfe***: »Ich lege mir meine Sportschuhe und meine Trainingshose sichtbar mitten in den Flur. So setze ich mich, wenn ich von der Arbeit nach Hause komme, gar nicht erst gemütlich hin, sondern gehe gleich los.«

Beispiele zum Umgang mit Ernährungsbarrieren

(1) Frau Müller hat sich vorgenommen, werktags zum Nachtisch einen Apfel statt Sahnepudding zu essen. Schon zweimal in dieser Woche hat sie dennoch den Pudding gewählt.
Frau Müllers Barrierenmanagement heißt ***kein Schwarz-Weiß-Denken***: »Ich überlege mir, dass meine ›Verfehlung‹ nicht so schlimm war. Ab morgen werde ich mich wieder genau an meinen Ernährungsplan halten. Das nehme ich mir ganz fest vor!«

(2) Frau Müller riecht beim Bäcker frisches Baguette. Sie gerät in Versuchung, das wenig sättigende Weißbrot anstelle von Vollkornbrot zu kaufen.
Frau Müllers Barrierenmanagement heißt ***Gedankenstopp***: »Ich sage mir ›STOPP‹,

sobald der Gedanke an Baguette auftaucht. Und dann richte ich meine ganze Aufmerksamkeit auf das Vollkornbrot!«

(3) Frau Müller kommt nach einem langen Tag gestresst nach Hause. Am liebsten möchte sie mit einem Glas Bier und einer Tüte Chips entspannen.
Frau Müllers Barrierenmanagement heißt ***Stimmungsregulation***: »Ich stelle mir einen leckeren Fruchtsaft – natürlich verdünnt mit Wasser – bereit und lege mir dann meine Lieblings-CD ein.«

(4) Frau Müllers Ehemann trinkt gerne Rotwein zum Abendessen. Sie selbst aber möchte auf energiereiche alkoholische Getränke verzichten.
Frau Müllers Barrierenmanagement heißt ***Ziele vergegenwärtigen***: »Ich erinnere mich noch einmal an meine Gesundheitsziele: weniger Gelenkbeschwerden und attraktiver aussehen. Außerdem vergegenwärtige ich mir, dass ich diesen Zielen ja schon ein gutes Stück näher gekommen bin.«

… und Ihre persönlichen Strategien zum Barrierenmanagement?

Sie haben von Frau Müller einige Strategien zum Barrierenmanagement kennen gelernt. Überlegen Sie abschließend zu jeder Barriere, die Sie vorhin notiert haben: Was würde *Ihnen* helfen, Ihre Hindernisse zu überwinden? Welche Möglichkeiten gibt es für Sie? Nehmen Sie sich nochmals ein paar Minuten Zeit. Tragen Sie Ihre persönlichen Strategien zum Barrierenmanagement in die vorgesehenen Kästen ein (siehe Seite 128). Sie können gerne auch

PROFESSOR BERGS GESUNDHEITSBONUS

Die Wirkung danach

Sie haben während Ihres Schlankheits-Trainings viel gelernt: über die Zusammenhänge zwischen Verhalten, Lebensstil, Körperreaktionen und Krankheitsvorgängen. Damit haben Sie sich eine fundierte Gesundheitskompetenz erworben!
Wenn Sie es schaffen, diese umzusetzen, werden Sie schon bald dafür belohnt werden. Je nach Ihrer persönlichen Situation werden Sie sowohl körperliche als auch seelische Veränderungen an sich bemerken. So wird es Ihnen nicht nur Spaß machen, Ihren Kleiderschrank neu einzurichten. Vielleicht können Sie auch mit reduziertem Körpergewicht und verbesserter Fitness in naher Zukunft wieder besser ein- und durchschlafen. Oder Ihr Blutdruck misst sich zum ersten Mal seit Jahren wieder im Normalbereich. Oder Ihre Gelenkbeschwerden verschwinden. Möglicherweise brauchen Sie auch bestimmte Medikamente weniger oder gar nicht mehr einzunehmen. Alles ist möglich! Sie werden nicht nur gesünder im medizinischen Sinne sein, sondern auch Belastungen und Probleme im Alltag besser bewältigen können.

Strategien von Frau Müller übernehmen. Oder aber ganz eigene entwickeln. Hauptsache, Ihre Strategien funktionieren.

Bilanz

Und damit endet der psychologische Teil Ihres Schlankheits-Trainings. Von jetzt an heißt es für Sie:

(a) Pläne machen und im Alltag umsetzen,
(b) Barrieren erkennen und
(c) Strategien zum Barrierenmanagement anwenden!

Keine leichte Aufgabe. Doch nur mit konkreten Plänen und einem wirksamen Barrierenmanagement wird es Ihnen gelingen Ihre Gewohnheiten langfristig zu ändern!

Wissenstest

Wie gewohnt können Sie jetzt Ihr neues Wissen unter Beweis stellen:

(1) Warum bleibt die »Endfassung« eines Bewegungsplan oder eines Ernährungsplans immer »vorläufig«?
(2) Welche beiden Eigenschaften zeichnet die »vorläufige Endfassung« eines Bewegungsplans oder eines Ernährungsplans grundsätzlich aus?
(3) Was sind innere Barrieren?
(4) Was sind äußere Barrieren?
(5) Wie können Sie Barrieren überwinden?

Praktische Aufgabe

Die vorletzte praktische Aufgabe besteht noch einmal aus zwei Teilen: Versuchen Sie, die vorläufigen Endfassungen Ihres Bewegungs- und Ihres Ernährungsplans – unter Berücksichtigung Ihrer persönlichen Strategien zum Barrierenmanagement! – im Alltag umzusetzen. Wenn das gut funktioniert, sind Sie bereit, weitere Pläne zu machen.

Strategien zum Barrierenmanagement

- Nachdem Sie heute Ihre ganz persönlichen Strategien zum Barrierenmanagement notiert haben (siehe Seite 128), verinnerlichen Sie diese nun und wenden Sie sie an.
- Achten Sie stets darauf, ob sich Ihnen noch weitere Hindernisse in den Weg stellen.
- Schreiben Sie auch diese auf und entwickeln Sie für jede Barriere sinnvolle Gegenstrategien. So werden Sie mit der Zeit immer wirksamer mit Stolpersteinen umgehen können.

Um Ihren wöchentlichen Punktestand im 50+50-Punkteprogramm zu sichern, benötigen Sie mittelfristig eine ganze Reihe von Plänen.

1 WEITERE PLÄNE MACHEN

- Fangen Sie deshalb gleich heute an: Formulieren Sie jetzt einen neuen Bewegungsplan und einen neuen Ernährungsplan.
- Gehen Sie dabei genauso vor, wie Sie es in Step 7 gelernt haben: Suchen Sie sich je eine Bewegungsidee und je eine Ernährungsidee aus, die Sie spontan am liebsten ausführen würden.
- Notieren Sie beide Ideen nebeneinander auf Ihrer altbewährten Karteikarte.
- Nehmen Sie nun den 3pw-Check (siehe Seite 79) zu Hilfe. Machen Sie aus Ihren Ideen konkrete Pläne: Tragen Sie – ebenso wie es beim 3pw-Check vorgesehen ist – auf Ihrer Karteikarte ein, was Sie wann machen wollen.
- Überprüfen Sie schließlich, ob Ihr Plan passend ist, ob er praktikabel ist und ob er wirksam ist.
- Probieren Sie Ihre beiden neuen Pläne als »erste Entwürfe« im Alltag aus. 1
- Übertragen Sie Ihre Pläne, sobald sie den Praxistest bestanden haben, in vorläufige Endfassungen.
- Nutzen Sie möglichst viele und unterschiedliche Strategien zum Barrierenmanagement, um für Schwierigkeiten gewappnet zu sein.

Mein letzter Tipp: Lassen Sie Ihre Karteikarte, auf der Ihre ersten – und am besten auch Ihre weiteren Pläne – stehen, von einem guten Freund gegenzeichnen. Das ist dann Ihr persönliches Versprechen, Ihre Pläne auch weiterhin zu verfolgen. So werden Sie sich langfristig mehr bewegen und gesünder essen. Und Ihr Vorhaben schlank zu werden und schlank zu bleiben wird endlich Wirklichkeit!

Step 13 erfolgreich durchgeführt?

Wissenstest bestanden
am: ....

Praktische Aufgabe erfüllt
am: ....

14 Das Diplom – Einstieg ins 50+50-Punkteprogramm

Gratulation! Am Ende dieses Steps wird es Ihnen gehören: das M.O.B.I.L.I.S.-Schlankheitsdiplom. Sie haben es sich in den letzten zwei Wochen konsequent erarbeitet! Nun können Sie Ihr persönlicher Schlankheitsmanager werden. Auf den folgenden Seiten werden Ihre Experten noch einmal die wichtigsten Inhalte aus den vergangenen 13 Steps für Sie zusammenfassen. Dann können Sie mit dem 50+50-Punkteprogramm beginnen, um Ihrem Ziel näher und näher zu kommen: schlank zu werden und für immer zu bleiben!

IHRE VIER M.O.B.I.L.I.S.-EXPERTEN – Doktor Lagerstrøm, Professor Hamm, Doktor Göhner und Professor Berg – haben Ihnen in den vergangenen Steps alles geliefert, was Sie für Ihr Vorhaben benötigen: modernstes Werkzeug sowie zahlreiche Tipps zum Schlankwerden und Schlankbleiben. Ja, Sie wissen jetzt wie sinnvolles Abnehmen funktioniert! Nun ist es an Ihnen, das erworbene Wissen in Ihrem Alltag umzusetzen. Machen Sie von Ihrem Werkzeug Gebrauch: Wenden Sie es an! Am besten täglich! So kann Ihr Wunschgewicht endlich Wirklichkeit werden.

Damit Ihnen die praktische Umsetzung Ihres Wissens auch tatsächlich gelingt, steht Ihnen ab sofort das 50+50-Punkteprogramm zur Verfügung. Ihr M.O.B.I.L.I.S.-Schlankheitsdiplom – Sie erhalten es am Ende des Steps – befähigt Sie zur Anwendung. Sie sind bestens vorbereitet: In den vergangenen Steps hatten Sie immer wieder Gelegenheit zu üben. Alle Inhalte des 50+50-Punkteprogramms haben Sie trainiert: mit jeder praktischen Aufgabe. Es erwartet Sie also nichts Unbekanntes!

Zum Abschluss haben sich heute alle M.O.B.I.L.I.S.-Experten für Sie versammelt. Anstelle des gewohnten Expertenwissens findet eine große finale Diskussionsrunde statt. Freuen Sie sich auf ein Wiedersehen.

Und wieder: die Expertenrunde

Andreas Berg: Lassen Sie uns gleich einsteigen: Wenn bitte jeder Experte – für seinen Bereich – die ihm wichtigste Botschaft formulieren würde. Beginnen wir bei Dr. Lagerstrøm und dem Thema Bewegung …

Nochmals das Wichtigste in Kürze …

Doktor Lagerstrøm: Unser M.O.B.I.L.I.S.-Motto bringt es auf den Punkt:

> » Langsam anfangen, lässig steigern und langfristig dabeibleiben!

Geduld und Gelassenheit sowie der Wille zur Lebensstiländerung stehen im Mittelpunkt unserer Philosophie. Nicht die raschen (Gewichts-)Erfolge.

Andreas Berg: Was bedeutet das ganz konkret für den Bereich Bewegung?

Doktor Lagerstrøm: Wenn Sie lange Zeit körperlich inaktiv waren, müssen Sie Ihren Körper langsam auf die Bewegung vorbereiten. Denn ein unüberlegter Schnellstart hat fatale Folgen: Er führt in aller Regel dazu, dass Sie Ihre geplante Bewegungskarriere vorzeitig abbrechen. Nicht selten ausgelöst durch Überlastungsreaktionen und Verletzungen Ihres Bewegungsapparats. Ein gutes Körpergefühl ist die Voraussetzung für Ihren nachhaltigen Erfolg. Und das können Sie nicht von heute auf morgen erlernen.

Professor Hamm: Bevor ich meine zentrale Botschaft vorstelle, möchte ich Doktor Lagerstrøms wichtige Ausführungen gerne um einen Aspekt ergänzen. Die unheilvolle Kombination aus strenger Diät und übertriebenem Sport kann sogar Anzeichen für eine gefährliche Essstörung sein: Es gibt nämliche eine

Form der Magersucht, die sowohl mit dem Essverhalten als auch dem Bewegungsverhalten (»Aktivitätsanorexie«) zu tun haben kann. Vermeiden Sie daher bitte Extreme! Bei M.O.B.I.L.I.S. gibt es keine Diäten und keine Verbote. Ich empfehle eine abwechslungsreiche Mischkost: sowohl pflanzliche als auch tierische Lebensmittel in ausgewogener Menge. Letztlich kommt es auf die richtige Auswahl an! Ihr fitness- und figurbetonter Speiseplan sollte dabei fettgesund, kohlenhydratbewusst und eiweißbetont sein. Diese Voraussetzungen erfüllt die M.O.B.I.L.I.S.-Ernährungspyramide (siehe vordere Buchinnenklappe). Orientieren Sie sich beim Einkaufen zukünftig an den Angaben unserer Pyramide!

Doktor Göhner: Auch ich will mich Doktor Lagerstrøm anschließen: Nehmen Sie sich Zeit! Bewegungs- und Ernährungsgewohnheiten können Sie nur allmählich verändern. Arbeiten Sie deshalb Schritt für Schritt an Ihrem Verhalten!
Aus psychologischer Sicht ist es wichtig, dass Sie Ihrer Motivation, Ihren Lebensstil zu ändern, konkrete Taten folgen lassen. Ausreichend Bewegung und gesunde Ernährung müssen zu einem festen Bestandteil Ihres Alltags werden. Das ist nicht einfach. Spezielle Techniken und Strategien – Stichwort: MoVo-Konzept – können Ihnen die Umsetzung erleichtern: Zunächst müssen Sie sich über Ihr (Gesundheits-)Ziel bewusst werden. Anschließend benötigen Sie Pläne, um dieses Ziel zu erreichen. Wie Sie einen guten Plan machen, habe ich Ihnen in Step 7 und Step 13 gezeigt.

Professor Berg: Als Mediziner in der Expertenrunde möchte ich Sie nochmals zu Ihrem Entschluss, mit M.O.B.I.L.I.S. light schlank zu werden und schlank zu bleiben, beglückwünschen: Sie tun etwas für Ihre Gesundheit. Denn den Lebensstil dahingehend zu verändern, sich mehr zu bewegen und gesünder zu ernähren, hat so viele positive Effekte. Das werden Sie selbst erleben! Vorausgesetzt: Sie bleiben auch weiterhin dabei und wenden das 50+50-Punkteprogramm in den kommenden Wochen und Monaten richtig an.
Achten Sie bei Ihrem Schlankheits-Management unbedingt auf die Signale Ihres Körpers. Beenden Sie beispielsweise jedes körperliche Training, sobald Sie Schmerzen verspüren. Abnehmen bedeutet immer auch eine Belastung für den Körper. Ein gewisses gesundheitliches Risiko kann – unter gewissen Umständen – daher nicht ausgeschlossen werden. Beziehen Sie deshalb am besten von Anfang an Ihren Hausarzt mit ein. Insbesondere wenn Sie Vorerkrankungen haben.

Andreas Berg: Kommen wir noch einmal auf Ihre Ziele zurück: In Step 7 haben Sie Ihre persönlichen Gesundheitsziele notiert (siehe Seite 74). Und damit auch definiert, was Sie mit dem Abnehmen erreichen wollen. Ihre Gesundheitsziele sind also gleichzeitig die Messlatte für Ihren Erfolg.

Gesundheitsziele definieren Erfolg

Doktor Göhner: Und damit wird deutlich: Ob Sie erfolgreich sein werden, hängt nicht unbedingt davon ab, wie viele Kilos Sie verlieren. Erinnern Sie sich an Frau Müller: Ihr erstes Gesundheitsziel lautete, Gelenkbeschwerden reduzieren.

Andreas Berg: Hat sie dieses Ziel erreicht?

Doktor Göhner: Ja, schon nach einigen Wochen Teilnahme am M.O.B.I.L.I.S.-Programm! Nicht weil Frau Müller so viel abgenommen hatte. Sondern weil sie mit dem richtigen Kräftigungstraining für ihre Muskeln, Sehnen und Bänder ihre Gelenke stärken und entlasten konnte. Ein großer Erfolg: Frau Müller war nahezu beschwerdefrei! Ihr zweites Gesundheitsziel – attraktiver sein – schien Frau Müller zu diesem Zeitpunkt allerdings noch in weiter Ferne. Doch je beweglicher Frau Müller wurde, umso besser fühlte sie sich. Ihre Lebensqualität stieg. Das hatte wiederum positive Auswirkungen auf Frau Müllers Selbstbewusstsein und auf ihre Selbstwahrnehmung: So kam sie mit der Zeit auch ihrem zweiten Ziel immer näher. Abnehmen als Mittel zum Erfolg.

Professor Berg: Auch wenn Sie nur unwesentlich abnehmen, können Sie mit der begonnenen Änderung Ihres Lebensstils – aus gesundheitlicher Sicht – sehr erfolgreich sein. Denn Übergewicht allein birgt noch kein Risiko: Mangelnde Bewegung und falsche Ernährung sind die eigentlichen Krankmacher! Das heißt: Übergewichtige Menschen, die sich viel bewegen und gut ernähren, sind meist fitter und gesünder als träge Schlanke.

Wichtig: Kräftigungstraining

Andreas Berg: Kräftigungstraining wurde von Doktor Göhner bereits angesprochen. Neben der Stärkung Ihrer Gelenke hat es für Ihr Schlankwerden und Schlankbleiben eine weitere zentrale Bedeutung …

Doktor Lagerstrøm: Mit kräftigenden Übungen bauen Sie Ihre Muskeln auf. Und da Ihre Muskulatur für Ihren täglichen Kalorienverbrauch hauptverantwortlich ist, erhöhen Sie auf diese Weise Ihren Energiebedarf. Kurz: Sie können mehr essen, ohne gleich zuzunehmen. Ferner wirken Sie mit regelmäßigem Training dem natürlichen Alterungsprozess Ihres Körpers entgegen. Denn unsere Muskelmasse bildet sich ab dem 20. Lebensjahr um durchschnittlich 2 Prozent pro Lebensjahrzehnt zurück. Weil damit der Grundumsatz sinkt, nehmen die meisten Menschen an Körpergewicht zu. Daher: Kein erfolgreiches Gewichtsmanagement ohne Kräftigungstraining.

Professor Hamm: In diesem Zusammenhang möchte ich nochmals auf die Vorteile eines eiweißbetonten Speiseplans zu sprechen kommen: Eiweißreiche Lebensmittel tragen in Verbindung mit körperlichem Training zusätzlich zum Erhalt Ihrer Muskelmasse bei. Ferner sättigt Eiweiß besonders gut. Geben Sie also während des Abnehmens dem Nahrungseiweiß einen leichten Vorzug. Spielen Sie Ihren Eiweiß-Joker aus!

Andreas Berg: Sie haben bei M.O.B.I.L.I.S. light gelernt: Körperliches Training muss nicht zeitaufwändig sein. Mit kleinen – dafür aber regelmäßigen – Veränderungen im Alltag können Sie viel bewegen …

Trainieren, wo immer es geht

Doktor Lagerstrøm: Kleine und einfache Kräftigungsübungen können Sie wunderbar neben anderen Tätigkeiten durchführen. Auch an Ihrem Arbeitsplatz. Denken Sie an das aktive Telefonieren oder das bewegte Zähneputzen. Es gibt so viele Möglichkeiten: ganz bestimmt auch in Ihrem Alltag.

Für Ihr Ausdauertraining benötigen Sie mehr Zeit. Lassen Sie – so oft wie möglich! – Ihr Auto beziehungsweise öffentliche Verkehrsmittel stehen. Gehen Sie zu Fuß oder nehmen Sie das Rad. Ob zur Arbeit, zum Einkaufen oder zu einer Verabredung mit Freunden. Sie punkten mit jedem Weg.
Da Sie – über kurz oder lang – auf mindestens 50 Bewegungspunkte pro Woche kommen sollten, reichen die Veränderungen Ihres Bewegungsverhaltens im Alltag aber vermutlich nicht aus. Sie müssen zusätzlich in Ihrer Freizeit aktiv werden. Finden Sie heraus, welche Bewegungsformen zu Ihnen passen!

Doktor Göhner: Das ist übrigens ganz wichtig und eine der vier Voraussetzungen (Stichwort: 3pw-Check) für einen gelungenen Plan: Die von Ihnen gewählte Bewegungsform, aber auch Ernährungsweise, sollte immer für Sie persönlich in Frage kommen. Kurz: passend sein.

Andreas Berg: Warum brauchen wir zusätzlich zum 50+50-Punkteprogramm Bewegungspläne und Ernährungspläne?

Gelungene Pläne sichern den Punktestand

Doktor Göhner: In den ersten Tagen werden Sie das 50+50-Punkteprogramm erfahrungsgemäß gewissenhaft durchführen. Das Ganze ist neu für Sie. Und Sie sind hoch motiviert. Mit der Zeit besteht jedoch die Gefahr, dass Sie nachlässig werden und schließlich wieder aufhören zu punkten. Damit Sie Erfolg haben, müssen Sie das Programm aber dauerhaft anwenden. Und genau hier setzt unser MoVo-Konzept mit den Plänen an: Ihre Pläne helfen Ihnen dabei, das 50+50-Punkteprogramm auch wirklich in konkrete Taten umzusetzen. Ihre Pläne sind Ihre Punkte-Garantie und Ihre persönliche Rückfallversicherung.

Andreas Berg: Es gibt fünf M.O.B.I.L.I.S.-Ernährungsempfehlungen. Sie sind die Essenz aus den fünf Ernährungssteps. Im 50+50-Punkteprogramm setzen Sie diese Empfehlungen – mit Hilfe Ihrer Ernährungspläne – idealerweise an fünf Tagen pro Woche um. Wie lauten die Empfehlungen? Und wann gibt es dafür Punkte?

M.O.B.I.L.I.S.-Ernährungsempfehlungen bringen Punkte

Professor Hamm: An dieser Stelle möchte ich lediglich die jeweilige Kurzform der fünf M.O.B.I.L.I.S.-Ernährungsempfehlungen wiederholen. Denn im Anschluss an diesen Step werden Ihnen die fünf Empfehlungen und deren Anwendung im 50+50-Punkteprogramm nochmals ausführlich präsentiert.
Die M.O.B.I.L.I.S.-Ernährungsempfehlungen lauten:

(1) Fett-Empfehlung
(2) GLYX-Empfehlung
(3) Gemüse-Obst-Empfehlung
(4) Trink-Empfehlung
(5) Mahlzeiten-Empfehlung

Für jede umgesetzte Ernährungsempfehlung erhalten Sie 2 Ernährungspunkte am Tag. Maximal also 10 Ernährungspunkte für alle fünf Empfehlungen. Falls Sie eine der ersten drei Empfehlungen knapp verfehlt haben, wird Ihre Bemühung immerhin mit jeweils 1 Ernährungspunkt honoriert. Im besten Fall kommen Sie mit Ihrer neuen Ernährungsweise auf 50 Wochen-Punkte. Schaffen Sie das nicht, können Sie mit Bewegung ausgleichen.

Andreas Berg: Und was gilt es bei den Bewegungspunkten zu beachten?

Die richtige Trainingsintensität

Doktor Lagerstrøm: Die meisten Bewegungspunkte sollten Sie über Ausdaueraktivitäten sammeln. Am besten über die natürlichste (Fort-)Bewegungsform des Menschen: Gehen und Laufen. Bewegungspunkte bekommen Sie grundsätzlich nur dann, wenn Sie die richtige Trainingsintensität einhalten. Nach dem Prinzip: laufen ohne zu schnaufen. Achten Sie daher bei jeder gezielten körperlichen Aktivität immer auf Ihr persönliches Belastungsempfinden, auf Ihre Atmung und auf Ihre Herzfrequenz. Es kommt nicht darauf an, dass Sie sich auspowern. Im Gegenteil! Begehen Sie nicht den Fehler, nur Ausdaueraktivitäten oder Sportarten auszuwählen, die eine vermeintlich hohe Punktezahl bringen. Sie müssen körperlich auch in der Lage sein, die Bewegungsform sinnvoll durchzuführen.

Professor Berg: Ich kann dem nur beipflichten! Bewegung tut prinzipiell allen Menschen gut: Jungen, Alten und sogar Kranken. Bewegung muss jedoch stets angemessen sein. Das heißt, Sie müssen Ihrer persönlichen Situation Rechnung tragen. Fangen Sie gemäßigt an. Und steigern Sie Ihren Trainingsumfang und Ihre Trainingsintensität langsam mit zunehmend verbessertem Fitnesszustand. Lassen Sie Ihre Leistungsfähigkeit von einem Sportmediziner überprüfen, wenn Sie auf Nummer sicher gehen wollen.

Kalorienfalle Getränke

Professor Hamm: Vergessen Sie nicht, ausreichend zu trinken! Wenn Sie körperlich – schweißtreibend – aktiv sind, sollten Sie am besten alle 15 bis 20 Minuten zirka 200 Milliliter Flüssigkeit aufnehmen. Energiearme, versteht sich! Sonst überschreiten Sie leicht den Energieumsatz der zuvor ausgeübten Bewegung. Außerdem bringen Sie Ihre durch das Training aktivierte und noch weiter ablaufende Fettverbrennung ins Stocken. Trinken Sie daher am besten zunächst nur Wasser, wenn Sie körperlich aktiv waren.

Andreas Berg: Gerade im Bereich Ernährung gibt es so viele Modeerscheinungen aus denen immer wieder neue einseitige Diäten abgeleitet werden. Nicht so bei M.O.B.I.L.I.S.

Ihr Speiseplan

Professor Hamm: Unser Konzept ist vielseitig und berücksichtigt alle modernen Erkenntnisse der Ernährungswissenschaft. Wir vertreten einen gesunden Mittelweg: Die kontrovers diskutierten Nährstoffe Fett und Kohlenhydrate gehören beide auf Ihren gesunden Speiseplan. Eine pauschale Freigabe des einen oder des anderen Nährstoffs wäre genauso falsch, wie ein strenger Verzicht. Das richtige Maß und die Qualität entscheiden.

Und immer wieder entspannen ...

Doktor Lagerstrøm: Bevor Sie gleich Ihr Schlankheitsdiplom erhalten und mit Ihrem Schlankheits-Management beginnen, möchte ich Sie nochmals auf Folgendes hinweisen: Bewegung ist wichtig, Ruhe und Entspannung aber ebenso. Auch hier kommt es auf das Gleichgewicht an. Denn nur wenn die Balance zwischen Arbeit und Erholung, zwischen Aktivität und Passivität stimmt, bleiben wir fit, gesund und schlank. Auch wenn es keine Bewegungspunkte dafür gibt: Vernachlässigen Sie das Entspannungstraining nicht. Es hat wirklich viele positive Auswirkungen auf Ihren Körper und Ihre Seele. Nicht zuletzt auf Ihr Gewicht. Machen Sie bewusste Pausen.

Stolpersteine überwinden

Doktor Göhner: Auf Ihrem Weg zum bewegten und gesunden Lebensstil wird es immer wieder Stolpersteine geben. Mit persönlichen Strategien zum Barrierenmanagement beugen Sie einem möglichen Sturz vor. Halten Sie daher stets die Augen offen: Hindernisse zu erkennen ist der erste Schritt zu ihrer Überwindung. Überlegen Sie sich für Ihre Barrieren Strategien. Wie Frau Müller in unseren Beispielen. So sind Sie bestens gewappnet. Und sollten Sie dennoch einmal über einen Stein zu Fall kommen: Stehen Sie schnell wieder auf und machen Sie weiter. Denken Sie an Ihre Gesundheitsziele!

Professor Berg: Suchen Sie sich Unterstützung. Wo immer es geht: In einer fachlich gut betreuten Gruppe unter Gleichgesinnten fällt das Abnehmen leichter. Das zeigen unsere täglichen Erfahrungen mit M.O.B.I.L.I.S. Beziehen Sie aber auch Ihren Partner oder Ihre Partnerin, Ihre Familie und Ihre Freunde in Ihr Vorhaben mit ein. Wenn Ihr Umfeld zu Ihnen hält, gibt Ihnen das zusätzlich Kraft.

Andreas Berg: Vielen Dank für die abschließende Betrachtung und Diskussion.

Ihr Schlankheitsdiplom

Haben Sie alle Steps erfolgreich durchgeführt? Alle 13 praktische Aufgaben erfüllt? Und alle 13 Wissenstests bestanden? Bravo! Sie haben Wort gehalten. Wem? Na, sich selbst gegenüber! Sie möchten schlank werden und schlank bleiben. Für dieses Ziel haben Sie nun zwei Wochen gearbeitet. Täglich! Sie sind nicht ausgestiegen, und Sie werden weitermachen, denn Sie wissen, worauf es ankommt.
Nun dürfen Sie Ihren Namen in das M.O.B.I.L.I.S.-Schlankheitsdiplom eintragen. Vermerken Sie Startdatum (Step 1) und heutiges Datum im vorgesehenen Feld.
Und damit endet Ihr Schlankheits-Training. Ihre M.O.B.I.L.I.S.-Experten verabschieden sich und überlassen Ihnen das unterzeichnete Schlankheitsdiplom. Ihre Lizenz für das 50+50-Punkteprogramm. Gratulation!

Praktische Aufgabe

Eine praktische Aufgabe – wie in den vergangenen Steps – gibt es an dieser Stelle natürlich nicht mehr. Ab heute sind Sie Ihr persönlicher Schlankheitsmanager. Das heißt: Starten Sie jetzt mit dem 50+50-Punkteprogramm!
Doch halt: Lesen Sie zuvor noch das nachfolgende Kapitel. Dort finden Sie zahlreiche Tipps und praktische Beispiele, um das 50+50-Punkteprogramm erfolgreich anwenden zu können.

Viel Erfolg!

Ihr

MOBILIS-Schlankheitsdiplom

Frau/Herr: ....

hat vom: ....
(Datum, Step 1)

bis zum: ....
(Datum, Step 14)

am M.O.B.I.L.I.S.-light-Schlankheits-Training teilgenommen und alle 14 Steps erfolgreich durchgeführt. Sie/Er ist damit Schlankheitsmanager und in der Lage, das 50+50-Punkteprogramm anzuwenden.

Hiermit verpflichtet sich die/der oben Genannte ihr/sein Wissen einzusetzen, um ihre/seine persönlichen Gesundheitsziele zu erreichen.

Dr. Dieter Lagerstrøm

Prof. Dr. Michael Hamm

Andreas Berg

Dr. Wiebke Göhner

Prof. Dr. Aloys Berg

50 + 50

Ihr Schlankheits-Management

Das **50+50**-Punkteprogramm

Bewegungs- und Ernährungspunkte sammeln

Endlich! Sie sind beim 50+50-Punkteprogramm angekommen. Darauf haben Sie zwei Wochen lang hingearbeitet. Sie wissen nun, wie Schlankwerden und Schlankbleiben in der Theorie funktioniert. Ab jetzt geht es darum, Ihr Wissen im Alltag über einen langen Zeitraum hinweg umzusetzen. Als Schlankheitsmanager kontrollieren und lenken Sie Ihr Gewicht ab sofort selbst! Wie Sie das 50+50-Programm nun tatsächlich erfolgreich anwenden können, erfahren Sie auf den folgenden Seiten.

MEHR BEWEGEN, GESÜNDER ESSEN! Mit dem 50+50-Punkteprogramm kann Ihnen das gelingen. Doktor Lagerstrøm hat es als Ihren »Bewegungswecker« bezeichnet. Natürlich ist das 50+50-Punkteprogramm genauso Ihr »Ernährungswecker«. Denn mit seiner Hilfe bringen Sie Ihre Energiebilanz – sowohl über die Bewegung als auch über die Ernährung – in ein gesundes Gleichgewicht.

Eine gewisse Gefahr besteht darin, dass Sie Ihren Bewegungs- und Ernährungswecker schon bald in die Ecke legen oder gar vergraben. Kurz: nicht richtig gebrauchen. Damit es gar nicht so weit kommt, haben Sie Ihre Bewegungs- und Ihre Ernährungspläne. Ihre persönlichen Pläne garantieren, dass Ihr Wecker gestellt ist und dass er seine Funktion auch tatsächlich wahrnehmen kann. Das 50+50-Punkteprogramm führt in Verbindung mit Ihren Plänen zu einer dauerhaften Lebensstiländerung. Bei korrekter und regelmäßiger Anwendung werden Sie fit, gesund und schlank. M.O.B.I.L.I.S. light ist also weit mehr als gewöhnliches Abnehmen!

Ihre M.O.B..L.I.S.-Experten haben Sie in den einzelnen Steps systematisch auf das 50+50-Punkteprogramm vorbereitet. Durch die praktischen Aufgaben haben Sie bereits verschiedene Aspekte des 50+50-Punkteprogramms ausprobiert und trainiert. Ihr M.O.B.I.L.I.S.-Schlankheitsdiplom dokumentiert, dass Sie alle 14 Trainings-Steps durchgearbeitet haben. Von der Anwendung des 50+50-Punkteprogramms ohne Diplom beziehungsweise ohne Teilnahme an einem unserer Gruppenprogramme raten Ihre M.O.B.I.L.I.S.-Experten dringend ab.

Auf den nachfolgenden Seiten werde ich Ihnen das 50+50-Punkteprogramm detailliert erklären. Dieser Part erfordert noch einmal Ihre sorgfältige Mitarbeit, damit Sie bei der Umsetzung des Programms erfolgreich sind. In der vorderen Innenklappe dieses Buches finden Sie übrigens eine Kurzübersicht. Vielleicht möchten Sie von Zeit zu Zeit einen Blick darauf werfen, um zu überprüfen, dass Sie alles richtig machen?

Bewegungspunkte sammeln

Mit Bewegung punkten Sie bei M.O.B.I.L.I.S. immer. Vorausgesetzt Sie beachten zwei Bedingungen:

(1) Sie halten sich an die für Sie richtige Trainingsintensität und

(2) Sie führen die von Ihnen ausgewählte körperliche Aktivität mindestens 15 Minuten am Stück durch.

Als Wochenziel sollten Sie über kurz oder lang mindestens 50 Bewegungspunkte anstreben. Und diese Summe verteilt auf wenigstens 2 Tage pro Woche.

Wie viele Bewegungspunkte gibt es für welche Aktivitäten?

Natürlich bekommen Sie nicht für jede durchgeführte Bewegungsform – pro Zeiteinheit – dieselbe Punktezahl. Schließlich unterscheidet sich der Energieverbrauch je nach körperlicher Aktivität. Um das Punktesammeln aber nicht zu einer Wissenschaft für sich zu machen, haben sich Ihre M.O.B.I.L.I.S.-Experten auf lediglich drei verschiedene Bewegungskategorien geeinigt (siehe nächste Seite).

▶ INFO

Bewegungskategorien

- **Ausdauer für Einsteiger:**
  1,5 Punkte/15 Minuten
  (0,1 Punkt/Minute)
- **Ausdauer für Fortgeschrittene:**
  3 Punkte/15 Minuten
  (0,2 Punkte/Minute)
- **Kräftigung:**
  2 Punkte/15 Minuten
  (0,13 Punkte/Minute)

In Ihrem M.O.B.I.L.I.S.-Organizer (Aktivitätsliste, siehe ab Seite 5) finden Sie zu jeder Kategorie eine Auflistung aller gängigen Bewegungsformen und Sportarten. Sollten Sie dennoch eine Aktivität vermissen, versuchen Sie diese selbstständig einer der drei Kategorien und damit einer Punktezahl zuzuordnen. Unserer Punktevergabe liegen übrigens die Vorgaben des renommierten amerikanischen Kollegs für Sportmedizin (ACSM, American College of Sports Medicine) zugrunde.

50 Punkte sind zu schaffen

50 Bewegungspunkte können Sie in etwa gleichsetzen mit einer gezielten wöchentlichen Aktivität von 2.500 Kilokalorien oder einer wöchentlichen Trainingszeit von vier bis acht Stunden (je nach durchgeführter Bewegungsform). Das scheint ganz schön viel! Mit gutem Grund habe ich Schlankwerden und Schlankbleiben schon als Schwerstarbeit bezeichnet. Der von Ihren M.O.B.I.L.I.S.-Experten aufgezeigte Weg ist nicht leicht. Das wissen Sie. Er führt Sie aber ganz sicher aus der ewigen Schaukelpolitik von Diät, Diätstress und -frust sowie erneutem Zunehmen heraus. Er ist wirklich der einzige auf Dauer Erfolg versprechende Weg!

Die genannten Aktivitätszahlen orientieren sich nicht umsonst an den allgemein gültigen Empfehlungen führender Fachgesellschaften. Wenn Sie die Wochenmarke von 50 Bewegungspunkten langfristig erreichen, ist Ihr aktiver Lebensstil – im Sinne neuester wissenschaftlicher Erkenntnisse – also vorbildlich.

In Step 9 hat Ihnen Doktor Lagerstrøm in einem idealen Wochenbeispiel gezeigt (siehe Seite 95), wie Sie es auf 50 Bewegungspunkte bringen können. Regelmäßige Alltags-Ausdaueraktivitäten – beispielsweise die tägliche Fahrt mit dem Rad zur Arbeit – tauchen ebenso in Ihrer Wochenbilanz auf, wie gezielte körperliche Aktivitäten in der Freizeit. Sie haben die Wahl: Entscheiden Sie selbst, wie Sie Ihre Bewegungspunkte sammeln möchten.

Trainingsempfehlungen für Einsteiger

Sie müssen die 50 Punkte selbstverständlich nicht auf einmal schaffen. Waren Sie lange Zeit körperlich inaktiv, sollten Sie behutsam mit Ihrem Bewegungstraining beginnen. Setzen Sie Ihr Wochenziel in diesem Fall sehr viel niedriger an: 15 bis 20 Bewegungspunkte sind für den Anfang realistisch. Wie wäre es beispielsweise mit ausgedehnten Spaziergängen nach Feierabend oder am Wochenende? Steigern Sie Ihre Aktivitäten langsam. Am besten alle 6 Wochen um 5 bis 10 Bewegungspunkte. So erreichen Sie etwa nach einem halben Jahr das angestrebte Aktivitätsniveau.

Sind Sie schon etwas aktiv, können Sie Ihr Training mit 20 bis 25 Bewegungspunkten beginnen. Erhöhen Sie Ihr Wochenziel anschließend ebenfalls alle 6 Wochen um 5 bis 10 Bewegungspunkte.

Doktor Lagerstrøm hat Ihnen die unterschiedlichen Trainingsempfehlungen in zwei Übersichtstabellen zusammengefasst (siehe Seite 148). Wählen Sie, je nachdem wie Sie sich einschätzen: Trainingsvariante A für den »inaktiven Einsteiger« oder Trainingsvariante B für den »etwas aktiven Einsteiger«.

Sollten Sie bereits regelmäßig körperlich aktiv sein oder Sport treiben und eine für Ihr Alter angemessene Leistungsfähigkeit mitbringen, können Sie selbstverständlich gleich die 50-Punkte-Bewegungsmarke in Angriff nehmen.

Punkte nur bei richtiger Trainingsintensität

Die wichtigste Bedingung für das Punkten haben Sie Eingangs kennen gelernt: Halten Sie sich an die für Sie richtige Trainingsintensität. Erinnern Sie sich an Step 4 und Ihre drei persönlichen Hilfsmittel zur Trainingssteuerung: Ihr persönliches Belastungsempfinden, Ihre Atmung und Ihre Herzfrequenz (Puls). Die von Ihnen ausgeübte Tätigkeit sollte also wenig anstrengend für Sie sein. So sollten Sie sich beispielsweise neben dem Walking noch gut unterhalten können. Ferner sollten Sie Ihre Trainingsherzfrequenzobergrenze nicht überschreiten.

Wenn Sie in diesem Sinne richtig trainieren (siehe auch: Kotrollfragen zur Trainingsintensität, Seite 48) und Ihr Training mindestens 15 Minuten dauert, dürfen Sie sich Bewegungspunkte auf Ihrem Wochenkonto gutschreiben.

Wochenprotokoll Bewegung

In Ihrem M.O.B.I.L.I.S.-Organizer finden Sie sechs Wochenprotokolle Bewegung (siehe ab Seite 32). Eine Kopiervorlage gibt es auch in der hinteren Innenklappe dieses Buches.

Halten Sie zunächst oben rechts die Schlankheits-Management-Woche fest. Starten Sie heute oder morgen mit Woche »1«. Zukünftig sollten Sie natürlich immer am selben Wochentag mit einem neuen Protokoll beginnen. Das muss nicht unbedingt der Montag sein.

Tragen Sie nach Ihrem Training Datum (Spalte 1), Aktivität (Spalte 2) und Dauer (Spalte 3) in das Protokoll ein. Schlagen Sie in Ihrem M.O.B.I.L.I.S.-Organizer (ab Seite 5) nach, wie viele Bewegungspunkte Sie für Ihr Aktivsein bekommen. Dokumentieren Sie dann die ermittelte Punktezahl in Spalte 4.

Zählen Sie am Ende der Woche alle Bewegungspunkte zusammen und notieren Sie die Summe. Übertragen Sie Ihre gesammelten Ernährungspunkte in das Protokoll. Berechnen Sie abschließend die Wochensumme. Jetzt wissen Sie, wie erfolgreich Ihr aktuelles Schlankheits-Management ist!

Schultern Sie sich am Anfang nicht zu viel auf.

Trainingsvariante A: der inaktive Einsteiger

Woche	Ausdauer	Kräftigung	Wochensumme BEWEGUNGSPUNKTE (Ausdauer + Kräftigung)	Wochensumme ERNÄHRUNGSPUNKTE	Wochensumme GESAMT (BEWEGUNGSPUNKTE + ERNÄHRUNGSPUNKTE)
1–6	12	4	16	50	**66**
7–12	18	4	22	50	**72**
13–18	24	6	30	50	**80**
19–24	34	6	40	50	**90**
24–x	44	6	50	50	**100**

Bewegungspunkte sollten über die Woche verteilt gesammelt werden (an wenigstens 2 Tagen).

Ernährungspunkte können nur an 5 Tagen pro Woche gesammelt werden.

Trainingsvariante B: der etwas aktive Einsteiger

Woche	Ausdauer	Kräftigung	Wochensumme BEWEGUNGSPUNKTE (Ausdauer + Kräftigung)	Wochensumme ERNÄHRUNGSPUNKTE	Wochensumme GESAMT (BEWEGUNGSPUNKTE + ERNÄHRUNGSPUNKTE)
1–6	18	4	22	50	**72**
7–12	24	6	30	50	**80**
13–18	34	6	40	50	**90**
19–x	44	6	50	50	**100**

Bewegungspunkte sollten über die Woche verteilt gesammelt werden (an wenigstens 2 Tagen).

Ernährungspunkte können nur an 5 Tagen pro Woche gesammelt werden.

Ernährungspunkte sammeln

Stimmen Menge und Qualität der von Ihnen verzehrten Lebensmittel, punkten Sie auf der Ernährungsseite. An einem Tag können Sie es auf maximal 10 Ernährungspunkte bringen. Zwei Tage pro Woche haben Sie grundsätzlich »frei« und sammeln keine Ernährungspunkte. Das ergibt 50 Ernährungspunkte pro Woche.

Die M.O.B.I.L.I.S.-Ernährungsempfehlungen

In jedem Ernährungsstep hat Ihnen Professor Hamm eine Ernährungsempfehlung vorgestellt. Sie haben somit fünf Empfehlungen für Ihren fitness- und figurbewussten Speiseplan:

(1) Essen Sie höchstens 60 Gramm Fett am Tag.
(2) Essen Sie überwiegend Kohlenhydrate mit einem günstigen GLYX-Faktor.
(3) Essen Sie mindestens 5 Portionen Gemüse/Obst am Tag.
(4) Trinken Sie mindestens 2 Liter energiearme Getränke am Tag.
(5) Halten Sie sich an 3 feste Mahlzeiten am Tag, und essen Sie nur im Bedarfsfall kleine Zwischenmahlzeiten.

Für jede vollständig umgesetzte Ernährungsempfehlung erhalten Sie 2 Ernährungspunkte. Jeweils 1 Ernährungspunkt gibt es, wenn Sie 60 bis 80 Gramm Fett zu sich genommen haben, wenn zirka 50 Prozent der von Ihnen verzehrten Kohlenhydrate einen günstigen GLYX-Faktor hatten und/oder wenn immerhin 4 Portionen Gemüse/Obst auf Ihrem Speiseplan standen.

Wenn Sie bei der Trink- und Mahlzeitenempfehlung die wünschenswerten Mengen nicht erreichen, gilt dagegen: Alles oder nichts!

INFO

Ernährungspunkte angehen

Im Gegensatz zur Bewegung, wo die körperlichen Voraussetzungen erst geschaffen werden müssen, sollten Sie bei der Ernährung sofort die 50-Punkte-Ernährungsmarke ins Visier nehmen. Versuchen Sie die Ernährungsempfehlungen von Anfang an in Ihrem Alltag umzusetzen. Machen Sie Ihre neue gesunde Ernährungsweise zur Gewohnheit!

Die M.O.B.I.L.I.S.-Ernährungspyramide

In der M.O.B.I.L.I.S.-Ernährungspyramide (siehe vordere Buchinnenklappe) sind die Ernährungsempfehlungen mit Lebensmitteln und Mengenangaben praktisch dargestellt. Die Pyramide bietet Ihnen damit eine zusätzliche Hilfe bei der Zusammenstellung Ihres täglichen Speiseplans. Orientieren Sie sich an der Pyramide: Essen Sie fettgesund, kohlenhydratbewusst und eiweißbetont!
Vielleicht interessiert Sie in diesem Zusammenhang die Nährstoffverteilung Ihres Speiseplans für die schlanke Linie: 45 bis 50 Prozent entfallen auf Kohlenhydrate mit günstigem GLYX-Faktor, maximal 35 Prozent auf Fett und zirka 20 Prozent auf Eiweiß.

Auch Vegetarier werden schlank

Zwar empfiehlt Ihnen Ihr Ernährungsexperte Professor Hamm eine Mischkost mit sowohl pflanzlichen als auch tierischen Lebensmitteln in ausgewogener Menge. Grundsätzlich ist das gesunde Abnehmen mit M.O.B.I.L.I.S. aber auch für Vegetarier möglich. Ob Sie nun Fleisch essen oder nicht: Die M.O.B.I.L.I.S.-Ernährungsempfehlungen können Sie ganz individuell umsetzen und mit Inhalten – also konkreten Lebensmitteln! – füllen.

Beachten Sie allerdings folgende Hinweise: Wenn Sie auf Fleisch und Fisch verzichten, jedoch Milch und Milchprodukte sowie Eier verzehren (Fachbegriff: »ovolaktovegetarische Ernährung«), sollten Sie den Anteil fettarmer Milchprodukte in Ihrer Ernährung erhöhen. Ersetzen Sie beispielsweise eine Portion Fleisch oder Fisch durch Käse, Eier oder auch Hülsenfrüchte. Um Ihre Eisenversorgung zu verbessern, können Sie pflanzliche Eisenträger (Hafer, Roggen, Nüsse und Hülsenfrüchte) mit Vitamin C (in Obst, Fruchtsäften, Gemüse und Salat enthalten) kombinieren.

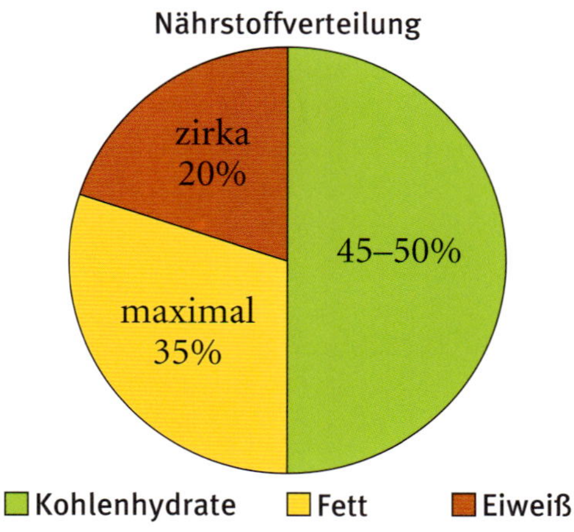

Wenn Sie gar keine tierischen Produkte essen (Fachbegriff: »vegane Ernährung«), sollten Sie den Anteil an Hülsenfrüchten und Sojaprodukten in Ihrer Ernährung deutlich erhöhen. Wählen Sie beim Getreide vor allem Hafervollkornprodukte. Am besten essen Sie davon sogar eine zusätzliche Portion am Tag. Nehmen Sie gegebenenfalls Nahrungsergänzungsmittel, damit Ihr Körper ganz sicher ausreichend mit Vitamin B_{12}, Vitamin D und Calcium versorgt wird.

Ihre beiden »freien« Tage

An zwei »freien« Tagen pro Woche sammeln Sie keine Ernährungspunkte. Natürlich dürfen Sie dennoch Ihr neues Wissen anwenden und auf eine gesunde ausgewogene Ernährung achten. Ihre M.O.B.I.L.I.S.-Experten empfehlen Ihnen, die »freien« Tage nicht auszunutzen. Sehen Sie die kleine Auszeit eher als Chance, das Erlernte und Ihre ersten Erfolge zu festigen. Probieren Sie aus, wie Sie im Alltag zurechtkommen, wenn Sie keine Ernährungspunkte sammeln. Seien Sie trotzdem aktiv: Bewegungspunkte zählen an jedem Tag!

Nehmen Sie sich jede Woche andere »freie« Tage. Ihre »freien« Tagen sollten grundsätzlich nicht beide auf ein Wochenende fallen, denn so fällt es Ihnen schwerer, diszipliniert zu bleiben. Begehen Sie nicht den Fehler, nur unter der Woche an Ihrem neuen Lebensstil zu arbeiten und am Wochenende den Ausnahmezustand zu proben. Denn regelmäßige grobe Ausrutscher könnten Sie durch Bewegung allein kaum ausgleichen. Über gelegentliche Ausnahmen (an »freien« Tagen) müssen Sie sich dagegen keine Sorgen machen: Sie fallen – im wahrsten Sinne des Wortes – nicht ins Gewicht.

Tagesprotokoll Ernährung

In Ihrem M.O.B.I.L.I.S.-Organizer finden Sie für Ihre erste Schlankheits-Management-Woche fünf Tagesprotokolle Ernährung (siehe ab Seite 34). Und für die fünf folgenden Wochen jeweils ein Tagesprotokoll. Eine Kopiervorlage gibt es wiederum in der hinteren Innenklappe Ihres Buches.

Führen Sie das Tagesprotokoll Ernährung an fünf beliebigen Tagen der Woche. Beginnen Sie ab heute oder morgen damit. Samstag und/oder Sonntag sollten allerdings auf jeden Fall dabei sein. Ab der zweiten Schlankheits-Management-Woche brauchen Sie das Tagesprotokoll nur noch einmal – zur Kontrolle – zu führen. Wählen Sie jede Woche einen anderen Protokolltag. Halten Sie zunächst oben rechts das jeweilige Datum fest. Tragen Sie – nach jedem Essen – in Protokollspalte 1 alle verzehrten Lebensmittel beziehungsweise die Zutaten Ihrer Speisen ein sowie in Spalte 2 die dazugehörigen (geschätzten oder gewogenen) Portionsgrößen in Gramm. Was nun folgt, kennen Sie schon aus den praktischen Aufgaben der Ernährungssteps:

(1) **Fett-Empfehlung:** Bestimmen Sie mit Hilfe Ihres M.O.B.I.L.I.S.-Organizers – unter Berücksichtigung der Portionsgröße – den Fettgehalt der verzehrten Lebensmittel (Spalte 3). Vergessen Sie dabei auch nicht, den Alkoholgehalt entsprechender Getränke als »Fett« festzuhalten. Ermitteln Sie am Ende des Tages die aufgenommene Gesamtfettmenge. Liegt diese nicht höher als 60 Gramm Fett, bekommen Sie 2 Ernährungspunkte. 1 Ernährungspunkt erhalten Sie bei einer Tagessumme von 60 bis maximal 80 Gramm Fett.

(2) **GLYX-Empfehlung:** Notieren Sie für verzehrte kohlenhydrathaltige Lebensmittel – ebenfalls mit Hilfe des M.O.B.I.L.I.S.-Organizers – den GLYX-Faktor. Machen Sie einen Strich in der entsprechenden farbig gekennzeichneten Spalte (Spalte 4–6). Zählen Sie am Ende des Tages die Striche der einzelnen Spalten zusammen. Überwiegen die Striche der grünen Spalte deutlich, bekommen Sie 2 Ernährungspunkte. Sind zirka die Hälfte im grünen Bereich, gibt es 1 Ernährungspunkt.

(3) **Gemüse-Obst-Empfehlung:** Kreuzen Sie in Spalte 7 an, wenn es sich bei einem der verzehrten Lebensmittel um Gemüse oder Obst handelt. Haben Sie am Ende des Tages mindestens fünf Kreuze (im Verhältnis 3:2 für Gemüse), bekommen Sie 2 Ernährungspunkte. Bei vier Kreuzen bleibt Ihnen ein 1 Ernährungspunkt.

Gemüse und Obst – bitte 5-mal täglich …

(4) **Trink-Empfehlung:** Dokumentieren Sie Getränke ebenfalls als Lebensmittel (Spalte 1). Protokollieren Sie in Spalte 8 die Trinkmenge in Millilitern. Vergessen Sie nicht – falls Ihr Getränk zuckerhaltig ist (gilt auch für Fruchtsäfte oder -schorlen!) – den GLYX-Faktor zu vermerken. Berechnen Sie am Ende des Tages die Summe der aufgenommenen Flüssigkeit. Ab 2 Litern bekommen Sie 2 Punkte.

(5) **Mahlzeiten-Empfehlung:** Kreuzen Sie in Spalte 9 die eingenommenen festen Mahlzeiten an: Frühstück, Mittagessen oder Abendessen. Schreiben Sie auf, was Sie gegebenenfalls als zusätzliche Mahlzeiten verzehrt haben. Kommen Sie am Ende des Tages auf drei feste Mahlzeiten, erhalten Sie 2 Ernährungspunkte. Zwischenmahlzeiten, sofern Sie nach Professor Hamms Definition »klein« sind (siehe Seite 119), haben keinen negativen Einfluss auf die Umsetzung Ihrer Mahlzeiten-Empfehlung. Alle anderen zusätzlich verzehrten Speisen lassen dagegen aus dem kleinen Snack schnell eine handfeste Mahlzeit werden. Entsprechend schlagen Sie auch auf Ihrer Kalorienseite zu B(a)uche.

Wochenprotokoll Ernährung

In Ihrem M.O.B.I.L.I.S.-Organizer finden Sie schließlich auch sechs Wochenprotokolle Ernährung (siehe ab Seite 33). Auch diese Kopiervorlage finden Sie in der hinteren Innenklappe dieses Buches.

Übertragen Sie am Ende Ihrer ersten Schlankheits-Management-Woche die jeweiligen Ernährungspunkte in das Wochenprotokoll. Bilden Sie für jede Ernährungsempfehlung die Summe sowie anschließend die Wochensumme. Liegen Sie im Bereich von 50 Ernährungspunkten, haben Sie vorbildlich gegessen: Ihre Gesundheit und Ihre schlanke Linie werden es Ihnen danken.

Erfrischend gesund: Mineralwasser!

Führen Sie ab der zweiten Schlankheits-Management-Woche nur noch das Wochenprotokoll Ernährung. Durch das ausführliche Dokumentieren und Protokollieren in der ersten Woche haben Sie ein Gefühl für Ihren fitness- und figurbewussten Speiseplan entwickelt. Sie wissen jetzt, worauf Sie achten müssen, um auf Ihre täglichen Ernährungspunkte zu kommen. Nehmen Sie – bevor Sie zu Bett gehen – Ihren M.O.B.I.L.I.S.-Organizer beziehungsweise Ihr Wochenprotokoll zur Hand. Lassen Sie Ihren Tag Revue passieren: Überlegen Sie, ob Sie die Ernährungsempfehlungen umgesetzt haben. Und vergeben Sie sich aufgrund Ihrer ehrlichen Selbsteinschätzung Punkte. Zur persönlichen Kontrolle sollten Sie an einem Tag der Woche auch weiterhin das ausführliche Tagesprotokoll ausfüllen. Vergessen Sie nicht Ihre beiden »freien« Tage!

Für fortgeschrittene Schlankheitsmanager

Sobald Sie körperlich in der Lage sind, 50 Bewegungspunkte pro Woche zu erreichen, können Sie das 50+50-Punkteprogramm noch gezielter einsetzen: Gelingt es Ihnen nämlich nicht, 50 Ernährungspunkte zu sammeln, dürfen Sie das Defizit jederzeit über zusätzliche Bewegungspunkte ausgleichen. Dabei erkennen Sie schon in der laufenden Woche, ob Ihnen Ernährungspunkte fehlen. Steuern Sie einer unbefriedigenden Bilanz über zusätzliche sportliche Aktivitäten gezielt entgegen: Bringen Sie Ihren Körper ins Gleichgewicht!

Ein Überschreiten der 50-Punkte-Ernährungsmarke ist dagegen nicht möglich. Wenn Sie hungern und fasten, sich also nicht vernünftig und gesund ernähren, bekommen Sie keine Punkte.

INFO

Kopiervorlagen nutzen

Übrigens: Wenn Sie nach sechs Wochen Schlankheits-Management alle Protokolle in Ihrem M.O.B.I.L.I.S.-Organizer vollgeschrieben haben, ist Ihr Schlankheits-Management natürlich nicht beendet. Nutzen Sie die Kopiervorlagen (siehe Seite 176 und hintere Buchinnenklappe) oder laden Sie sich neue Protokolle aus dem Internet herunter: **www.mobilis-light.de.**

Punkten Sie dann anschließend weiter wie bisher.

... und Pläne machen!

Weil sie für die langfristige Umsetzung des 50+50-Punkteprogramms so wichtig sind, möchte ich Sie an dieser Stelle noch einmal an Ihre Bewegungs- und Ernährungspläne erinnern. Auch auf die Gefahr hin, dass Sie jetzt denken: »Das weiß ich doch schon alles …« Glauben Sie mir: Das Thema Plänemachen kann nicht oft genug wiederholt werden.

Ihre Psychologieexpertin Doktor Göhner hat Ihnen ein Geheimrezept für gute Pläne verraten. Erinnern Sie sich an die 3pw-Regel? Haben Sie diese – ohne nachzuschlagen – parat? Falls nicht, kommt sie hier zur Sicherheit noch einmal:

- Mein Plan ist **präzise**, wenn ich mit ihm beschreibe,
  (a) *was* ich machen werde und
  (b) *wann* ich etwas machen werde.
- Mein Plan ist **passend**, wenn er meinen persönlichen Interessen entspricht.
- Mein Plan ist **praktikabel**, wenn er zeitlich, finanziell und organisatorisch in meinen Alltag passt.
- Mein Plan ist **wirksam**, wenn ich mit seiner Hilfe möglichst viele Bewegungs- und Ernährungspunkte im 50+50-Punkteprogramm sammeln kann.

Erreichen Sie am Ende Ihrer Schlankheits-Managementwoche auf Anhieb die von Ihnen angestrebte Punktezahl (x Bewegungspunkte + 50 Ernährungspunkte), sind Ihnen Ihre Pläne offensichtlich sehr gut gelungen.

Wenn Sie dagegen Ihre persönliche Wochenpunkte-Marke deutlich verfehlt haben, sollten Sie Ihre Pläne noch einmal mit Hilfe der 3pw-

Gelungener Start: Setzen Sie schon beim Frühstück die Ernährungsempfehlungen um.

Regel überprüfen. Nehmen Sie notwendige Änderungen vor. Und versuchen Sie es in der kommenden Woche erneut.
Wenn Ihre Pläne allerdings dem 3pw-Check (siehe auch Seite 79) standhalten, haben Sie vermutlich nicht genug Bewegungspläne und/ oder Ernährungspläne ausgearbeitet. Denn für jede Ernährungsempfehlung benötigen Sie beispielsweise mindestens einen Ernährungsplan. Formulieren Sie also weitere Pläne.
Noch ein Letztes: Vergessen Sie in diesem Zusammenhang auch nicht Ihre persönlichen Strategien zum Barrierenmanagement. Versuchen Sie, Stolpersteine im Alltag erfolgreich zu überwinden.

Punktebeispiel

Sie kennen doch noch Frau Müller aus Step 7 und Step 13: Doktor Göhner hat Ihnen Pläne, Barrieren und Strategien zum Barrierenmanagement am Beispiel von Frau Müller erklärt. Nehmen wir an, Frau Müller sammelt auch Bewegungs- und Ernährungspunkte. Wie könnte ein bewegter und gesunder Tag im Leben von Frau Müller aussehen?

Ein Tag im Leben von Frau Müller

Frau Müller steht um 06:30 Uhr auf. Sie geht zunächst einmal ins Bad. Während des Zähneputzens macht sie ihre kleine Kräftigungsübung. Zum Frühstück isst sie ein Früchtevollkornmüsli mit frischen Aprikosen, Walnüssen und fettarmer Milch. Dazu trinkt sie eine Tasse Kaffee und ein Glas Orangensaftschorle.

Fett-Empfehlung: zirka 17 g; GLYX-Empfehlung: 3-mal niedriger GLYX; Obst-Gemüse-Empfehlung: 1 Kreuz für Obst; Trink-Empfehlung: 325 ml; Mahlzeiten-Empfehlung: 1 Kreuz für Frühstück.

Gegen 08:00 Uhr verlässt Frau Müller das Haus und fährt 20 Minuten mit dem Rad zur Arbeit (2 Bewegungspunkte). Am Arbeitsplatz trinkt Frau Müller zwei Tassen Früchtetee und zwei Gläser Mineralwasser. Als kleine Zwischenmahlzeit wählt sie fettarmen Joghurt.

Fett-Empfehlung: 4 g; Trink-Empfehlung: 650 ml.

Gegen 12:30 Uhr startet Frau Müller aktiv in die Mittagspause: Sie macht etwa eine Viertelstunde Kräftigungsübungen mit dem Thera-Band® (2 Bewegungspunkte). Anschließend wärmt sie ihr Mittagessen in der Gemeinschaftsküche auf. Frau Müller hat vorgekocht: geschnetzelte Schweinelende mit Vollkornnudeln und Zucchinigemüse in heller – mit püriertem Gemüse gebundener – Sauce. Dazu einen Salat mit fettarmem Joghurtdressing. Zum Essen trinkt Frau Müller ein großes Glas Mineralwasser und danach noch einen Kaffee.

Fett-Empfehlung: zirka 13 g; GLYX-Empfehlung: 2-mal niedriger GLYX; Obst-Gemüse-Empfehlung: 1 Kreuz für (gegartes) Gemüse und 1 Kreuz für Salat; Trink-Empfehlung: 425 ml; Mahlzeiten-Empfehlung: 1 Kreuz für Mittagessen.

Am Nachmittag isst Frau Müller einen Apfel und trinkt ein großes Glas Mineralwasser. Um 16:00 Uhr fährt sie – wiederum mit dem Rad – nach Hause (2 Bewegungspunkte).

Fett-Empfehlung: 1 g; GLYX-Empfehlung: 1-mal niedriger GLYX; Obst-Gemüse-Empfehlung: 1 Kreuz für Obst; Trink-Empfehlung: 300 ml

Nach einer kurzen Pause macht Frau Müller wie an jedem Mittwochabend im angrenzenden Wald eine halbe Stunde Nordic Walking (3 Bewegungspunkte). Anschließend holt sie ihren jüngeren Sohn mit dem Wagen von der Sportstunde ab.
Zum Abendessen kurz nach 19:00 Uhr gibt es bei Frau Müller eine Scheibe Pumpernickel mit Senf und Tilsiterkäse sowie gemischte Rohkost mit etwas Rapsöl. Als Getränk wählt Frau Müller 2 Tassen Kräutertee.

Fett-Empfehlung: zirka 11 g; GLYX-Empfehlung: 2-mal niedriger GLYX; Obst-Gemüse-Empfehlung: 1 Kreuz für (rohes) Gemüse; Trink-Empfehlung: 250 ml; Mahlzeiten-Empfehlung: 1 Kreuz für Abendessen.

Nachdem Haushalt und Kinder versorgt sind, macht Frau Müller gemeinsam mit ihrem Mann ein paar Entspannungsübungen nach Jacobson. Während Frau Müller die Spätnachrichten verfolgt, trinkt sie ein Glas Mineralwasser. Anschließend zieht sie Bilanz und notiert ihre Bewegungs- sowie Ernährungspunkte im M.O.B.I.L.I.S.-Organizer. Der Tag von Frau Müller endet schließlich im Bad mit der kleinen Kräftigungsübung während des Zähneputzens …

Trink-Empfehlung: 200 ml

Haben Sie mitgerechnet? Frau Müller sammelte über den Tag 9 Bewegungspunkte. Durch die richtige Auswahl ihrer Lebensmittel setzte Frau Müller schließlich alle fünf Ernährungsempfehlungen vollständig um und kassierte 10 Ernährungspunkte: Sie verzehrte rund 50 Gramm Fett, überwiegend Kohlenhydrate mit einem günstigen GLYX-Faktor sowie 5 Portionen Gemüse und Obst. Ferner trank sie gut 2 Liter energiearme Getränke und hielt sich an 3 feste Mahlzeiten. Auch die beiden Zwischenmahlzeiten waren nach Professor Hamms Definition »klein« (siehe Seite 119). Insgesamt also ein ausgezeichnetes Tagesergebnis. Das schaffen Sie ganz bestimmt auch!

Die Zeit danach: schlank bleiben!

Sie wissen jetzt, wie Sie mit dem 50+50-Punkteprogramm auf gesunde Weise schlank werden können. Doch bleibt die Frage: Was tun, wenn Sie Ihr Wunschgewicht endlich erreicht haben? Wie bleiben Sie auch weiterhin fit, gesund und schlank?

50+35 Punkte stabilisieren das Gewicht

Damit Sie langfristig Erfolg haben, müssen Sie Ihren neuen Lebensstil dauerhaft beibehalten. M.O.B.I.L.I.S. light kann Ihnen dabei helfen: Setzen Sie Ihr Schlankheits-Management beziehungsweise das 50+50-Punkteprogramm fort, wenn Sie Ihr Wunschgewicht erreicht haben. Allerdings mit veränderter Punktevorgabe: Versuchen Sie auf Dauer 85 Punkte pro Woche zu schaffen.

Halten Sie Ihr Aktivitätsniveau von 50 Bewegungspunkten unabhängig von Ihrem Gewicht. Denn das ist und bleibt das richtige Maß für Ihre wöchentliche Ration Bewegung. Auf der Ernährungsseite dürfen Sie es ab sofort etwas lockerer angehen. Das neue Wochenziel Ihres Ernährungsexperten Professor Hamm lautet: 35 Ernährungspunkte. Auf diese Summe kommen Sie beispielsweise, wenn Sie bei der Fett-Empfehlung, bei der GLYX-Empfehlung und bei der Obst-Gemüse-Empfehlung jeweils nur 1 Punkt am Tag sammeln. Letztlich aber bleibt es selbstverständlich Ihnen überlassen, durch welche Kombinationen Sie Ihre 35 Ernährungspunkte erreichen. Lediglich die Fett-Empfehlung – maximal 80 Gramm Fett am Tag! – sollten Sie nie mehr ganz aus den Augen verlieren.

Stabilisierungsphase: schlank bleiben!

Ausdauer	Kräftigung	Wochensumme BEWEGUNGSPUNKTE (Ausdauer + Kräftigung)	Wochensumme ERNÄHRUNGSPUNKTE	Wochensumme GESAMT (BEWEGUNGSPUNKTE + ERNÄHRUNGSPUNKTE)
44	6	50	35	**85**

Bewegungspunkte sollten über die Woche verteilt gesammelt werden (an wenigstens 2 Tagen).

Ernährungspunkte können nur an 5 Tagen pro Woche gesammelt werden.

Auch während der langfristigen Stabilisierungsphase können Sie jederzeit fehlende Ernährungspunkte über zusätzliche Bewegungspunkte ausgleichen. Solange Ihre Wochenbilanz mit 85 Punkten stimmt, werden Sie Ihr Gewicht halten. Ihre M.O.B.I.L.I.S.-Experten raten Ihnen allerdings davon ab, die Ernährungspunkte-Marke hochzusetzen und dafür bei der Bewegung zu sparen. Das hätte zwar keinen direkten Einfluss auf Ihre schlanke Linie. Aber Ihrer Fitness und Gesundheit würde diese Punkteverteilung auf Dauer nicht gut tun.

Verlieren Sie weder Ihre Bewegungspläne noch Ihre Ernährungspläne aus den Augen. Sie haben wesentlichen Anteil an Ihrem Erfolg! Passen Sie Ihre Ernährungspläne gegebenenfalls der neuen 35-Punktevorgabe an.

Wenn die Gewohnheit einsetzt ...

Wann aber können Sie Ihr Schlankheits-Management beziehungsweise das 50+50-Punkteprogramm beenden? Die Antwort ist denkbar einfach: Genau zu dem Zeitpunkt, wenn Ihr bewegter und gesunder Lebensstil zu einer alltäglichen Selbstverständlichkeit für Sie geworden ist. Zur festen Gewohnheit. Wenn Sie also die Vorgaben aus dem 50+50-Punkteprogramm beziehungsweise Ihre Bewegungspläne und Ihre Ernährungspläne umsetzen, ohne einen Gedanken daran verschwenden zu müssen. Wie lange das dauern wird, kann Ihnen keiner Ihrer M.O.B.I.L.I.S.-Experten vorhersagen. Dass dieser Tag – bei korrekter und regelmäßiger Anwendung – für Sie aber kommen wird, ist gewiss!

M.O.B.I.L.I.S. macht Sie nicht abhängig von einem System. Im Gegenteil: Je länger Sie das 50+50-Punkteprogramm zusammen mit Ihren persönlichen Plänen im Alltag nutzen, umso weniger werden Sie es brauchen. Das ist vielleicht sogar der größte Vorteil unseres Programms.

Für den Fall der Fälle: Problemsuche!

Für den Fall, dass das Schlankwerden trotzdem nicht so richtig funktionieren sollte, haben wir für Sie im Anschluss einen großen Check vorbereitet. Mit Hilfe eines ausführlichen Fragenkatalogs kommen Sie möglichen Problemen ganz bestimmt auf den Grund. Daher mein Tipp: Lesen Sie das letzte Kapitel, bevor Sie daran denken, aufzugeben!

Beginnen Sie Ihr bewegtes und gesundes Leben – werden und bleiben Sie schlank!

PROBLEMSUCHE: Der große »Warum nehme ich nicht ab?«-Check

Natürlich ist es frustrierend, wenn Sie sich schon seit mehreren Wochen an alle Vorgaben Ihres 50+50-Punkteprogramms halten und sich auf der Waage nur ganz wenig tut. Seien Sie aber nicht zu ungeduldig. Ihr Körper braucht Zeit, um sich umzustellen. Wenn Sie dennoch glauben, dass Sie bisher zu wenig abgenommen haben, finden Sie mit unserem »Check« und den dazugehörigen Tipps heraus, woran es liegen könnte.

WIE LÄUFT IHR Schlankheits-Management? Dumme Frage! Sie lesen schließlich diese Zeilen. Das heißt: Sie sind vermutlich nicht zufrieden. Sie kommen nicht vom Fleck …

Kennen Sie den Märchenroman »Momo« von Michael Ende? Dort gibt es die Figur des Beppo Straßenkehrer. Ich habe beim Schreiben oft an ihn gedacht. An seine Einstellung, mit der täglichen Arbeit umzugehen. Wie Sie vielleicht wissen, hat Beppo immer wieder schrecklich lange Straßen zu kehren. Straßen, die er kaum zu schaffen glaubt. Wie geht er mit solchen Situationen um? Eigentlich ganz einfach: »Man darf nie an die ganze Straße auf einmal denken […]. Man muss nur an den nächsten Schritt denken, an den nächsten Atemzug, an den nächsten Besenstrich. Und immer wieder an den nächsten.« Natürlich braucht Beppo seine Zeit. Aber er kommt an, gerade weil er sich nicht beeilt: »Auf einmal merkt man, dass man Schritt für Schritt die ganze Straße gemacht hat. Man hat gar nicht gemerkt wie, und man ist nicht außer Puste.«

Verhalten Sie sich ähnlich wie Beppo? Verfolgen Sie Ihr Vorhaben, schlank zu werden und schlank zu bleiben, mit Ruhe, dafür aber ernsthaft und stetig? Oder geht Ihnen alles nicht schnell genug? Sind Sie ungeduldig, strengen Sie sich zu sehr an? Und ist Ihr gewähltes Tempo dabei vielleicht zu hoch?

Selbstverständlich gibt es eine Reihe von Gründen, warum Ihr Schlankwerden nicht so richtig funktionieren könnte. Mit der Einstellung von Beppo Straßenkehrer werden Sie Ihr Ziel jedoch ganz bestimmt erreichen. Schritt für Schritt: langfristig!

Um Ihnen aber konkret bei der Problemsuche zu helfen, haben Ihre M.O.B.I.L.I.S.-Experten den »Warum nehme ich nicht ab?«-Check für Sie entwickelt. Der Check stellt Ihnen 25 Fragen, die auf mögliche Probleme hinweisen und bietet Ihnen zu jeder Frage verschiedene Antwortmöglichkeiten. Führen Sie den Check erst dann durch, wenn Sie mindestens vier bis sechs Wochen Schlankheits-Management hinter sich haben. Und natürlich nur, wenn das Abnehmen wirklich nicht funktioniert!

Der »Warum nehme ich nicht ab?«-Check

Nehmen Sie sich für den »Warum nehme ich nicht ab?«-Check Zeit. Bearbeiten Sie alle Fragen der Reihenfolge nach. Kreuzen Sie – ohne lange nachzudenken – jeweils die für Sie passende Antwort an. Liegt Ihre Antwort im grünen Bereich, sind Sie auf dem richtigen Weg. Das heißt: Haken Sie die Frage ab und machen Sie weiter wie bisher! Sie müssen offensichtlich nur ein wenig mehr Geduld haben!

Haben Sie Ihre Antwort dagegen im roten Bereich gefunden, machen Sie vermutlich genau hier etwas falsch. Lesen Sie in diesem Fall den entsprechenden Tipp zur Problemlösung. Gehen Sie auf diese Weise alle Fragen durch. Und finden Sie heraus, wo Ihre Schwierigkeiten liegen. Schließen Sie nach dem Ausschlussverfahren mögliche Schlankheits-Management-Fehler Ihrerseits aus!

Sollte sich am Ende – wider Erwarten – herausstellen, dass Sie wirklich alles richtig machen, und sich auch einige Wochen später noch gar kein Erfolg zeigen, empfehlen wir Ihnen einen ausführlichen Gesundheitscheck bei Ihrem Hausarzt. Denn im Ausnahmefall können leider auch Erkrankungen das Schlankwerden verhindern (siehe Seite 166).

Der große »Warum nehme ich nicht ab«-Check

Nr.	Problemsuche	Hier haben Sie möglicherweise ein Problem. Lesen Sie unseren Tipp zur Problemlösung.	Hier haben Sie kein Problem: Machen Sie weiter wie bisher!
01	Auf wie viele Bewegungspunkte bringen Sie es pro Woche?	☐ 15–20 Punkte ☐ 30–40 Punkte ☐ 40–50 Punkte ☐ 50 Punkte	☐ mehr als 50 Punkte
02	Auf wie viele Ernährungspunkte bringen Sie es pro Woche?	☐ weniger als 35 Punkte ☐ 35–45 Punkte	☐ 45–50 Punkte
03	Halten Sie sich an Ihre Bewegungspläne und Ihre Ernährungspläne?	☐ nie ☐ selten ☐ gelegentlich	☐ meistens ☐ immer
04	Haben Sie Ihre Gesundheitsziele vor Augen?	☐ nein	☐ ja
05	Funktionieren Ihre Strategien zum Barrierenmanagement?	☐ nie ☐ selten ☐ gelegentlich	☐ meistens ☐ immer
06	Sind Sie wirklich ganz ehrlich zu sich (bei der Punktevergabe/bei Ihren Plänen)?	☐ nein ☐ selten ☐ gelegentlich ☐ meistens	☐ immer
07	Trainieren Sie mit der richtigen Intensität?	☐ nein ☐ ich weiß nicht, achte nicht darauf	☐ ja
08	Schlagen Sie an den »freien« Tagen über die Stränge?	☐ häufig ☐ gelegentlich	☐ selten ☐ nie
09	Wie viel Fett verzehren Sie im Schnitt am Tag?	☐ mehr als 80 g ☐ 60–80 g ☐ zirka 60 g	☐ deutlich weniger als 60 g
10	Welche Kohlenhydrate verzehren Sie?	☐ weniger als die Hälfte mit günstigem GLYX	☐ mindestens die Hälfte oder sogar deutlich mehr als die Hälfte mit günstigem GLYX
11	Wie viel Obst essen Sie am Tag?	☐ 4 Portionen oder mehr	☐ 2–3 Portionen
12	Trinken Sie ausreichend und energiearm?	☐ nein (weniger als 2 l und/oder energiereich)	☐ ja (mindestens 2 l energiearm)
13	Essen Sie zwischendurch?	☐ häufig ☐ gelegentlich	☐ selten ☐ nie
14	Wählen Sie Ihre Lebensmittel nach den Empfehlungen der Pyramide?	☐ nein ☐ gelegentlich	☐ meistens ☐ immer
15	Essen Sie auch wirklich genug?	☐ nein, deutlich weniger als von M.O.B.I.L.I.S. empfohlen	☐ ja, so wie von M.O.B.I.L.I.S. empfohlen
16	Verhalten Sie sich nach der Devise: »Jetzt ist alles egal«, wenn Sie es nicht geschafft haben, Ihre Punkte zu sammeln oder Ihre Pläne durchzuführen?	☐ häufig ☐ gelegentlich	☐ selten ☐ nie
17	Haben Sie viel Stress?	☐ häufig ☐ gelegentlich	☐ selten ☐ nie
18	Haben Sie in den vergangenen Wochen sehr viel Sport getrieben, insbesondere ein intensives Kräftigungstraining durchgeführt?	☐ ja	☐ nein
19	Wie viele Stunden schlafen Sie pro Nacht?	☐ weniger als 7 Stunden	☐ 7 Stunden oder mehr
20	Steigern Sie sich bei Ihrem körperlichen Training?	☐ nein	☐ ja
21	Erhalten Sie Unterstützung von Ihrem sozialen Umfeld (Partner, Familie, Kollegen etc.)?	☐ überhaupt nicht ☐ kaum ☐ ein bisschen	☐ ja, viel
22	Sind Sie Diabetiker?	☐ ja	☐ nein
23	Nehmen Sie ein cortisonhaltiges Medikament?	☐ ja	☐ nein
24	Nehmen Sie Medikamente gegen Depressionen?	☐ ja	☐ nein
25	Haben Sie eine nicht behandelte Unterfunktion der Schilddrüse?	☐ ich weiß nicht	☐ nein

Tipps zur Problemlösung

Beachten Sie bitte grundsätzlich: Auch wenn Sie das 50+50-Punkteprogramm und Ihre persönlichen Pläne richtig umsetzen, wird Ihre Waage nach ein paar Wochen oder Monaten still stehen. Das ist ganz normal und auf keinen Fall ein Misserfolg. Gönnen Sie Ihrem Körper eine wohlverdiente Pause. Lassen Sie ihm Zeit, sich an das allmählich verringerte Gewicht zu gewöhnen. Drosseln Sie jetzt auf keinen Fall Ihre Kalorienaufnahme. Setzen Sie Ihr Schlankheits-Management wie gewohnt fort. Geben Sie nicht auf!

In den ersten Tagen purzeln die Pfunde übrigens besonders rasch. Diese Gewichtsverluste bedeuten jedoch leider so gut wie nie, dass Sie Fett abbauen. Sie kommen hauptsächlich daher, weil Sie vermehrt Wasser ausscheiden. Je länger Sie Ihr Schlankheits-Management durchführen, umso langsamer nehmen Sie ab. Wenn Sie 0,5 bis 2 Kilogramm pro Monat verlieren, ist das ein sehr guter Erfolg. Vor allem, wenn Sie Ihr neues Gewicht halten!

Lieber langsam abnehmen, dafür kontinuierlich.

Und vergessen Sie nicht: ab einem BMI von 24,9 kg/m² haben Sie Normalgewicht.

(01) Auf wie viele Bewegungspunkte bringen Sie es pro Woche?

Mit weniger als 50 Bewegungspunkten pro Woche bekommen Sie Ihr Gewicht langfristig nicht in den Griff! Ihr Schlankheits-Management sollte darauf ausgerichtet sein, dass Sie über kurz oder lang mindestens 50 Bewegungspunkte schaffen. Wenn Sie noch am Anfang Ihrer Bewegungskarriere stehen – sprich: Trainingsvariante A für den inaktiven Einsteiger gewählt haben – benötigen Sie hierfür etwa ein halbes Jahr. In diesem Fall nehmen Sie natürlich langsamer ab, weil Sie zunächst auf einem niedrigeren Punkteniveau trainieren. Folglich also weniger Energie über die Bewegung umsetzen können. Das macht aber gar nichts! Solange Sie sich stetig steigern. Und auf der Ernährungsseite richtig punkten! Einmal erreicht, sollten Sie die wöchentliche 50-Punkte-Bewegungsmarke nicht mehr unterschreiten. Die Ausnahme bilden Krankheiten oder Verletzungspausen.

(02) Auf wie viele Ernährungspunkte bringen Sie es pro Woche?

Um schlank zu werden, müssen Sie 50 Ernährungspunkte – an 5 Tagen! – pro Woche sammeln. Gelingt Ihnen das nicht, können Sie die fehlenden Punkte über Bewegung ausgleichen. Am effektivsten nehmen Sie ab, wenn Sie auf eine wöchentliche Gesamtsumme von 100 Punkten kommen. Führen Sie im Zweifelsfall ruhig noch einmal das ausführliche Tagesprotokoll Ernährung. So gehen Sie sicher, dass Sie die M.O.B.I.L.I.S.-Ernährungsempfehlungen auch wirklich umsetzen.

(03) Halten Sie sich an Ihre Bewegungspläne und Ihre Ernährungspläne?

Ihre persönlichen Pläne müssen dem 3pw-Check (siehe Seite 79) standhalten und natürlich sehr regelmäßig von Ihnen umgesetzt werden! Um Ihren wöchentlichen Punktestand im 50+50-Punkteprogramm zu sichern, benötigen Sie eine ganze Reihe von Plänen: Auf der Bewegungsseite mindestens einen »Kräftigungs«-Bewegungsplan (Übungen an drei Tagen pro Woche) und so viele »Ausdauer«-Bewegungspläne, bis Sie schließlich 50 Punkte oder sogar mehr erreichen. Auf der Ernährungsseite haben Sie bekanntlich fünf vorgegebene M.O.B.I.L.I.S.-Ernährungsempfehlungen. Jede Empfehlung verlangt wiederum mindestens einen persönlichen Ernährungsplan von Ihnen.

(04) Haben Sie Ihre Gesundheitsziele vor Augen?

Was möchten Sie mit dem Abnehmen erreichen (siehe Seite 73)? Sollten Sie Ihre Gesundheitsziele aus den Augen verloren haben, wissen Sie nicht mehr, wofür Sie Ihr Schlankheits-Management eigentlich konkret betreiben. Rufen Sie sich Ihre persönlichen Gesundheitsziele wieder in Erinnerung.

(05) Funktionieren Ihre Strategien zum Barrierenmanagement?

Barrieren können Ihre persönlichen Pläne zu Fall bringen. Damit das nicht passiert, müssen Sie gefährliche Stolpersteine – am besten im Vorfeld! – erkennen. Und sich für den Ernstfall wirksame Strategien zurechtlegen. Gehen Sie Ihre Strategien noch einmal durch (siehe Seite 129). Haben Sie wirklich schon alles ausprobiert? Gibt es nicht noch andere Möglichkeiten für Sie, Hindernisse zu überwinden? Überlegen Sie, ob Sie wirklich ausreichend gewappnet sind und jeden Ihrer Pläne mit entsprechenden Strategien verteidigen können. Nur wenn Ihr Barrierenmanagement funktioniert, kommen Sie ans Ziel!

(06) Sind Sie wirklich ganz ehrlich zu sich (bei der Punktevergabe/bei Ihren Plänen)?

Sie haben nichts davon, sich zu belügen. Das heißt: sich zusätzliche Punkte gutzuschreiben und/oder Ihre Pläne nicht genau umzusetzen. Sie müssen niemandem etwas beweisen. Nur sich selbst! Ihr Schlankheits-Management setzt voraus, dass Sie gnadenlos ehrlich zu sich sind. Und zwar immer! Sonst können Sie es gleich vergessen. Falls Sie sich selbst etwas vorgemacht haben, ziehen Sie einen Schlussstrich. Starten Sie neu!

(07) Trainieren Sie mit der richtigen Intensität?

Nur wenn Sie nicht zu intensiv trainieren, können Sie mit Ausdaueraktivitäten effektiv abnehmen! Denn die für Ihr Schlankwerden und Schlankbleiben entscheidende Anpassung der Muskulatur funktioniert am besten bei geringer bis mäßiger Intensität. Nutzen Sie bei jeder gezielten körperlichen Aktivität unbedingt Ihre Hilfsmittel zur Trainingssteuerung (persönliches Belastungsempfinden, Atmung und Herzfrequenz – siehe Seite 43). Mit zunehmend besserem Fitnesszustand dürfen Sie sich auch stärker belasten. Vergessen Sie aber während keines Trainings Ihre Kontrollfragen: »Wie fühle ich mich?« »Wie atme ich?« Und: »Wie schlägt mein Herz?«

(08) Wie sehen Ihre »freien« Tage aus?

Auch an Ihren beiden »freien« Tagen bleiben Ihre Gesundheitsziele gültig. Oder? Gelegentliche Ausnahmen sind völlig in Ordnung und haben auch keine Auswirkungen auf Ihr Gewicht. Regelmäßige grobe Ausrutscher gefährden dagegen Ihren Gesamterfolg. Sehen Sie die kleine Auszeit besser als wöchentlichen Praxistest für die Zeit nach dem Punkten.

(09) Wie viel Fett nehmen Sie zu sich?

Die M.O.B.I.L.I.S.-Fett-Empfehlung steht nicht ohne Grund an erster Stelle Ihrer Ernährungsprotokolle: Sie ist die wichtigste Ernährungsempfehlung im Rahmen Ihres Schlankheits-Managements! Wenn Sie regelmäßig mehr als 60 Gramm Fett am Tag verzehren, wird Ihnen das Abnehmen ziemlich schwerfallen. Die 80-Gramm-Fettgrenze sollten Sie nur ganz selten überschreiten. Sie bleibt als dauerhafte Empfehlung für Ihre schlanke Linie bestehen.

INFO

Die Fettaufnahme verringern

Sind Sie weiblich und kleiner als 160 cm? Erreichen Sie die ideale Wochensumme von 100 Punkten und haben über längere Zeit dennoch keinen Abnehmerfolg? Dann sollten Sie Ihre Fettzufuhr noch einmal verringern. Versuchen Sie es mit 40 bis 50 Gramm Fett am Tag. Aber lassen Sie Fett auf keinen Fall ganz weg. Das wäre für Ihre Gesundheit zu bedenklich. 40 Gramm sind das Minimum!

(10) Welche Kohlenhydrate verzehren Sie?

Ein konstanter Blutzuckerspiegel ist ein wesentlicher Garant für Ihr Vorhaben, schlank zu werden und schlank zu bleiben. Kohlenhydrate mit einem ungünstigen GLYX-Faktor – beispielsweise Weißmehlerzeugnisse – sorgen dafür, dass Ihr Blutzuckerspiegel rasch ansteigt, und beeinträchtigen außerdem Ihre körpereigene Fettverbrennung. Sie sollten daher nur selten auf Ihrem fitness- und figurbetonten Speiseplan stehen. Verzehren Sie mindestens die Hälfte – besser aber deutlich mehr! – Kohlenhydrate mit einem günstigen GLYX-Faktor: Gemüse, wasserreiches Obst, Hülsenfrüchte und grobkörnige Vollkornprodukte.

(11) Wie viel Obst essen Sie am Tag?

Die M.O.B.I.L.I.S.-Gemüse-Obst-Empfehlung lautet: »Essen Sie mindestens 5 Portionen Gemüse/Obst am Tag.« Dabei liegt die Betonung auf dem Gemüse. Und zwar im Verhältnis 3:2! Obst und Fruchtsäfte sind zwar tolle Fitmacher. Ein Zuviel kann aber leicht dazu führen, dass Sie Ihr Kalorien- und Kohlenhydratlimit überschreiten. Das wird von herkömmlichen Diät-Tipps allzu häufig übersehen. Achten Sie – solange Sie Ihr Wunschgewicht nicht erreicht haben – besonders auf Menge und Art der verzehrten Früchte und Säfte.

(12) Trinken Sie ausreichend und energiearm?

Erinnern Sie sich an die goldene Regel für ein gesundes Schlankwerden: »Wer weniger isst, muss mehr trinken.« Mindestens 2 Liter energiearme Getränke am Tag. Bei sportlichen Belastungen kommen noch 1 bis 1,5 Liter pro Stunde hinzu. Damit Ihr Herz, Ihr Kreislauf und Ihre Nieren richtig funktionieren, müssen Sie so viel trinken. Doch Achtung vor Getränken mit hohem Zuckergehalt und ungünstigem GLYX-Faktor, dabei tappen Sie leicht in die Kalorienfalle! Schränken Sie auch den Genuss von Alkohol drastisch ein.

(13) Essen Sie zwischendurch?

Wenn Sie neben Frühstück, Mittagessen und Abendessen noch Hunger haben, sollten Ihre Mahlzeiten zwischendurch unbedingt »klein« ausfallen (siehe Seite 119). Gehen Sie auf Nummer sicher: Berücksichtigen Sie jede Zwischenmahlzeit – auch wenn sie der Vorgabe entspricht – bei Ihrer täglichen Ernährungspunktevergabe.

(14) Wählen Sie Ihre Lebensmittel nach den Empfehlungen der Pyramide?

Orientieren Sie sich bei der Zusammenstellung Ihres täglichen Speiseplans stets an der M.O.B.I.L.I.S.-Ernährungspyramide (siehe vordere Buchinnenklappe) Nur wenn Sie die Vorgaben richtig umsetzen, können Sie die maximale Ernährungspunktezahl erreichen. Ihre Auswahlmöglichkeit innerhalb der einzelnen Lebensmittelgruppen ist dabei übrigens recht groß.

(15) Essen Sie auch wirklich genug?

Essen Sie zu wenig, programmieren Sie Ihren Stoffwechsel – wie bei einer Hungersnot – auf Sparflamme. Haben Sie mehrere erfolglose Diäten hinter sich, ist Ihr Grundumsatz vermutlich im Keller. Durch gezieltes körperliches Training und eine ausgewogene Mischkost bringen Sie Ihren Organismus wieder auf Trapp. Das dauert seine Zeit. Vielleicht nehmen Sie sogar kurzfristig an Gewicht zu. Langfristig ist dies aber Ihre einzige Möglichkeit, aus dem folgenschweren Grundumsatztief (Stichwort: Jo-Jo-Effekt) herauszukommen. Wenn Sie also von sich sagen: »Ich esse kaum etwas und werde trotzdem nicht schlank«, essen Sie vielleicht das falsche, und sollten ab sofort mehr ballaststoffhaltige Lebensmittel mit geringer Energiedichte zu sich nehmen (siehe ab Seite 82) Führen Sie am besten nochmals den M.O.B.I.L.I.S.-Pyramidencheck aus Step 3 durch (siehe Seite 39). Erst wenn Sie alle Kästchen abgehakt haben, essen Sie genug!

(16) Verhalten Sie sich nach der Devise »Jetzt ist alles egal«, wenn Sie Ihr Soll einmal nicht geschafft haben?

Es ist ganz normal, dass Sie nicht immer auf Ihre angestrebte Tagessumme im 50+50-Punkteprogramm kommen. Auch Ihre Pläne können Ihnen nicht immer gelingen. Ausnahmen – beispielsweise ein gutes Essen mit Freunden – müssen sogar sein, damit Sie nicht frustriert das Handtuch werfen und langfristig Erfolg haben. Geben Sie also nicht gleich auf! Setzen Sie Ihr Schlankheits-Management einfach am nächsten Tag fort. Schließlich haben Sie gelernt, mit Barrieren umzugehen.

Und vergessen Sie nicht: Mit Bewegungspunkten können Sie jederzeit fehlende Ernährungspunkte beziehungsweise Ihre Wochenbilanz ausgleichen. Das ist von Ihren M.O.B.I.L.I.S.-Experten extra so vorgesehen. Wenn Sie möchten, können Sie auf diese Weise sogar Ihren wöchentlichen Schlemmertag fest einplanen. Mit dem 50+50-Punkteprogramm ist (fast) alles möglich!

(17) Haben Sie viel Stress?

Stress macht dick, wie Sie in Step 11 erfahren haben. Hierfür ist das Hormon Cortisol wesentlich verantwortlich. Mit bewusster Entspannung können Sie gegensteuern. Fühlen Sie sich also häufig angespannt und haben Sie Probleme abzunehmen, sollten Sie regelmäßig Entspannungsübungen durchführen. Die Muskelrelaxation nach Jacobson ist hierfür bestens geeignet.

(18) Haben Sie in den vergangenen Wochen sehr viel Sport gemacht, insbesondere intensives Kräftigungstraining betrieben?

Muskeln sind schwerer als Fett! Wer durch gezieltes (Kräftigungs-)Training Fett ab- und Muskeln aufbaut, nimmt an Gewicht zu. Natürlich ohne dabei im eigentlichen Sinne dick zu werden. Wenn Sie also in den vergangenen Wochen sehr intensiv trainiert und die 100-Punktemarke meist sogar überschritten haben, ist der Stillstand auf der Waage möglicherweise auf die Veränderung Ihrer Körperkomposition zurückzuführen. In diesem Fall wären Sie mit Ihrem Schlankheits-Management sogar recht erfolgreich gewesen. Denn Sie hätten schließlich trotz neuer Muskelmasse nicht an Gewicht zugelegt! Setzen Sie Ihr Training fort. Bei richtiger Umsetzung der M.O.B.I.L.I.S.-Ernährungsempfehlungen werden Ihre überflüssigen Pfunde nach und nach schmelzen.

(19) Wie viele Stunden schlafen Sie pro Nacht?

Schlafmangel kann zu Gewichtsproblemen führen. Das hat Ihnen Doktor Lagerstrøm in Step 11 gezeigt (siehe Seite 110). Wenn Sie wenig und schlecht schlafen, wird Ihnen das Schlankwerden und -bleiben recht schwer fallen. Versuchen Sie es mit Entspannungsübungen. Die wirken, wenn Sie regelmäßig angewandt werden, nicht selten wahre Wunder!

(20) Steigern Sie sich bei Ihrem körperlichen Training?

Unser M.O.B.I.L.I.S.-Motto lautet nicht ohne Grund: »Langsam anfangen, lässig steigern und langfristig dabei bleiben!« Ihr Körper gewöhnt sich an regelmäßige Trainingsreize. So erreichen Sie schon nach relativ kurzer Zeit ein verbessertes Leistungsniveau. Auch wenn Sie langsam angefangen haben. Um Ihren Stoffwechsel aber weiter anzukurbeln und Ihren Grundumsatz gezielt zu erhöhen, ist eine allmähliche Steigerung Ihres Trainings unumgänglich. Versuchen Sie daher unbedingt, in absehbarer Zeit die angestrebte Wochenmarke von mindestens 50 Bewegungspunkten zu erreichen. Passen Sie ferner Ihre Trainingsintensität Ihrer aktuellen Leistungsfähigkeit an. Nutzen Sie dabei Ihre Hilfsmittel zur Trainingssteuerung.

(21) Erhalten Sie Unterstützung von Ihrem sozialen Umfeld?

M.O.B.I.L.I.S. light ist keine vorübergehende Diät. Auch können Sie Ihr Schlankheits-Management unmöglich über längere Zeit im Verborgenen durchführen. Schließlich streben Sie eine dauerhafte Änderung Ihres Lebensstils an. Und dafür benötigen Sie Unterstützung von Familie, Freunden, Kollegen. Zumindest Ihre engsten Angehörigen sollten Ihrem Schlankheits-Management aufgeschlossen und positiv gegenüberstehen. Denn allein auf sich gestellt, werden Sie auf Dauer kaum durchhalten. Reden Sie deshalb offen über Ihr Vorhaben. Beziehen Sie Ihren Partner beziehungsweise Ihre Partnerin am besten aktiv mit ein.

(22) Sind Sie Diabetiker?

Insulinpflichtige Diabetiker tun sich schwer mit dem Schlankwerden. Weil ihre Bauspeicheldrüse nicht ausreichend oder kein Insulin produziert, müssen sie es spritzen. Die benötigte Insulinmenge behindert den Fettabbau und begünstigt Übergewicht. Sollten Sie einen insulinpflichtigen Diabetes haben, brauchen Sie viel Geduld beim Abnehmen. Die gute Nachricht: Eine Lebensstiländerung im Sinne von M.O.B.I.L.I.S. verbessert Ihr Krankheitsbild in jedem Fall. Denn mit körperlicher Aktivität erhöhen Sie die Insulin-Empfindlichkeit Ihrer Körperzellen. Folglich senken Sie auch Ihren Insulinbedarf! Im M.O.B.I.L.I.S.-Programm hatten wir sogar Typ2-Diabetiker, die nach einigen Monaten kein Insulin mehr spritzen mussten und auf Tabletten umsteigen konnten. Der Gewichtsverlust hielt sich zwar in Grenzen. An Lebensqualität hatten diese Teilnehmer aber erheblich gewonnen. Führen Sie Ihr Schlankheits-Management fort! Auch wenn sich Ihr Erfolg zunächst nicht auf der Waage anzeigen lässt. Passen Sie Ihre Medikation – am besten in Rücksprache mit Ihrem Arzt – gegebenenfalls an Ihren veränderten Körperzustand an. Und nicht vergessen: Kontrollieren Sie Ihren Blutzucker zur eigenen Sicherheit vor und nach jedem körperlichen Training.

(23) Nehmen Sie ein cortisonhaltiges Medikament?

Solche Medikamente können zu einer erhöhten Wassereinlagerung im Körper führen. Das macht sich dann nicht nur optisch, sondern auch auf der Waage bemerkbar. Sobald Sie Ihre Medikamente absetzen können, scheidet Ihr Körper das Wasser nach und nach wieder aus. Wenn Ihre Gesundheit es zulässt, sollten Sie Ihr Schlankheits-Management fortsetzen.

(24) Nehmen Sie Medikamente gegen Depressionen?

Diese Medikamente haben oft eine unangenehme Nebenwirkung: Sie führen bei zahlreichen Betroffenen zu einer Gewichtszunahme. Ausgelöst durch eine Veränderung des Verhaltens und gesteigerten Appetit. Nehmen Sie ein Antidepressivum, einen Stimmungsaufheller oder ein Psychopharmakon, haben Sie vermutlich Schwierigkeiten, Ihre Nahrungszufuhr zu kontrollieren. Das ist wirklich nicht ungewöhnlich. Gelingt es Ihnen dennoch, Ihr Gewicht zu halten oder sogar ein wenig zu reduzieren, können Sie Ihr Schlankheits-Training als persönlichen Erfolg verbuchen. Und wenn Sie regelmäßig körperlich aktiv sind, tun Sie ganz nebenbei sogar Ihrer Psyche etwas Gutes.

(25) Haben Sie vielleicht eine nicht behandelte Unterfunktion der Schilddrüse?

Schüttet die Schilddrüse zu wenig von ihrem Hormon aus, wird der Grundumsatz reduziert. Und der Körper läuft auf Sparflamme. Durch entsprechende Medikamente können die fehlenden Hormone ersetzt und der Organismus wieder zum Laufen gebracht werden. Sollten Sie tatsächlich für alle vorherigen Fragen Antworten im grünen Bereich gefunden haben, kann eine Funktionsstörung Ihrer Schilddrüse nicht ausgeschlossen werden. Sprechen Sie mit Ihrem Hausarzt und lassen Sie Ihre Schilddrüsenhormone untersuchen.

Antworten **Wissenstest**

STEP 1

Antwort (1) Der Body Mass Index (BMI = Gewicht-Längen-Index) ist der Richtwert zur Beurteilung des Körpergewichts. Seine Formel lautet: BMI = kg/m^2 (Körpermasse/Körpergröße^2)

Antwort (2) Es gibt sechs Gewichtsklassen. Sie definieren sich über den BMI:
Untergewicht: BMI $<18,5\,kg/m^2$
Normalgewicht: BMI $>18,5$ $<25\,kg/m^2$
Übergewicht: BMI >25 $<30\,kg/m^2$
Adipositas Grad I: BMI >30 $<35\,kg/m^2$
Adipositas Grad II: BMI >35 $<40\,kg/m^2$
Adipositas Grad III: BMI $>40\,kg/m^2$

Antwort (3) Alles, was wir essen, müssen wir auch wieder verbrauchen: Die Waage zwischen Energiezufuhr und Energieverbrauch muss langfristig im Gleichgewicht sein. Wir nehmen aber meist zu viele Kalorien auf und bewegen uns gleichzeitig zu wenig. Das bewirkt Übergewicht. Um auf gesunde Weise abzunehmen, sollten Sie die Energiezufuhr drosseln und den Energieverbrauch erhöhen.

Antwort (4) Unser Energieverbrauch setzt sich zusammen aus: Grundumsatz, nahrungsbedingter Thermogenese (Wärmebildung) und Arbeitsumsatz.

Antwort (5) Mit Bewegung! Auf den Arbeitsumsatz haben Sie unmittelbaren Einfluss: Durch Ausdauertraining können Sie ihn gezielt erhöhen. Der Grundumsatz ist zu einem großen Teil abhängig von der Muskelmasse. Insofern können Sie durch regelmäßiges Krafttraining mittelfristig auch eine Erhöhung des Grundumsatzes bewirken.

STEP 2

Antwort (1) Weil Bewegung auf Dauer fit, gesund und schlank hält. Streben Sie deshalb einen Mehrverbrauch an Energie über Ausdaueraktivitäten an. Mit gezielten Kräftigungsübungen verhindern Sie den Abbau von Muskelmasse während des Abnehmens. Und beugen dem Jo-Jo-Effekt vor.

Antwort (2) Nur wenn Ihr Bewegungsprogramm Ihren persönlichen Bedürfnissen entspricht, werden Sie es dauerhaft durchführen und langfristig dabeibleiben. Die von Ihnen gewählten Aktivitäten sollten Sie also in erster Linie gerne machen.

Antwort (3) Gehen und Laufen.

Antwort (4) Muskeln, Sehnen, Bänder und Gelenke.

Antwort (5) Nur so können Sie Überbelastungen, die zum vorzeitigen Abbruch Ihrer Bewegungskarriere führen würden, vermeiden.

STEP 3

Antwort (1) Fettgesund, kohlenhydratbewusst und eiweißbetont!

Antwort (2) Die Pyramide hat 7 Stockwerke:
(1) Bewegung,
(2) energiearme Getränke,
(3) Gemüse und Obst,
(4) tierische sowie pflanzliche Eiweißträger,
(5) stärkereiche Lebensmittel wie Kartoffeln, Reis, Nudeln und Mischbrot,
(6) hochwertige Fette (Öle) und Nüsse,
(7) konzentrierte Energieträger wie alkoholische Getränke und Süßigkeiten.

Antwort (3) Wegen des günstigen GLYX-Faktors sollten Sie grobkörniges Vollkornbrot und kernige Haferflocken bevorzugen. Besonders empfehlenswert ist das GLYX Ideal-Diät-Brot.

Antwort (4) Wasser, Mineralwasser, gut verdünnte Fruchtsäfte, leicht gesüßte Teegetränke, Molke, Buttermilch und Gemüsesäfte.

Antwort (5) Wählen Sie grundsätzlich fettarmes Fleisch und fettarme Wurstwaren.

STEP 4

Antwort (1) Der Körper kennt die anaerobe (ohne Sauerstoff) und die aerobe (mit Sauerstoff) Energiegewinnung. Die aerobe Energiegewinnung ist für das Schlankwerden am effektivsten. Denn hier verbrennt der Körper bevorzugt Fettsäuren aus den Fettdepots.

Antwort (2) Durch regelmäßiges Ausdauertraining mit einer mäßigen Intensität.

Antwort (3) Sie verfügen über drei Hilfsmittel: Gefühl beziehungsweise persönliches Belastungsempfinden, Atmung und Herzfrequenz.

Antwort (4) Weil eine Pulsuhr Ihnen permanent genaue Herzfrequenzwerte während des Trainings liefert. Ihr Belastungsgefühl für Ausdaueraktivitäten können Sie somit in idealer Weise schulen.

Antwort (5) Die drei Fragen lauten:
(1) Wie fühle ich mich?
(2) Wie atme ich?
(3) Wie schlägt mein Herz?

STEP 5

Antwort (1) Fett ist konzentrierte Energie und kann vom Körper besonders effizient in die Energiedepots eingelagert werden. Trotz seiner hohen Energiedichte hat Fett eine geringe Sättigungswirkung. Damit trägt ein Zuviel entscheidend zum Übergewicht bei.

Antwort (2) Fett ist nicht nur Energielieferant, sondern auch Träger lebensnotwendiger fettlöslicher Vitamine (Zellschutzvitamin E) und Fettsäuren. Gesundheitsfördernd sind vor allem die einfach ungesättigten Fettsäuren (aus Raps- oder Olivenöl) und die mehrfach ungesättigten Fettsäuren der Omega-3-Familie aus dem Fett von Kaltwasserfischen.

Antwort (3) Es kommt auf die Menge und Qualität Ihres Fettverzehrs an. Die wichtigsten Vorgaben sind:
(1) Beschränken Sie während des Abnehmens die Gesamtfettaufnahme mit der Nahrung auf 60 Gramm pro Tag.
(2) Meiden Sie nach Möglichkeit gesättigte Fette (aus tierischen, festen und (teil-)gehärteten pflanzlichen Fetten).
(3) Bevorzugen Sie einfach ungesättigte Fettsäuren (zum Beispiel Raps- oder Olivenöl) sowie mehrfach ungesättigte Fettsäuren (Omega-3-Fettsäuren aus Kaltwasserfischen).

Antwort (4) Fettsparen bedeutet neben der Auswahl fettarmer Lebensmittel die Beachtung einiger Fettspartricks in der Küche: Grillen im Backofen oder auf dem heißen Stein; dämpfen im Siebeinsatz oder Dämpfkörbchen; garen in der Folie oder in einem Bratschlauch; garen im Tontopf im eigenen Saft; garen im Wok; braten in beschichteten Pfannen; binden von Bratensoßen mit püriertem Gemüse statt mit Butter und Mehl; Verwenden von Johannisbrotkernpulver als pflanzliches Bindemittel.

Antwort (5) Ein Schnittkäse mit 30 % Fett i. Tr. hat einen absoluten Fettgehalt von 15 Gramm Fett pro 100 Gramm Käse.

STEP 6

Antwort (1) Die gezielte Kräftigung Ihres Bewegungs- und Stützapparats ist eine Grundvoraussetzung für Ihr effektives Ausdauertraining.

Antwort (2) Kräftigungsübungen stärken die Gelenke, erhöhen die Dichte der Knochen, verbessern die Körperhaltung, das Körpergefühl und die Koordination. Sie bewirken auch einen Zuwachs an Muskelmasse.

Antwort (3) Ein Zuwachs an Muskelmasse erhöht unseren Grundumsatz. Wer mehr Muskeln hat, verbraucht – auch im Ruhezustand – mehr Energie. Und bleibt außerdem länger jung: Denn mit zunehmendem Alter nimmt die Muskelmasse nach und nach ab. Mit kräftigenden Übungen wirken Sie also effektiv dem natürlichen Alterungsprozess Ihres Körpers entgegen!

Antwort (4) Durch die geschickte Verknüpfung mit anderen Tätigkeiten. Beispiele: das aktive Telefonieren, das bewegte Zähneputzen oder das Trainieren beim Warten an der Kasse im Supermarkt.

Antwort (5) Mit gezielten Dehnübungen können Sie Verkürzungen Ihrer zuvor beanspruchten Muskeln vermeiden.

STEP 7

Antwort (1) Auf Ihre Motivation müssen ganz konkrete Taten folgen. Nur so erreichen Sie eine Änderung Ihres Lebensstils.

Antwort (2) Gesundheitsziele definieren, *was* Sie mit dem Abnehmen eigentlich erreichen möchten. Sie sind Ihre ganz persönliche Motivation, mit M.O.B.I.L.I.S. light schlank zu werden und schlank zu bleiben.

Antwort (3) Ihre Bewegungs- und Ernährungsideen zeigen Ihnen, *wie* Sie zu Ihren persönlichen Gesundheitszielen kommen können:

(a) über mehr Bewegung (zum Beispiel mit dem Rad zur Arbeit/zum Einkaufen fahren) und

(b) über eine gesündere Ernährung (zum Beispiel mehr Gemüse und Obst essen).

Antwort (4) Mit Hilfe der 3pw-Regel finden Sie heraus, ob Ihr Plan präzise, passend, praktikabel und wirksam ist. Als Abfrageinstrument steht Ihnen der 3pw-Check (siehe Seite 79) zur Verfügung.

Antwort (5) Solange Sie nicht ausprobiert haben, ob Ihr neuer Plan im Alltag auch wirklich funktioniert, bleibt er ein »erster Entwurf«. Mit Hilfe des 3pw-Checks können Sie ganz gezielt Nachbesserungen vornehmen.

STEP 8

Antwort (1) Nicht geeignet sind alle Kohlenhydratträger, die Ihren Blutzucker rasch ansteigen lassen und dementsprechend eine hohe Insulinausschüttung zur Folge haben: Weißmehlprodukte, größere Mengen Kartoffeln, Limonaden und Süßigkeiten.

Antwort (2) Mit Lebensmitteln, die ein großes Nahrungsvolumen und eine geringe Energiedichte haben, werden Sie besonders gut und lange satt. Dazu zählen: Gemüse, wasserreiches Obst, Hülsenfrüchte und grobkörnige Vollkornprodukte.

Antwort (3) Der GLYX-Faktor ist ein Maßstab für den Blutzuckeranstieg nach dem Essen kohlenhydrathaltiger Lebensmittel. Mit seiner Hilfe können Sie kohlenhydrathaltige Lebensmittel bewerten.

Antwort (4) Ein ungünstiger GLYX-Faktor hat einen stark ansteigenden Blutzuckerspiegel zur Folge und führt zu einer hohen Insulinausschüttung. Dadurch wird der Blutzucker rasch wieder abgesenkt: erneut kommt Hunger auf. Ferner steht ein hoher Insulinspiegel der vermehrten Fettverbrennung entgegen.

Antwort (5) Diese Lebensmittel sorgen

(a) für einen maßvollen Blutzuckeranstieg,

(b) für einen möglichst konstanten Blutzuckerspiegel als Voraussetzung für gleich bleibende Leistungsfähigkeit,

(c) für anhaltende Sättigung und blockieren nicht die Nutzung von Fett aus den körpereigenen Energiereserven.

STEP 9

Antwort (1) Ausdaueraktivitäten bringen die Fettdepots zum Schmelzen, halten den Herz-Kreislauf in Schwung, sind gut für die Lunge, kurbeln den gesamten Stoffwechsel an, erhöhen die Wirksamkeit des Immunsystems und sind positiv für die Psyche.

Antwort (2) Immer wenn Sie eine Strecke zu Fuß oder per Rad, also durch eigene Muskelkraft im mittleren Tempo zurücklegen!

Antwort (3) Sie müssen Walking nicht erlernen. Es ist nichts anderes als lockeres, aber zügiges Gehen. Außerdem ist die Belastung für Ihre Sehnen, Bänder, Gelenke und Wirbelsäule ziemlich gering. Auch Ihre Trainingsintensität können Sie sehr gut steuern.

Antwort (4) Sie trainieren beim Nordic Walking durch den Einsatz von Stöcken sehr effektiv Ihren Oberkörper. Die Oberkörperarbeit hilft, mögliche Verspannungen in Ihrer Schulter- und Nackenmuskulatur abzubauen.

Antwort (5) Sie sollten jedes Ausdauertraining mit einer zirka 10-minütigen Aufwärmphase beginnen. Und schließlich behutsam ausklingen lassen (»Abwärmen«). Führen Sie ganz zum Schluss grundsätzlich ein paar Dehnübungen für die zuvor beanspruchte Muskulatur durch.

STEP 10

Antwort (1) Bewusst erzeugte Wasserverluste führen auf der Waage zu einer raschen Gewichtsabnahme. Doch ein Abbau von Fettgewebe – der eigentliche Zweck Ihres Abnehmens – findet dabei nicht statt.

Antwort (2) Wasser ist Hauptbestandteil unseres Körpers, es hält Herz-Kreislauf und Nieren in Betrieb. Wasser ist ferner Lösungs- und Transportmittel für Nährstoffe und hilft bei der Regulation des Wärmehaushalts.

Antwort (3) Unter Alltagsbedingungen etwa 1,5 Liter Wasser, während des Abnehmens mindestens 2 Liter am Tag. Sind Sie körperlich – schweißtreibend – aktiv, kommen jeweils 1 bis 1,5 Liter Wasser pro Stunde hinzu. Wichtig: Stets regelmäßig trinken!

Antwort (4) Durst und Wassermangel machen sich ähnlich bemerkbar wie ein abfallender Blutzuckerspiegel: Sie werden unkonzentriert, müde und hungrig. Wenn Sie der »kleine Hunger« überkommt, trinken Sie zunächst ein großes Glas Mineralwasser.

Antwort (5) Alkohol hat fast doppelt so viel Energie wie Kohlenhydrate. Er hemmt unsere Fettverbrennung und regt unseren Appetit an. Schränken Sie den Genuss von Alkohol daher ein.

STEP 11

Antwort (1) Unser Alltag verläuft laut, hektisch und schnelllebig. Unsere täglichen Begleiter heißen Lärm und Stress. Für Entspannung nehmen wir uns zu wenig Zeit.

Antwort (2) In Stress- und Gefahrensituationen spannen wir unbewusst die Muskeln an. Lockern wir diese danach nicht, entstehen körperliche Verspannungen. Diese bewirken, dass wir nicht zur Ruhe kommen und keine seelische Entspannung finden können.

Antwort (3) Unter Stress und psychischer Belastung produziert der Körper das Hormon Cortisol. Steigt der Cortisolspiegel, haben wir den Drang, mehr zu essen. Gestresste Menschen neigen daher zu Übergewicht.

Antwort (4) Schlafmangel vermindert den Leptinspiegel im Blut und bewirkt zugleich einen Anstieg des Hormons Ghrelin. Während Leptin ein Gefühl der Sättigung vermittelt, steigert Ghrelin das Verlangen nach Essbarem.

Antwort (5) Durch bewusstes Anspannen und anschließendes Loslassen der Muskulatur können wir die Muskelspannung unter den Grundtonus senken. So lassen sich körperliche Verspannungen lösen und gleichzeitig wird ein Zustand seelischer Entspannung erreicht.

STEP 12

Antwort (1) FdH ist planlos, oft mit Nährstoffmängeln verbunden und die Schlankheitsstrategie mit der höchsten Abbrecherquote.

Antwort (2) Essen Sie mehr, indem Sie Gemüse, wasserreiches Obst, grobkörnige Vollkornprodukte und Hülsenfrüchte auf Ihren Speiseplan setzen. Denn diese ballaststoffreichen Lebensmittel haben ein größeres Nahrungsvolumen und damit eine geringere Energiedichte. Das macht richtig satt! Nehmen Sie dagegen weniger konzentrierte Kalorien in Form von Fett, Alkohol, Stärke und Zucker auf. Diese energiedichten Lebensmittel haben die schlechteste Sättigungswirkung.

Antwort (3)
(1) Genießen Sie langsam! Ihr Gehirn registriert erst 20 Minuten nach der Nahrungsaufnahme die ersten Sättigungssignale aus dem Stoffwechsel.
(2) Wählen Sie große Portionen volumenreicher Lebensmittel.
(3) Beugen Sie Heiß- und Süßhunger durch den Verzehr von Nahrungskohlenhydraten mit günstigem GLYX-Faktor vor.
(4) Trinken Sie schluckweise ein großes Glas (Mineral-)Wasser.
(5) Essen Sie eiweißbetont.

Antwort (4) Regelmäßiges Essen garantiert gleich bleibende Leistung und anhaltende Sättigung. Das schützt vor unkontrolliertem Nachholverhalten im Falle von ausgelassenen Mahlzeiten. Ferner belastet die verteilte Aufnahme von Mahlzeiten die Verdauungsorgane weniger.

Antwort (5) Eiweiß sorgt – in Verbindung mit körperlichem Training – für den Erhalt der Muskelmasse und die Aufrechterhaltung der Stoffwechselaktivität (Grundumsatz). Außerdem sättigt Eiweiß besonders anhaltend. Und wird nicht zuletzt im Stoffwechsel weniger ökonomisch verwertet als Fette und Kohlenhydrate (Wärmebildung).

STEP 13

Antwort (1) Wenn sich Ihr Alltag verändert, funktioniert Ihr Bewegungs- oder Ihr Ernährungsplan womöglich nicht mehr. Folglich müssen Sie Ihren Plan der neuen Situation anpassen. Vor diesem Hintergrund kann es keine »endgültige« Endfassung geben.

Antwort (2)
(1) Ihr Bewegungs- sowie Ihr Ernährungsplan sind beliebig veränderbar.
(2) Sie dürfen einen Plan jedoch niemals ersatzlos streichen!

Antwort (3) Innere Barrieren beschreiben Stimmungen oder Gefühle, die uns daran hindern, ein Vorhaben zu verwirklichen (Beispiel: Bequemlichkeit).

Antwort (4) Äußere Barrieren liegen außerhalb unserer Person. Sie treffen uns oft scheinbar zufällig und unerwartet (Beispiel: Sportpartner sagt ab).

Antwort (5) Um Barrieren überwinden zu können, müssen Sie diese zunächst – am besten im Vorfeld – erkennen. Im zweiten Schritt sollten Sie sich für jede Barriere mindestens eine Strategie überlegen. Kurz: Welche Möglichkeiten haben Sie, um mit Hindernissen umzugehen?

Adressen/Links

M.O.B.I.L.I.S.-light-Programm

Das M.O.B.I.L.I.S.-light-Programm richtet sich an übergewichtige Erwachsene mit einem BMI zwischen 25 und 30 kg/m². Es wird seit Frühjahr 2007 unter Leitung des Deutschen Turner-Bundes (**www.dtb-online.de**) und in Kooperation mit der BARMER (**www.barmer.de**) bald überall in Deutschland angeboten. Das 14-wöchige Präventionsprogramm umfasst 10 Bewegungs- und 4 Ernährungseinheiten. Die Teilnehmer werden betreut von qualifizierten DTB-Übungsleitern und Ernährungsfachkräften.

Weitere Informationen unter **www.mobilis-light.de** oder in jeder BARMER-Geschäftsstelle.

M.O.B.I.L.I.S.-Programm

Das M.O.B.I.L.I.S.-Programm wurde für die Zielgruppe BMI 30–40 kg/m² entwickelt. Seit 2004 wird es unter Leitung der sportmedizinischen Einrichtungen Freiburg und Köln an zahlreichen deutschen Standorten umgesetzt. Während eines Jahres begleitet ein interdisziplinäres Team – bestehend aus: Sportwissenschaftler, Psychologe/Pädagoge, Ernährungsfachkraft und Mediziner – die Teilnehmer beim erfolgreichen Abnehmen. Das M.O.B.I.L.I.S.-Programm beinhaltet 35 praktische Bewegungseinheiten, 18 Gruppensitzungen (Themen: Bewegung, Ernährung und Verhalten), 3 ärztliche Untersuchungen. Die BARMER unterstützte das Programm als erste Krankenkasse und erstattet ihren Versicherten einen Großteil der Kursgebühr bei regelmäßiger Teilnahme. Diesem Vorbild haben sich zwischenzeitlich die meisten gesetzlichen Krankenkassen angeschlossen.

Mehr Informationen unter **www.mobilis-programm.de** oder über die M.O.B.I.L.I.S.-Zentrale: 07 61/50 39 10.

Weiterführende Links zum Thema Übergewicht und Adipositas finden Sie unter **www.mobilis-programm.de**

Bücher

Bewegung

- Bös, K., **Walking und sanftes Lauftraining**; GRÄFE UND UNZER VERLAG
- Hainbuch, F., **Progressive Muskelentspannung nach Jacobson. Mit Übungs-CD**; GRÄFE UND UNZER VERLAG
- Prell, N./Rager, A., **Nordic Walking Programme. Mit Übungs-DVD**; GRÄFE UND UNZER VERLAG
- Schmidt, M. R./Hölscher, A., **Herzfit mit Nordic Walking**; GRÄFE UND UNZER VERLAG
- Steffny, H./Pramann, U., **Perfektes Lauftraining. Von Jogging bis Marathon**; Südwest Verlag
- Trökes, A., **Yoga zum Entspannen. Mit Übungs-CD**; GRÄFE UND UNZER VERLAG
- Tschirner, T., **Fit mit dem Thera-Band**; GRÄFE UND UNZER VERLAG
- Tschirner, T., **8 Minuten sind genug**; GRÄFE UND UNZER VERLAG

Ernährung

- Elmadfa, I., **Ernährungslehre**; Ulmer
- Elmadfa, I. et al., **Die große GU Nährwert Kalorien Tabelle**; GRÄFE UND UNZER VERLAG
- Hamm, M./Bohlmann, F., **Die ideal Diät**; GRÄFE UND UNZER VERLAG
- Hamm, M., **Knaurs Handbuch Ernährung**; Knaur
- Hamm, M., **Die GX-Diät**; Knaur
- Kasper, H., **Ernährungsmedizin und Diätetik**; Urban & Fischer

Psychologie

- Fuchs, R., **Sport, Gesundheit und Public Health**; Hogrefe
- Fuchs, R./Göhner, W./Seelig, H., **Aufbau eines körperlich-aktiven Lebensstils: Theorie, Empirie und Praxis**; Hogrefe
- Göhner, W./Fuchs, R., **Änderung des Gesundheitsverhaltens. MoVo-Gruppenprogramme**; Hogrefe

Medizin

- Baron, D. K./Berg, A., **Optimale Ernährung des Sportlers**; S. Hirtzel-Verlag
- Haber, P., **Ernährung und Bewegung für Jung und Alt. Älter werden – gesund bleiben**; Springer-Verlag
- Pape, D./Schwarz, R./Trunz-Carlisi, E./Gillessen, H., **Schlank im Schlaf**; GRÄFE UND UNZER VERLAG
- Wirth, A., **Adipositas-Fibel**; Springer-Verlag

Register

Impressum

Programmleitung: Ulrich Ehrlenspiel
Redaktion: Silvia Herzog
Lektorat: Angela Hermann-Heene
Bildredaktion: Henrike Schechter
Layout und Umschlag: independent Medien-Design (Claudia Hautkappe)
Herstellung: Markus Plötz
Satz: Filmsatz Schröter, München
Lithos: Repro Ludwig, Zell am See
Druck und Bindung: Printer, Trento

ISBN 978-3-8338-0418-2

1. Auflage 2007

Die GU-Homepage finden Sie im Internet unter www.gu-online.de

Fotoproduktion

Nicolas Olonetzky, München

Britt Schilling, Freiburg (Autoren-/Expertenfotos)

Weitere Fotos

Avenue Images: U4 li.; Corbis: U4 Mitte; Getty: S. 4, 48; GU: S. 76 (L. Lenz), 152 (A. Hoernisch), 161 (N. Olonetzky); Jump: S. 42, 92, 109, 130; Jupiter Images/Foodpix: S. 37, 53; Jupiter Images/Corbis: S. 147; Kampffmeyer: S. 82; Mauritius: S. 91; U4 re.; Stockfood: S. 154

Illustrationen

Michael Wirth, München

Wichtiger Hinweis

Die Gedanken, Methoden und Anregungen in diesem Buch wurden nach bestem Wissen erstellt und mit größtmöglicher Sorgfalt überprüft. Sie bieten jedoch keinen Ersatz für kompetenten medizinischen Rat. Jede Leserin, jeder Leser sollte für das eigene Tun und Lassen auch weiterhin selbst verantwortlich sein. Weder Autoren noch Verlag können für eventuelle Nachteile oder Schäden, die aus den im Buch gegebenen praktischen Hinweisen resultieren, eine Haftung übernehmen.

Dank

Die Autoren danken Jenny Hörmann für die Unterstützung, Professor Reinhard Fuchs für die Beratung im Bereich Psychologie sowie Ute Haas für die Beratung im Bereich Bewegung.
Ein Dankeschön für die freundliche Unterstützung bei der Fotoproduktion an Sport Scheck, USA Pro sowie an die Ludwig Artzt GmbH (Thera-Band®).

DAS ORIGINAL · GU · MIT GARANTIE

Das Original mit Garantie

Ihre Meinung ist uns wichtig. Deshalb möchten wir Ihre Kritik, gerne aber auch Ihr Lob erfahren. Um als führender Ratgeberverlag für Sie noch besser zu werden. Darum: schreiben Sie uns! Wir freuen uns auf Ihre Post und wünschen Ihnen viel Spaß mit Ihrem GU-Ratgeber.

Unsere Garantie: Sollte ein GU-Ratgeber einmal einen Fehler enthalten, schicken Sie uns das Buch mit einem kleinen Hinweis und der Quittung innerhalb von sechs Monaten nach dem Kauf zurück. Wir tauschen Ihnen den GU-Ratgeber gegen einen anderen zum gleichen oder ähnlichen Thema um.

GRÄFE UND UNZER VERLAG
Redaktion Körper & Seele
Postfach 860325
81630 München
Fax: 089/41981-113
e-mail:
leserservice@graefe-und-unzer.de

100 JAHRE GANSKE VERLAGSGRUPPE

GRÄFE UND UNZER

Ein Unternehmen der
GANSKE VERLAGSGRUPPE

Woche

Wochenprotokoll BEWEGUNG

Datum	Aktivität	Dauer	M.O.B.I.L.I.S.-Punkte

Wochensumme M.O.B.I.L.I.S.- Punkte	BEWEGUNG	
Wochensumme (Übertrag) M.O.B.I.L.I.S.- Punkte	ERNÄHRUNG	
Wochensumme M.O.B.I.L.I.S.- Punkte	GESAMT	